전쟁사에서 건진 별미들

세계의 전쟁이 만들어낸 소울푸드와 정크푸드

전쟁사에서 건진 별미들

윤덕노 지음

ⁱÑ 더난출판

극한 상황에서 태어난 최고의 음식들

궁하면 통한다는 말, 전에는 별 생각 없이 흘려들었다. 극한 상황에 몰려 간절히 구하면 이루어진다는 뜻에 동의하면서도 어딘지 임시방편이라는 기분을 떨칠 수 없었다.

그런데 이 책을 쓰면서 이 말에 대해 다시 생각하게 됐다. 이 말은 동양의 고전 『주역』에 수록된 것으로, '궁즉변 변즉통 통즉구'(窮卽變 變卽通 通卽久) 즉 '궁하면 변하고 변하면 통하며 통하면 오래간다'는 구절이다. 역사 속에는 결과만 보면 아쉬움이 남지만 변화의 과정을 생각하면 그 절실함이 느껴지는 이야기들이 많다. 그 이야기들을 통해 이 말의 의미를 다시 한 번 곱씹어볼 수 있었다.

전쟁은 수많은 음식을 만들어냈다. 당장의 굶주림을 면하기 위해 가능한 재료를 총동원하여 만든 음식들이다. 하지만 그중 상당수가 지금까지 살아남아 훌륭한 요리로 발전했다. 때로는 대중에게 사랑받는 소울푸드로, 때로는 명사들이 즐기는 고급 요리로 재탄생했다.

전쟁과 관련된 음식 하면 반사적으로 떠오르는 것들이 몇 가지 있다. 먼저 어렸을 때 한국전쟁 체험을 하면서 먹었던 주먹밥이다. 누군가는 맛깔나게 뭉쳐놓은 주먹밥을 놓고 지금의 잣대로 맛이 있는지 없는지를 따지며 전쟁에 대한 체험을 이야기한다.

또 미군부대에서 흘러나온 소시지와 햄으로 만든 부대찌개의 유래를 이야기하며 열띤 논쟁을 벌이기도 한다. 미군이 먹다 버린 것으로 만들었으니 자존심 상하는 음식이다, 시련을 극복한 자랑스러운 음식이다 하면서.

건빵과 별사탕도 빼놓을 수 없다. 별사탕에 정말로 정력 감퇴제가 들어 있었는지를 놓고 말다툼을 하기도 하고, 군대 건빵은 어떻게 먹어야 맛있는지에 관한 갖가지 경험담을 풀어놓기도 한다.

이 책에 담긴 이야기는 그보다는 조금 더 깊은 것들이

라 할 수 있다. 주먹밥만 해도 그렇다. 한국전쟁 때 국군은 주먹밥을 먹고 싸웠다. 그런데 주먹밥은 전쟁 때 군인들이 먹는 음식치고는 상당히 원시적이다. 이런 고전적인 식량을 왜 20세기 중반, 그것도 2차 세계대전이 끝난 후에 벌어진 한국전쟁에서도 먹어야 했는지 알고 나면 주먹밥에 대한 시각은 한 차원 달라진다.

건빵과 별사탕도 그렇다. 많은 사람들이 건빵과 별사탕은 한국에서 탄생했다고 생각한다. 하지만 실은 일본 제국주의 군대가 침략전쟁을 위해 만든 전투식량을 국군이 이어받은 것이다. 일제의 잔재라고 해서 비판하자는 뜻은 아니다. 일본이 건빵과 별사탕을 만들게 된 과정과 그것이 점차 변해온 과정은 오늘날을 살아가는 우리에게 시사하는 바가 크다.

전쟁은 지금 우리와는 상관없는 것처럼 느껴질 수도 있다. 부모님과 할아버지 할머니 세대가 겪었던 이야기, 혹은 책과 영화를 통해 접해온 남의 이야기일 수 있다.

하지만 전쟁의 고통과 난관을 극복해온 흔적은 여전히 주변에 생생하게 남아 있다. 고대에서 현대에 이르기까지 숱한 전쟁이 남긴 고통과 상처, 그리고 이를 딛고 일어선

전쟁사에서 건진 별미들

인간의 노력이 우리 식탁에 남아 있는 것이다.

햄버거에 끼워 먹는 슬라이스 치즈에서는 승리를 위해 우유 한 방울과 치즈 한 조각까지 아끼며 살아남기 위해 노력했던 인간의 의지를 엿볼 수 있다. 회전초밥 전문점에서 돌아가는 접시에 놓인 초밥 두 개에는 전쟁에 진 후 굶어 죽지 않기 위해 안간힘을 다하던 처절함이 녹아 있다. 또 영화관에서 팝콘을 먹는 것이 전쟁을 거치며 생겨난 풍속이라는 사실에서 우리는 전쟁을 통해 급변해온 식문화를 들여다볼 수 있다.

이처럼 전쟁이라는 극한 상황에 대처하고 극복하려는 노력이 만들어낸 세상의 변화를 이 책을 읽어나가면서 발견할 수 있기를 바란다.

이 책에 담긴 내용은 《국방일보》와 전쟁기념관에 연재하고 있는 칼럼을 바탕으로 했다. 연구할 기회를 마련해준 관계자 여러분과 물심양면으로 도움을 준 선후배 여러분에게 감사의 말씀을 전한다.

2016년 9월

윤덕노

차례

1장

전쟁이
만들어낸
음식들

건빵,
빵인가 과자인가

군대를 갔다 온 대한민국
남자라면 누구나 건빵 맛있
게 먹는 노하우 하나쯤은
알고 있을 것이다. 언제 어디서 군생활을 했는지에 따라
다소 차이는 있겠지만, 건빵을 기름에 튀긴 후 설탕을 솔
솔 뿌려 먹는 방법이 가장 일반적이다. 시중에서 파는 고
급 과자 못지않게 맛있다.

건빵과 별사탕을 잘게 부숴 우유를 부어 먹는 건빵 플
레이크, 건빵에 딸기 잼이나 땅콩 잼을 발라 먹는 건빵 샌
드 역시 훌륭한 간식거리다. 혹은 라면 끓일 때 건빵을 함

께 넣고 끓이는 건빵 라면도 넣는 타이밍만 잘 맞추면 나름 훌륭한 요리가 된다. 하지만 무엇보다 맛있는 것은 신병 시절에 모포 뒤집어쓰고 목이 메어가며 몰래 먹는 건빵이 아닐까 싶다.

그래서 사람들은 건빵을 '추억의 과자'라고 한다. 하지만 건빵이 진짜 추억으로만 먹는 과자일까? 군대를 다녀온 남자들이 건빵을 먹으며 군 시절을 떠올리는 것은 맞다. 하지만 군대가 건빵에 관한 기억의 전부는 아니다. 사실 건빵은 남녀노소와 시대를 넘어 한국인 누구나 즐겨 먹는 간식이다.

특별히 맛있어서는 아니다. 오히려 심심하기 짝이 없는 과자다. 그 맛은 먹어보지 못한 사람이 없을 테니 굳이 언급할 필요가 없고, 영양 성분도 단순하기 그지없다. 탄수화물과 소량의 단백질, 지방, 나트륨 정도다. 당류가 포함되어 있다고 하지만 별도로 포장된 별사탕의 성분이지 건빵 자체의 성분은 아니다.

이렇게 특별할 것 하나 없지만 군생활을 경험한 성인은 물론, 군대에 대한 기억조차 없는 어린아이와 청소년, 여성들도 거부감 없이 먹을 수 있는 것이 건빵이다. 먹고살기 힘들었던 옛날에는 건빵도 감지덕지였지만, 맛있는 과자가 넘쳐나는 데다 영양 과잉을 걱정해야 하는 현대에도 건빵은 꾸준히 인기를 잃지 않고 있다. 건빵에 단순히 추억 이상의 무엇이 있기 때문일지도 모른다.

한국인에게 건빵이란?

건빵은 우리에게 익숙하고 친근하기에 그 실체를 제대로 살펴보지 않고 넘어가는 부분이 많다. 건빵은 기본적으로 군인들의 전투식량이다. 본래 심심풀이 간식이 아니라 특수한 상황에서 먹을 수 있도록 만든 식품이다. 하지만 현실적으로 건빵은 간식일 뿐이다. 민간인들은 물론 현역 군인도 마찬가지다.

때문에 열이면 여덟아홉이 건빵을 과자라고 생각하지만, 사실 건빵은 과자일 수가 없다. 이름만 봐도 알 수 있다. 마를 건(乾), 즉 '마른 빵'이라는 뜻으로, 수분을 제거해 장기보관이 가능한 빵이라는 의미다.

건빵이 과자가 아니라 빵이라는 사실은 원칙적으로 밥 대신 먹도록 만든 식품이라는 것을 의미한다. 밥 대신 빵, 그것도 물기가 하나도 없는 건빵을 먹어야 한다는 것은 군인 입장에서는 매우 특수한 상황이다. 정상적으로 밥을 먹을 수 없는 경우, 이를테면 전투 중이거나 급하게 이동할 때, 정상적인 보급이 이뤄지지 않을 때, 적군에게 발각될 우려가 있을 때와 같은 경우다.

또 건빵은 대한민국 국군이 먹는 전투식량이니까 한국에서 처음 만든 것으로 생각할 수도 있겠지만 그렇지 않다. 결론부터 말하자면 지금 우리가 먹는 것과 같은 건빵의 원형은 일본 제국주의 군대에서 만들었다. 즉 일제가 전쟁에 대비해 만든 비상식량이다.

따지고 보면 우리에게는 아픈 역사이자 애써 들여다보고 싶지 않은 역사일 수도 있다. 그럼에도 불구하고 살펴봐야 할 이유는 있다. 일제 강점기를 겪은 우리 입장에서 건빵은 여러 면에서 참고해야 할 역사의 흔적이 담겨 있기 때문이다.

일본은 언제, 그리고 왜 ─────── 건빵을 만들었을까?

얼핏 보기에 건빵은 단순한 식품이다. 장기보관이 가능하게 수분이 완전히 없어지도록 구워낸 밀가루 반죽이다. 그러니 만들기도 무척 간단할 것

전쟁사에서 건진 별미들

같지만 개발의 역사는 결코 짧지 않다. 일본은 지금과 같은 건빵을 개발하는 데 최소한 100년 이상의 집중적인 연구와 시행착오를 거쳤다.

건빵의 뿌리는 비스킷이다. 물론 현재의 비스킷과는 다소 차이가 있다. 비스킷(biscuit)의 어원은 라틴어 비스콕투스(biscoctus)다. 두 번 요리했다는 뜻이다. 밀반죽을 두 번 구우면 수분이 완전히 빠져나가 오랫동안 보관할 수 있다.

서양에 비스킷이 널리 보급된 것은 16세기 무렵으로 추정된다. 17세기 초반 셰익스피어의 문학작품에 비스킷이 많이 보이니 그 이전에 퍼졌을 것으로 생각된다. 작품 속에서는 주로 먼 바다를 항해하는 선원의 음식으로 그려져 있다. 해군 수병들도 비스킷을 먹었다. 얼마나 딱딱하고 먹기가 힘들었는지 이 무렵에는 빵이나 과자가 아닌 '하드태크'(hardtack)라고 불렸다. '딱딱한 장비'라는 뜻이다.

일본인들이 이런 서양 빵을 처음 본 것은 1534년 일본에 표류한 포르투갈 상선의 선원들이 먹던 딱딱한 호밀빵을 구경하면서였다. 일본인들은 쌀밥이 아닌 빵을 먹고 사는 사람이 있다는 사실에 무척이나 놀랐다. 이후 기독교 선교사들이 들어오면서 빵도 함께 전해졌지만 일본의 쇄국정책 탓에 널리 퍼지지는 못했다.

국가는 빵이 퍼지는 것을 금지하고 있었지만, 일본 지식인들은 여전히 서양인들이 쌀밥 대신 먹는다는 빵에 대해 호기심을 품고 있었다. 1712년 간행된 백과사전『화한삼재도회』에 이에 대한 이야기가 실려 있다. 조선으로 치면 숙종 38년 무렵이다. 포르투갈어인 빵(pao)을 한자로는 파모(波牟, パン)라고 표기했는데, 『화한삼재도회』에는 "파모는 찐빵(蒸餅)으로 소가 없는 만두다. 아란타(阿蘭陀, 네덜란드) 사람들은 한 개로 한 끼 식사를 한다"는 기록이 있다.

일본 지식인과 지배계급에서 빵에 관심을 기울였던 이유 중 하나는 전쟁이었다. 조선도 마찬가지였지만, 이 무렵 일본에서는 병사들이 주로 주먹밥이나 말린 쌀을 먹으며 싸웠다. 그런데 전투 중에 주먹밥을 먹다 보면 자칫 제대로 먹지 못하고 굶기 일쑤다. 금강산도 식후경이라는 말처럼 아무리 용감한 병사들이라도 굶주린 상태에서는 제대로 싸우지 못한다. 내전이 잦았던 만큼 전투 중에 병사들이 먹는 주먹밥의 불편함과 문제점을 더욱 뼈저리게 느끼고 있었던 것이다.

주먹밥은 싸움터에서 휴대하기가 불편하기 그지없다. 주먹밥을 싸서 이동하자니 일단 부피 때문에 번거롭고, 많이 갖고 다닐 수도 없다. 뿐만 아니라 여름에는 쉽게 쉬어서 잘못 먹으면 배탈이 날 수 있고 겨울에는 꽁꽁 얼어서 먹기가 쉽지 않다. 또 주먹밥을 만들려면 밥을 지어야 하고, 그러려면 불을 피워야 한다. 따라서 위치가 노출될 위험도 있다. 활과 창으로 싸우는 옛날이라면 몰라도 대포를 쏘고 총알이 날아다니는 시대에 더 이상 주먹밥은 어울리지 않았다.

때문에 주먹밥을 대신할 새로운 군용식량 개발이 절실했다. 마침 이 무렵 일본에는 낯선 음식인 빵에 눈을 돌릴 만한 계기가 마련됐다. 1840년 영국과 청나라가 충돌한 아편전쟁이었다.

청나라가 무참히 패배하자 일본에도 불안감이 퍼졌다. 해안 경비의 필요성이 강조되면서 막부는 도쿄로 이어지는 이즈 반도 니라야마의 원님 에가와 다로자에몬에게 에도만(현재의 도쿄만) 주변의 해안 경비를 맡겼다.

해안 방어를 위해 에가와는 두 가지에 주력했다. 첫째는 나가사키 출신의 서양 포병술 전문가 다카시마 슈한에게서 서양 포술을 전수받는 것이었다. 도쿄만으로 진입하는 서양 함대를 해안에서 대포로 저지하기 위해서였다. 둘째는 전투식량 개선이었다. 이를 위해 다카시마 슈한의 부하로 빵 만드는 기술을 보유한 사쿠타로에게서 빵 만드는 기술을 전수받았다. 쉽게 상하는 주먹밥 대신 휴대하기 쉬운 군용식량을 만들려는 목적이었다.

1842년 에가와는 니라야마에 빵을 굽는 화덕을 쌓고 빵을 만들었다. 그리고 시험 삼아 사냥을 나갈 때 주먹밥 대신 빵을 휴대했는데 결과는 매우 만족스러웠다. 이때 만든 빵은 밀가루에 소금으로 맛을 냈으며 보통은 한 개, 많이 먹는 사람은 두 개를 먹었다. 그 후 찻물을 마시면 뱃속에서 불어나 배가 불러 병사들의 휴대용 식량으로 적합했다.

이 무렵 일본 전역의 해안 지역에서 이즈 반도로 무사들이 모여들었다. 에가와에게서 서양 포병술을 배우기 위해서였다. 이때 무사들이 배운 포병술과 함께 전쟁 때 먹는 식량으로서 빵의 편리함이 각지에 퍼지게 되었다.

에가와가 처음 군용 빵을 만든 지 약 10년 후, 각 지역의 영주인 다이묘들 사이에서 군용 빵 개발 경쟁이 벌어졌다. 1854년 미국 페리 함대가 일본에 개항을 압박해왔고, 다이묘들 사이에서도 전쟁에 대비해 식량을 비축하려는 경쟁이 벌어졌다. 이에 따라 지역별로 주먹밥을 대신할 특색 있는 군용 빵이 만들어지기 시작했다. 이때 탄생한 건빵의 전신이 도쿄 북동쪽 미토번의 병량환(兵糧丸), 지금의 규슈 지역인 사쓰마 번의 증병(蒸餠), 그리고 일본 혼슈 남부인 조슈 번의 비급병(備急餠) 등이다.

이름은 각각 군용 경단, 찐빵, 비상용 떡을 뜻했지만 생김새는 서양의 비스킷 혹은 군용 비스킷 하드태크와 상당히 닮아 있었다. 그러나 이 무렵까지만 해도 전시의 주식은 여전히 주먹밥이나 말린 쌀이었고 군용 빵은 보조 역할을 할 뿐이었다.

그러다 군용 빵이 전쟁의 승패를 좌우하게 된 두 번의 전쟁이 일어났다. 첫째는 1868년의 보신(戊辰)전쟁이다. 메이지 일왕이 일본을 지배했던 도쿠가와 막부에 권력 반환을 요구하자 수구 막부세력이 반발해 일본 전역에서 벌어진 내전이다. 이때 관군이 막부가 있는 에도(도쿄)를 공격하러 갈 때 빵 공장에 장기보관이 가능한 검정깨를 박은 빵 5,000명분을 주문해 전투식량으로 삼았다. 이 전쟁에 빵이 어떤 영향을 미쳤는지에 대한 자세한 기록은 없지만 결과는 관군의 승리였다.

둘째는 영화 〈라스트 사무라이〉의 무대가 된 1877년 세이난(西南)전쟁이다. 이 전쟁의 성격에 대한 평가는 시각에 따라 자못 다양하다. 서양문물 도입에 반발한 사무라이들

1장. 전쟁이 만들어낸 음식들

의 반란, 혹은 조선 침략을 주장한 정한파가 정계에서 밀려나면서 관군과 충돌한 내전 등이다. 260년에 걸친 사무라이 시대가 종말을 맞이하게 된 이 전쟁의 승패를 결정지은 전투는 다하라자카전투였다. 1877년 3월, 하늘에 구멍이 뚫린 것처럼 엄청난 비가 쏟아지는 가운데 관군과 반군이 사투를 벌였다. 양측이 모두 30만 발의 총탄을 발사했고 1만 2,000명이 전사한 것으로 기록됐다. 결과는 관군의 승리였다.

전투의 승패를 가른 요인에는 여러 가지가 있지만, 병참 측면에서는 군용 빵이 중요한 역할을 했다. 당시는 3월임에도 평년과 달리 수시로 큰 비가 내렸다. 17일 동안 계속된 전투에서 사무라이 반군은 폭우로 인해 제때 밥을 지어 먹을 수 없었다. 때문에 나중에는 거의 굶주린 채 싸우는 경우가 많았지만 관군은 배를 든든히 채우고 전투에 나설 수 있었다. 군용 빵 덕분이었다. 전쟁이 시작되면서 관군은 병사들이 먹을 식량으로 빵 23만 7,063근, 즉 약 14만 2,000킬로그램을 주문했다. 때문에 비가 계속 내려도 사무라이 반군과 달리 관군은 빵을 먹으며 전투에 나설 수 있었다.

세이난전쟁에서 관군이 먹었던 전투식량은 일종의 건

면포(乾麵包)였다. 보통의 빵보다 수분이 적어 휴대가 편하고 장기보관이 가능한 건빵의 전신이었다. 물론 평상시에는 밥을 비롯해 일반적인 식사를 했다. 건면포는 비상시 예비식량으로, 한 끼에 두 개씩 하루 여섯 개를 먹을 수 있도록 했다.

이후 일본은 주요 전쟁 때마다 군용 빵을 개선해나갔다. 보다 건빵에 가깝도록 개선된 첫 전쟁은 1894년 시작된 청일전쟁이었다. 이 전쟁은 본토가 아닌 조선과 중국에서 벌어졌기에 군대의 이동이 잦았다. 때문에 주먹밥이나 말린 쌀을 대체할 식품이 절실했다. 세이난전쟁 때 효과를 본 군용 빵인 건면포도 너무 커서 불편하기 짝이 없었다. 또 막상 먹을 때는 부서져 가루가 되기 일쑤였다.

일본은 이 전쟁을 계기로 영국과 프랑스, 독일 등지로 조사단을 파견해 유럽 군대의 전투식량을 면밀히 연구했다. 그 결과 독일식 군용식량인 비스킷을 응용한 중소면포(重燒麵包)를 만들었다. 이 군용 빵은 1904년에 발발한 러일전쟁 때 사용됐다. 중소(重燒)는 이중으로 구웠다는 뜻이고 면포(麵包)는 빵이라는 뜻이니 두 번 구운 빵, 다시 말해 비스킷을 그대로 한자로 옮겨놓은 이름이다.

그러나 러일전쟁을 거치면서 중소면포의 문제점이 발견됐다. 밀가루 등으로 만들었기에 계속해서 먹기에 질린다는 점, 먹을 때 물이 필요하다는 점, 여전히 휴대 중에 쉽게 깨진다는 점, 그리고 아직 수분이 남아 있어 물러진다는 점 등이었다. 더욱이 병사들은 중소면포를 갖고 다니는 것조차 꺼렸다. 두 번 구웠다는 중소(重燒)와 크게 다쳤다는 중상(重傷)이 일본어로 발음이 같았기 때문이다.

일본은 중소면포를 개량해 신형으로 만들고 이름 역시 병사들의 심리를 고려해 다시 건면포로 바꿨다. 신형 건면포는 쉽게 부서지는 중소면포의 단점을 우선적으로 보완했다. 중소면포가 잘 부서지는 이유는 밀가루 때문이었다. 미국에서 수입한 점성 낮은 밀가루가 주재료이기 때문이었는데, 신형 건면포에는 점성 높은 유럽산 밀가루를 사용했다. 신형 건면포는 1914년 1차 세계대전 때 독일군과 싸운 중국 칭다오 요새 공략작전에서 지급됐다.

1차 세계대전을 거치면서 발견된 문제점은 지속적으로 보완되었다. 점도를 더욱 높이기 위해 밀가루 이외에 쌀가루와 감자녹말을 섞었고, 맛을 개선하기 위해 깨를 혼합했다. 그리고 안정적인 품질의 전투식량을 제조하기 위해 군용식품제조법을 만들었다. 육군 보급창 말고도 민간

회사에 제조를 위탁한 후, 육군 보급창에서 검사해 합격한 제품만을 납품받음으로써 품질을 높인다는 것이었다. 1920년에는 당분 보충을 위해 건빵에 시험적으로 별사탕을 추가하기도 했다.

끊임없는 개발과 시행착오를 거쳐 지금과 비슷한 건빵이 완성된 것은 일본의 만주 침략이 시작된 1931년 무렵이다. 이때 일본 육군은 수첩 정도의 크기였던 대형 건면포를 지금과 같은 소형 건빵으로 대체했다. 종전의 대형 건면포는 먹을 때 불편하기 짝이 없었다. 마른 빵이었기 때문에 깨물면 부스러기가 파편처럼 쏟아졌다. 흘리지 않고 먹으려면 고개를 아예 젖히고 먹어야 했다. 하지만 새로운 건빵은 한 입에 쏙 들어가는 크기여서 흘릴 염려가 없었다. 작아진 만큼 주머니에 넣고 다녀도 쉽게 부서지지 않았다. 먹기에 편했을 뿐 아니라 제조도 대형 건면포보다 빨라 생산성이 훨씬 높아졌다.

이 무렵부터 건빵에 별사탕도 함께 포장되기 시작했다. 이때까지만 해도 정식 이름은 여전히 건면포였지만, 군인들이나 민간인들은 일반적으로 '건빵(乾パン)'이라고 부르기 시작했다. 또 이전까지 건빵은 전투용 비상식량이었지만 일반 국민에게도 보급되기 시작했다. 전시 비상식량 준비

와 함께 전쟁 중이라는 긴장감 조성이 주요 목적이었다.

일본은 1937년 베이징 근교에서 노구교사건을 일으키면서 중국 침략을 전면적으로 확대했다. 중일전쟁이 본격화된 것이다. 중일전쟁 발발 이듬해 일본 육군은 육군전시급여규칙을 개정했다. 여기에 건빵에 대한 규정도 있었다. 밀가루를 주원료로 제조하며 건빵 220그램, 별사탕 10그램을 무명헝겊 봉투에 담을 것, 보존기간은 7년을 목표로 할 것 등의 내용이다. 지금 한국과 일본 등에서 먹는 군용 건빵의 기본 골격이 이때 거의 완성된 것으로 보인다.

1945년 2차 세계대전이 끝나고 일본의 패전으로 일본군이 해체되면서 일본의 군용 건빵은 일단 역사에서 사라졌다. 그리고 1954년 자위대가 옛날 일본군의 전통 건빵을 다시 채택하면서 전투식량으로서 건빵이 일본에서 부활했다.

무심코 먹는 건빵이지만 역사가 무척이나 뿌리 깊다는 사실이 놀랍다. 처음에는 일본이 국가를 지키기 위해, 혹은 다이묘가 영지를 지키기 위한 것이었다. 그리고 이후 침략전쟁의 도구로 쓰였으며 그로 인해 한국, 중국 등 아시아 각국이 피해를 받게 된 것이다.

민족 감정과 피해의식을 떠나서 생각해보면 건빵 하나

전쟁사에서 건진 별미들

를 완성시키기 위해 철저하게 연구하는 자세가 결국 일본을 강대국으로 만든 것은 아닐까 싶다.

시련과 고난의 극복, 대한민국 건빵

국군은 언제 어떻게 건빵을 먹기 시작했을까? 사실 이에 관한 기록은 전해지는 것이 별로 없어 자세한 내용은 알 수 없다. 다만 국군이 먹는 건빵의 뿌리가 일제 강점기의 유산이라는 것 자체는 의심할 여지가 없다.

당연한 이야기겠지만 일제 강점기에 조선에 주둔한 일본군도 건빵을 지급받았다. 1934년 3월 11일자 《동아일보》에는 육군 기념일을 맞아 용산 전 부대가 비상 동원을 하고 오전 7시에 각 부대에서 건빵과 물로 아침밥을 삼았다는 기사가 실렸다. 대규모 행사를 앞두고 일상적인 취사 대신 건빵으로 급히 식사를 한 것이다. 조선 주둔 일본군이 먹었던 건빵은 아마 조선에서 생산되었을 것이다.

백선엽 장군이 2010년 11월 19일자 《중앙일보》에 연재한 회고록에도 건빵은 일제 강점기 때 생산되었다고 기록되어 있다. 일제가 언제부터 한반도에서 건빵을 제조했는지는 알 수 없지만, 1930년대 조선 주둔 일본군에게 건빵이 지급된 것을 보면 그 역사는 꽤 오래됐을 것으로 추정된다. 이렇게 생산된 건빵은 군대와 민간에 지급되었고 남은 것은 군용과 비상용으로 비축되었다.

조선학술원의 자료에 의하면 일제가 물러간 후 경기도에 남아 있던 건빵 재고는 1,600섬 규모였다. 해방 직후 당면 과제는 식량 문제 해결이었다. 따라서 광복 이후 한국인 학자들로 구성된 학술단체인 조선학술원은 경제 문제에 대한 연구보고서를 발표했다. 조선학술원은 이때 무엇보다 식량 문제 해결이 결정적으로 중요하다고 지적하면서 식량 재고량을 점검했는데, 1945년 10월 9일자《매일신보》에 의하면 1,600섬이라는 재고량은 이때 파악된 숫자다. 따라서 일제가 남기고 간 건빵이 지금 우리가 먹는 건빵의 뿌리가 됐다는 사실은 부정할 여지가 없다.

대한민국 국군은 정부수립 직후인 1948년 9월 5일 창설됐다. 1946년 1월 15일 발족한 남조선 국방경비대가 그 전신이다. 건빵이 언제부터 국군에 지급됐는지는 알 수 없다. 다만 초창기 국군은 그조차 넉넉하게 지급받지 못했다. 지금은 별것 아닌 건빵도 당시에는 귀했기 때문이다. 앞서 언급한 백선엽 장군의 회고록에서 당시 상황을 엿볼 수 있다. "나의 전임자인 이종찬 육군참모총장 때는 건빵이 소량으로만 생산됐다. 한국전쟁이 터진 뒤에도 국군에게 건빵은 지급됐지만 양이 부족했고 품질 또한 별로 좋지 않았다."

이종찬 장군이 육군참모총장을 지냈던 기간은 1951년 6월 23일부터 1952년 7월 22일까지다. 전쟁이 한창 치열할 때임에도 군인들의 전투식량이자 비상식량인 건빵을 충분히 생산하지 못했다는 이야기다. 한국전쟁 중 국군은 정상적인 식사를 할 수 없는 전투 상황에서는 주먹밥을 먹으며 싸워야 했다.

전근대적인 전투식량인 주먹밥을 먹어야 했던 이유에는 여러 가지가 있다. 그중 가장 결정적인 것은 당시만 해도 건빵을 제대로 만들 수 있는 기술이 없었다는 점이다. 일제 강점기 시절 다른 산업 분야처럼 제과제빵 공장도 기술자들은 대부분 일본인이었다. 조선인은 그 밑에서 보조로 일하는 수준이었다. 일본 기술자들이 물러난 후에는 건빵을 제대로 만들 수 있는 기술자도 없었고, 건빵 공장을 운영해본 경험이 있는 경영자는 더욱 드물었다. 일본이 남기고 간 공장도 제대로 돌아가지 못했고, 남쪽 지방에는 건빵 공장 자체도 부족했으며 규모도 영세하기 그지 없었다. 그러니 전선의 군인에게도 넉넉하게 건빵이 보급 되지 못했던 것이다. 더욱이 식량이 부족한 상황에서 건 빵은 비상 전투식량이 아니라 민간인에 대한 구호품과 위 문품으로 쓰이기도 했다.

1953년《경향신문》에는 삼군합동위령제에 참석한 2사 단장이 장병들로부터 갹출한 돈과 건빵을 가지고 위령제 에 참석해 장병 유가족들에게 각각 여비로 500환과 건빵 20봉지를 주었다는 기사가, 1954년《동아일보》에는 상이 용사에게 건빵을 위문품으로 지급했다는 기사가 실려 있 다. 이 무렵 건빵은 지금처럼 흔한 간식이 아니라 피란민 과 유가족들에게 소중한 식량이었음을 알 수 있다.

건빵이 그나마 대량으로 생산된 것은 한국전쟁 후반부 터로 추정된다. 백선엽 장군은 회고록에 '일제 강점기 때 건빵 공장을 경영해본 경험이 있는 동립산업 함창희 사장 이라는 사람이 미국이 한국에 들여오는 밀가루를 받아다 가 대구에서 건빵을 만들었고, 서울 수복 후에는 영등포 로 와서 큰 공장을 짓고 건빵을 대량으로 생산했다'고 기 록했다.

동립산업은 일제가 남긴 적산인 모리나가 제과의 건

빵 공장을 불하받아 건빵과 설탕 등의 식료품을 생산했고, 1950년대 후반에는 전군에 군용 건빵을 독점 납품했다. 1956년 공보실 국립영상제작소는 '우리의 공업'이라는 공보 영상을 통해 '국군 장병의 야전 양식에 중요한 역할을 담당하는 건빵은 동립산업 공장에서만 1년 동안에 6,200만 봉지를 생산한다'며 건빵이 당시 한국 주요 공업 생산 품목이었음을 홍보했다.

참고로 건빵을 비롯한 식료품 군납업체로 유명했던 동립산업은 1962년 부정부패로 부실화되면서 국유화됐다. 1960년 "군 수사기관이 과거 10년에 걸쳐 강력한 정치적 배경으로 군의 건빵 제조를 독점한 동립산업에 처음으로 메스를 가했다"는 보도를 시작으로 각종 부정부패와 비리가 드러나면서 몰락하게 된 것이다.

따지고 보면 일본이 100년에 걸쳐 건빵을 만들어낸 것처럼 우리 역시 백지 상태에서 시작하여 건빵을 만들어냈다. 또 일본 건빵이 주도면밀한 침략전쟁의 산물이라면 우리 건빵은 시련 극복의 결과물이 아닐까 싶다. 그러고 보면 우리 건빵이 일제의 잔재라고 수치스럽게 여길 필요도 없고 안타까워할 이유도 없을 듯하다. 비록 일제가 남겨 놓은 유산이기는 하지만 지금 우리가 먹는 건빵에는

우리 민족의 시련과 혼란기의 전쟁, 부정부패 등을 극복
하는 과정이 고스란히 녹아 있기 때문이다. 무심코 먹는
건빵 한 알에도 기나긴 역사의 상처가 담겨 있다는 점을
기억해보자.

별사탕, 그리고 달곰씁쓸한 침략의 역사

별사탕은 건빵과 찰떡궁합이다. 바늘 가는 데 실 따라 가는 것처럼 건빵과 별사탕의 조합은 너무나 당연시되기에 의문을 품는 사람은 별로 없다. 왜 하필 별사탕인지, 다른 사탕이나 초콜릿을 넣으면 안 되는 것인지. 물론 특별히 궁금해 하지 않는 것은 그 이유를 누구나 잘 알고 있다고 생각하기 때문일 수도 있다. 물기 하나 없는 건빵만 먹으면 목이 메지만, 별사탕과 함께 먹으면 입에 침이 고여 쉽게 먹을 수 있어서라는 것이다. 물론 맞는 말이기는 하다. 그러나 그런 '상식'이 건빵 봉지에 별사탕을 넣은 이유의 전부는 아니다.

별사탕 속에는 상식 그 이상의 역사와 의미가 감춰져 있다. 알록달록 예쁘고 달콤한 것만큼이나 처절하고 살벌한 침략의 역사다. 이런 별사탕은 언제 처음 만들어졌으며, 누가 처음 건빵과 함께 넣었을까?

국군의 군용 건빵 속에 들어 있었으니 당연히 국군이라고 생각할 수도 있겠지만, 건빵 봉지에 별사탕을 처음 넣은 것은 일본 군대다. 그렇다고 또 별사탕을 처음 만든 것이 일본인인 것은 아니었다. 별사탕은 유럽, 그중에서도 포르투갈을 통해 일본에 전해졌다.

별사탕의 뿌리는 포르투갈의 '콘페이토'(confeito)라는 사탕이다. 일본어 한자로는 금평당(金平糖)이라 쓰고 콘페이토(コンペイとう)라고 읽는다. 포르투갈의 콘페이토는 지금 우리가 먹는 별사탕과 생김새부터 제조법까지 모두 비슷하다.

별사탕이 일본에 처음 전해진 것은 임진왜란 20여 년 전인 1569년이다. 포르투갈 선교사 루이스 프로이스가 선교 허가를 얻는 과정에서 일본의 전국시대를 끝내고 통일의 밑거름을 마련한 최고 실력자 오다 노부나가에게 준 선물 중 하나였다.

이후에도 서양인을 통해 드물게 전해진 별사탕을 맛본 일본인들은 곧 그 맛에 반했지만, 문제는 쉽게 구할 수 없다는 점이었다. 설탕이 너무도 귀했기 때문이다. 별사탕 만드는 데 들어가는 설탕의 원료인 사탕수수는 일본 본토에서는 재배되지 않는 열대작물이다. 게다가 17세기 무렵만 해도 사탕수수 재배 지역의 대부분을 포르투갈이 장악하고 있어서 설탕은 전량 수입에 의존해야 했다.

원료 자체가 귀했을 뿐 아니라 제조 기술도 특급 비밀에 속했다. 17~18세기만 해도 일본에서는 별사탕 만드는 기술이 있으면 자자손손 부자로 먹고살 수 있다고 할 정도였다. 당연히 만드는 방법도 비밀리에 자식들에게만 전수됐다.

초호화 사치 식품에 특급 무역 품목이었으니 지방 영주인 다이묘 역시 기술 보호에 신경을 썼다. 기술이 다른 지역으로 새나가지 못하도록 기술자들을 감시하고 이들의 여행을 제한할 정도였다. 이쯤 되면 당시 별사탕이 얼마나 귀한 식품이었을지 어렵지 않게 상상할 수 있다.

100% 설탕으로 만드는 별사탕은 극소수 귀족의 전유물로, 일반 백성들은 감히 꿈조차 꾸지 못하는 사치품이었다. 에도시대 중기인 18세기 무렵만 해도 별사탕은 다이묘들이 쇼군에게 보내는 공물이었으며 차를 마실 때 곁들여 먹는 최고의 사치품이었다.

19세기 말과 20세기 초에도 일본 왕실에서는 궁중 만찬 참석자들에게 세공된 사탕 그릇에 별사탕을 담아 하사하기도 했다. 이와 관련해 1894년 메이지 일왕과 쇼켄 왕비의 은혼식 만찬에서 학과 거북 문양으로 장식한 은그릇에 별사탕을 담아 하사했다는 기록, 그리고 1928년 히로히토 일왕의 즉위식 때도 별사탕 그릇을 하사했다는 기록이 있다.

물론 이 무렵에도 별사탕이 그렇게까지 귀했던 것은 아니다. 하지만 일본 왕실에서 별사탕을 특별한 행사의 기념품으로 선물했다는 사실을 보면 당시에도 별사탕을 귀하게 여겼음을 가늠해볼 수 있다.

일본의 중국 침략과 별사탕

부자들이나 먹던 별사탕을 군용 건빵 봉지에 넣기 시작한 것은 대략 1920년 이전이었을 것으로 보인다. 이 무렵 별사탕은 대중에게서 폭발적인 인기를 얻을 정도로 널리 보급됐다. 『일본 군량사(日本の兵食史)』라는 책에는 군용 건빵에 들어가는 별사탕이 알록달록

한 색깔인 이유가 설명되어 있다. 이런 색소를 첨가한 것은 단순히 예쁜 모양을 내려는 것은 아니었다. 만주와 시베리아 전선에서 얻은 경험에서 비롯된 결과였다. 만주와 시베리아는 겨울철에 눈이 내리면 지평선 끝까지 온통 흰색으로 뒤덮인다. 이런 곳에서는 건빵 속에 들어 있는 흰색 별사탕도 얼음 덩어리처럼 보인다. 그렇지 않아도 얼음에 질린 병사들이 얼음 조각 같은 별사탕을 먹으며 스트레스를 받았다는 것이다. 그래서 별사탕에 노란색, 파란색, 분홍색, 보라색, 녹색의 다섯 가지 색상을 입혔고, 그러자 병사들이 좋아했을 뿐 아니라 전쟁터의 긴장감이 해소되는 효과도 나타났다고 한다.

이처럼 건빵에 별사탕을 테스트 삼아 넣기 시작한 것은 1920년부터로 추정된다. 공식적으로는 건빵이 지금처럼 작은 크기로 만들어진 1931년부터였다. 이와 관련해 한 끼분 건빵 225그램에 별사탕을 함께 포장했다는 기록이 있다. 또 1938년 육군전시급여규칙에는 건빵 220그램과 별사탕 10그램을 무명헝겊 주머니에 함께 포장한다고 적혀 있다. 이때 이미 건빵과 별사탕의 조합이 완전히 정착된 셈이다.

흥미로운 사실은 건빵에 별사탕을 넣기 시작한 시기가

일본의 중국 침략과 시기적으로 일치한다는 점이다. 1920년 무렵은 '만주와 몽고는 일본의 생명선'이라는 구호와 함께 일본이 만주를 조차지역으로 삼으면서 남만주 철도 건설, 관동군의 만주 진출 등으로 만주 침략을 호시탐탐 노리던 시기다.

이어 군용 건빵에 공식적으로 별사탕이 들어간 1931년은 일본이 허수아비 국가인 만주국을 설립하면서 만주를 노골적으로 침략해 점령한 때였다. 육군전시급여규칙에서 건빵에 별사탕 10그램을 넣는다고 규정한 1938년은 일본의 중국 침략으로 중일전쟁이 시작된 이듬해다.

우연의 일치일 수도 있지만, 일본의 중국 침략 단계와 건빵에 별사탕이 첨가된 단계는 거의 일치한다. 그렇다면 일본은 만주와 중국이라는 추운 지역을 침략하기 위해 체계적으로 별사탕 첨가 계획을 세운 것일지도 모른다.

왜 하필 별사탕일까

그런데 왜 하필 별사탕이었을까? 여기에는 잘 알려진 것처럼 단순히 건빵을 먹을 때 수분을 공급한다는 것 이상의 이유가 있다. 물론 첫째 이유는 수분 공급이다. 물기가 거의 없는 건빵은 물이 없으면 먹기가 힘들다. 먹고 난 후에도 갈증 때문에 견디기 어렵다. 백선엽 장군이《중앙일보》에 연재한 한국전쟁 회고록에서도 이 점을 확인할 수 있다.

"건빵을 먹는 방법을 보면 고참과 신참이 확연히 다르다. 고지에서 전투가 벌어질 때 허기에 몰려 있더라도 고참은 건빵을 한두 개씩만 먹는다. 그러나 신참은 허겁지겁 건빵을 먹다가 급기야 물을 찾게 마련이고, 고지를 내려가 물을 먹으려다가 적의 총탄에 쉽사리 죽거나 다친다. 그러나 별사탕을 집어넣으면 그런 위험을 줄일 수 있다. 단맛이 나는 별사탕이 침샘을 계속 자극하기 때문에 밀가루로 만든 건빵을 먹으면서도 물을 급히 찾지 않아도 되기 때문이다."

건빵은 일본군이 오랜 세월 전투식량을 연구해 만들어낸 결과물이다. 서양 군대의 딱딱한 비스킷 하드테크를 일본에 맞도록 개발한 것인데, 서양의 비스킷은 수프와 함께 먹는 것이 원칙이다. 반면 옛 일본군의 건빵은 달랐다. 서양처럼 별도로 수프를 끓이거나 된장국과 함께 먹는 것이 아니었다. 건빵 자체만을 먹도록 했기에 물이 없어도 삼킬 수 있도록 별사탕을 넣은 것이다.

두 번째 이유는 건빵의 기본 용도에 있다. 건빵은 본래 간식이 아니다. 보급을 받지 못했을 때 먹는 비상식량이 므로 에너지 공급이 주목적이다. 별사탕은 각종 첨가물이 들어가는 다른 사탕과 달리 순수한 설탕 결정체다. 당분 이 체내로 바로 흡수되기 때문에 어느 식품보다도 체내에 서 빨리 열량으로 전환될 수 있다. 그러므로 비상시에 최 고의 에너지원이 된다.

저장성이 뛰어나다는 이유도 있다. 별사탕이든 아니든 사탕은 보존기간이 모두 비슷할 것 같지만, 다른 사탕은 무더운 날씨에 쉽게 녹고 습도가 높으면 눅눅해져서 먹기 에 불편하다. 게다가 기온 변화를 겪으면 쉽게 변질된다. 하지만 별사탕은 다르다. 높은 온도에서 구운 순수 설탕 결정체이기 때문에 잦은 날씨 변화에도 쉽게 변질되지 않 는다. 일반적으로는 보존기간이 3년이라고 하는데 습기만 주의하면 20~30년까지도 보존이 가능하다. 전투식량의 보존기간으로는 안성맞춤이다.

또 다른 이유는 별사탕이 일본인들에게 특별한 의미가 있는 사탕이기 때문이었을 수도 있다. 병사들이 먹는 건 빵에 별사탕을 본격적으로 넣기 시작한 것은 1931년 이 전이다. 별사탕은 불과 수십 년 전까지만 해도 귀족들과 부자들만 먹는다는 사치품이었다. 당시 일본인들이 하늘처럼 떠받들던 일왕이 특별한 날에 기념식을 마치고 신하들에게 하사품으로 내려주던 선물이었다. 일본군에 입대하면 이런 별사탕을 먹을 수 있으니 병사들 입장에서는 일왕이 직접 자신들에게 하사품이라도 내려준 것 같은 느낌이 들었을 것이다. 때문에 별사탕은 병사들의 사기 진작에 적지 않은 영향을 끼쳤다. 별사탕으로 교묘하게 군대의 사기를 높였던 것이다.

설탕을 확보하라

최고로 귀하게 여겨지던 별사탕을 사병들이 먹는 건빵에 넣을 수 있게 된 것은 일본의 설탕 확보 역사, 그리고 아시아 침략 역사와 밀접한 관련이 있다. 17세기 이전까지만 해도 일본은 금은을 수출해 별사탕의 원료가 되는 설탕을 수입했기에 설탕은 금싸라기와 다름없었다. 그래서 일본은 값비싸고 인기 있는 감미료인 설탕 확보를 위해 엄청난 노력을 기울였다.

18세기 들어 지금의 오키나와인 류큐 왕국에서 사탕수수를 가져와 따뜻한 일본 남부에서 재배했지만 늘어나는 수요를 충족시킬 수는 없었다. 하지만 지속적인 사탕수수 재배 장려로 19세기 중반에는 일본 국내에서 설탕 생산량이 확대됐다. 그러다 청일전쟁의 승리로 1895년 시모노세키 조약이 체결되면서 타이완이 일본의 식민지가 되었다. 일본은 타이완에서 사탕수수 재배를 확대하면서 수확된 설탕을 대량으로 가져갔다. 타이완을 일본의 설탕 공급 기지로 삼았던 것이다.

타이완을 비롯한 식민지에서 얼마나 설탕을 수탈했는지, 1939년에 이미 일본의 설탕 소비량이 현재와 비슷한 수준인 1인당 16킬로그램에 달했다고 한다. 식민지를 통해 설탕 자급률을 달성한 것이다. 뒤집어 말하면 식민지 주민들이 그만큼 고통을 당했다는 뜻이다. 심지어 자국민도 예외가 아니었다. 일본은 1차 세계대전 직후 오키나와의 밭을 모두 사탕수수 재배지로 전환했다. 그러다 설탕 값이 폭락하자 설탕을 팔지도 못하고 식량도 구하지 못한 오키나와 주민들이 대량으로 굶어 죽는 사태가 벌어졌다. 사탕수수 밭 외에는 남아 있는 식물이 열대 관상수인 소철밖에 없어 오키나와 주민들이 '소철지옥'이라 부르는 재앙이 발생한 것이다.

어쨌든 별사탕을 만드는 원료인 설탕은 1차 세계대전

이 일어난 해인 1914년 이후부터 충분히 확보되었다. 중국 영토인 타이완에서 재배한 별사탕을 바탕으로 중국 침략을 본격화한 것이니 잔인한 역사의 아이러니라 할 수 있겠다.

한국군에게 별사탕은 해방 이후 한국전쟁 이전에 건빵과 함께 보급됐다. 우리에게 추억의 간식인 별사탕에는 이렇듯 일제 침략의 역사가 고스란히 녹아 있다. 그럼에도 일제가 이런 작은 사탕 하나를 만드는 데 들인 노력과 병사의 사기까지 세심하게 고려했던 치밀함에는 주목할 가치가 있다.

각기병 치료제
카레라이스

한국의 카레라이스는 일본의 것과 많이 닮았지만 자세히 보면 색부터 맛까지 다른 점도 많다. 하지만 한국인과 일본인의 입맛과 식문화 차이를 감안한다면 둘은 기본적으로 닮은꼴이다. 가장 큰 이유는 카레라이스가 일제 강점기에 한국에 전해졌기 때문이다.

카레라이스가 한반도에 들어온 정확한 시기는 알 수 없지만, 대략 1920년대 중반 이전일 것으로 추정된다. 이 무렵부터 한국 신문 기사에 카레라이스 만드는 법이 실리기 시작했다. 신문에 요리법이 소개됐다는 것은 이전부터 적지 않은 사람들이 카레라이스를 먹고 있었다는 이야기일 것이다.

1925년 4월 25일자 《동아일보》의 '서양요리제법' 코너에도 카레라이스 만드는 법이 실려 있다. 기사는 재료로 소고기, 양파, 카레가루, 감자, 당근, 밀가루를 꼽았다. 여기서 두 가지 주목할 부분이 있다. 먼저 카레는 인도가 뿌리임에도 서양 요리로 소개되었다는 점이다. 당시 카레는 인도가 아닌 서양 요리라는 인식이 강했다. 영국을 통해 일본으로 전해졌기 때문이다. 또 한 가지는 재료에 밀가루가 들어 있다는 점이다. 당연한 것 아니냐 반문할 수도 있겠지만, 밀가루는 한국과 일본 카레를 다른 나라 카레와 구분 짓는 중요한 차이점이다.

이 두 가지에 우리가 미처 몰랐던 카레라이스의 비밀이 감춰져 있다. 한국과 일본 카레는 본고장 인도 카레와 많이 다르며, 카레를 세계에 퍼트리고 전한 영국의 커리(curry)와도 큰 차이가 있다. 만들 때 들어가는 향신료의 종류도 다르고, 소스도 형태부터 농도까지 많은 점이 다르다.

예를 들어 '마살라'(masala)라는 인도 카레는 다양한 향신료의 조합이다. 강황이나 후추처럼 뿌리, 열매, 잎으로 된 갖가지 향신료를 빻아 분말로 만들어 뿌릴 수도 있고 요거트에 섞어 소스로 만들어 찍어 먹을 수도 있다. 향신료 분말을 양념 넣듯이 국물에 넣어 조리할 수도 있다. 이처럼 마살라는 고정된 형태의 소스가 아니다.

반면 영국의 커리는 여기에 버터에 볶은 밀가루(roux)를 혼합하여 커리 파우더(curry powder)로 만든 것이다. 이 커리 파우더로 소스나 수프를 만들어 먹는 것이 영국 커리다. 대표적인 것으로 치킨 커리와 비프 커리를 꼽을 수 있다.

일본과 한국의 카레는 영국 커리 파우더를 바탕으로 발전했다. 그러나 영국 커리 소스에 비해 훨씬 걸쭉하고 된 것이 특징이다. 쌀밥에 얹어 먹을 수 있도록 밀가루 등의 전분을 많이 섞었기 때문이다.

일본에서 카레라이스는 국민 음식이라고 불릴 정도로 인기가 높다. 그런데 일본에서 카레라이스가 발달하게 된 과정은 전쟁과 직간접적으로 관련이 있다. 바로 일본 제국 해군이다. 일본 해군에서 카레라이스를 장병들의 급식으로 채택하면서 일본 국민들에게도 널리 보급됐기 때문이다.

일본에 카레가 전해진 것은 19세기 중후반이다. 유럽, 특히 영국과의 정치 경제 교류가 활발해지면서 인도의 향신료 마살라가 아닌 영국인들이 즐겨 먹는 커리가 일본에 전해졌다. 때문에 당시 일본인들에게 카레는 인도 식당이 아닌 프랑스 레스토랑 같은 양식당, 혹은 서양에서 전해진 일본식 양식을 파는 경양식 전문점에서 먹는 서양 음식이었다.

이후 돈가스처럼 일본에 맞도록 개량한 카레라이스가 처음 선보인 것은 1877년 도쿄에서였다. 이때까지만 해도 카레라이스는 개화기 일본에서 일찍이 서양문화에 눈뜬 이른바 '하이칼라'라는 멋쟁이들이나 먹던 값비싼 요리였다. 그러던 카레라이스가 일반인들도 쉽게 먹을 수 있도록 대중화된 것은 20세기 초반이었고, 여기에 일본 해군이 한몫했다.

일본 해군, 잡곡밥 대신 카레라이스

일본은 1902년 영국과 영일동맹을 맺었다. 이를 계기로 양국 사이에 군사 교류가 활발해지면서 영국 해군과 일본 해군이 상호 방문해 시찰하는 기회가 있었다. 이때 영국 해군을 시찰하던 일본 해군 시찰단에 소속된 한 군의관은 영국 군함에서 수병들이 먹는 식사에 주목했다. 당시 영국에서 크게 유행하고 있던 인도 음식 커리였다. 이를 본 군의관은 그동안 일본 해군에서 골머리를 앓아오던 문제를 해결할 수 있겠다고 생각한 것이다.

그 문제란 다름 아닌 쌀밥이었다. 19세기 말에서 20세기 초까지 일본 농촌에서는 쌀밥 먹기가 쉽지 않았다. 일본의 농부들도 벼농사를 하기는 했지만, 그들도 쌀을 먹기란 요원한 일이었다. 추수한 쌀은 주로 지주에게 상납하거나 내다 팔아야 했기 때문이다. 그래서 가난한 농부들은 주로 꽁보리밥 같은 잡곡밥을 먹었다. 당시 일본 시골 사람들은 하얀 쌀밥 한 번 배불리 먹어보는 것이 소원이었다고 한다. 물론 이루기는 쉽지 않았다. 농촌에서는 명절 때 아니면 쌀밥을 구경하기조차 어려웠고, 농촌을 떠나 도시로 가서 막노동을 한다 해도 쌀밥은커녕 입에 풀칠을 하기도 힘들었다.

그렇다고 전혀 방법이 없는 것은 아니었다. 특히 젊은 남자들은 기회를 쉽게 찾을 수도 있었다. 군대에 가면 쌀밥만큼은 마음껏 먹을 수 있었기 때문이다. 이는 기록만 봐도 알 수 있다. 예를 들어 1894년 청일전쟁 당시 일본

전쟁사에서 건진 별미들

군 병사의 식사규정은 1인당 쌀 900그램이었다. 하루 세 끼 쌀밥을 충분히 먹고도 남는 양이다. 이렇게 시골에서는 구경조차 쉽지 않았던 잡곡 한 톨 섞이지 않은 쌀밥을 실컷 먹을 수 있었기에 시골 청년들에게 군대는 꽤나 매력 있는 집단이었다고 한다.

그런데 여기서 문제가 생겼다. 쌀밥만 먹었을 때 발생하는 각기병이 유행처럼 번진 것이다. 실제로 1894년 청일전쟁과 1904년 러일전쟁에서 일본군은 각기병으로 인해 적지 않은 전투력 감소를 경험했다.

일본 사람들은 단무지 한 조각, 간장 한 종지를 반찬 삼아서 밥을 먹는다. 이 무렵 일본군은 사병들에게 직접 부식을 제공하는 대신 현금을 지급했다. 쌀밥은 주지만 반찬은 알아서 사 먹으라는 것이었다. 병사들은 돈을 아끼느라고 최소한의 반찬만으로 밥을 먹었다. 각기병은 비타민 B1이 부족할 때 생기는 병으로, 하얗게 도정한 쌀밥만 먹을 때도 걸리기 쉽다. 결국 일본군 병사들도 각기병 때문에 애를 먹어야 했다.

이에 일본 육군과 해군은 경쟁적으로 각기병의 원인을 찾았다. 그러다 해군 군의관 다카키 가네히로가 하얗게 도정한 쌀밥에 부족한 비타민 B1이 원인이라는 사실을 발견했다. 그리고 쌀밥과 함께 고기나 채소를 충분히 먹거나, 서양의 해군 수병처럼 빵과 수프를 먹거나, 그도 아니면 보리밥이나 현미밥 같은 잡곡밥을 먹으면 간단하게 해결된다는 사실도 알아냈다.

손바닥 뒤집는 것만큼이나 쉬운 해결책처럼 보이지만, 현실은 녹록지 않았다. 병사들이 크게 반발했기 때문이다. 식사 때 쌀밥만 먹지 말고 고기를 먹으라고 해도 병사들이 좋아하지 않았다. 고기를 먹으려면 부식비를 써야 하는 데다 일본은 7세기부터 메이지 유신 때까지 1,200년 동안 육식을 금지했던 나라였기 때문이다. 그래서 일본인들은 돼지고기는 물론 닭고기, 소고기에도 거부감을 느꼈다. 게다가 예산 때문에 군에서 매일 별도로 충분한 양의 고기를 지급할 수도 없었다.

일본 해군은 고육책으로 서양 군대처럼 식사 시간에 빵과 수프를 지급했다. 하지만 병사들의 원성이 자자해지고 사기가 떨어지면서 곧 중단해야 했다. 일본에서 빵은 간식일 뿐 밥 대신 먹을 것이 못 되었기 때문이다.

가장 간단한 방법은 보리밥과 같은 잡곡밥을 먹는 것이었지만 이마저도 만만치 않았다. 잡곡밥을 제공하자 병사들의 불만이 하늘을 찌를 듯이 높아졌기 때문이다. 쌀밥을 실컷 먹을 수 있다기에 기꺼이 입대를 했는데 보리밥이 웬 말이냐는 것이었다. 식사를 잡곡밥으로 바꿨다가는 군대에 대한 인기 자체가 추락할 판이었다.

군 당국은 진퇴양난에 빠졌다. 계속 쌀밥을 배식하자니 각기병이 문제가 됐고, 다른 것을 주자니 불만이 높아지고 사기가 땅에 떨어졌다. 이 무렵 해군에서 발견한 것이 영국 수병들이 군함에서 먹는 커리였다. 커리는 인도인들이 즐기는 향신료였지만 18세기 영국 해군에서 함상용 식량으로 개량되었다. 장기간 항해할 때 함정에서 수병들이 먹는 소고기 수프에 넣는 우유가 상했기 때문에, 그 대신 자극성이 강한 향신료인 커리를 넣어 보존성을 높인 것이다. 이후 영국 해군에서는 소고기 커리 수프와 빵이 장교와 사병 가릴 것 없이 모두가 좋아하는 메뉴로 정착됐다.

이를 본 일본 해군도 영국 해군의 커리 수프를 도입했다. 하지만 처음부터 인기가 있었던 것은 아니었다. 영국처럼 빵과 카레 수프를 제공했더니 또 밥 대신에 빵을 준다며 반발이 심했다. 한때는 밥과 함께 커리 수프를 떠먹도록 했지만 어딘지 어울리지 않았다. 결국 개량을 거듭한 끝에 커리 분말에 더 많은 밀가루를 섞어 지금과 비슷한 카레를 만들어냈다.

1장. 전쟁이 만들어낸 음식들

일본 카레는 영국 커리 수프와 달리 걸쭉해 쌀밥에 얹어 먹을 수 있었다. 쌀밥과도 궁합이 맞았다. 수프와 달리 점도가 높아 흔들리는 함정에서도 엎지르지 않고 먹을 수 있었다. 무엇보다 쌀밥에 없는 비타민 B1이 다량 함유된 밀가루가 들어 있어 각기병 문제도 자연스레 해결됐다.

일본 해군은 1908년 해군조리술참고서, 육군은 1910년 군대조리법에 각각 카레라이스를 포함했다. 그리고 정기적으로 급식했다. 카레라이스는 기본적으로 맛있는 음식이지만 군대에서 먹으며 익숙해졌기에 1920년대 일본에서는 카레라이스가 인기를 얻으면서 폭발적으로 유행했다. 일본인들이 카레라이스를 국민 음식처럼 좋아하게 된 배경이다. 그리고 일제 강점기 시대였던 이 무렵에 한국에도 카레라이스가 전해졌다. 카레라이스에 담긴 뜻밖의 전쟁사다.

쌀밥만 먹다 걸리는 각기병

그런데 여기서 의문이 있다. 옛 일본 병사들이 쌀밥을 도대체 얼마나 먹었기에 각기병에 걸릴 정도였냐는 것이다. 그리고 얼마나 많은 병사들이 각기병에 걸렸기에 군대에서 골치를 앓았을 정도였느냐. 마지막으로 명절이 아니면 쌀밥 먹기가 힘들었다는 그 시절에 군인들이 어떻게 많은 쌀밥을 먹을 수 있었냐는 것이다.

러일전쟁에서 일본 육군 군의관들은 수시로 몰려오는 환자들로 골머리를 앓았다. 야전병원을 찾는 병사들의 절반이 팔다리가 퉁퉁 붓고 때로는 호흡곤란 증세까지 보였기 때문이다. 다름 아닌 각기병 환자들이었다.

제국주의 시대 일본 육군의 의료기록 '메이지 전쟁 육군 위생사'에 의하면 러일전쟁 당시 전투로 인한 부상병이 아닌 일반 환자 중 44%가 각기병 환자로, 그 숫자가 11만 751명이었다.

각기병은 현미밥이나 잡곡밥을 먹으면 간단하게 치료할 수 있다. 하지만 러일전쟁 무렵만 해도 일본군은 각기병의 원인조차 몰랐다. 유럽에서 괴혈병의 원인을 찾지 못해 애먹었던 것처럼 일본 역시 바이러스나 곰팡이 때문이 아닐까 짐작했을 뿐이다. 때문에 여전히 병사들에게는 하얀 쌀밥을 먹였고, 환자는 줄어들 기미가 없었다.

일본 병사들은 도대체 쌀밥을 얼마나 먹었기에 11만 명

이상이 각기병에 걸렸던 것일까? 청일전쟁 때 발표된 전시 병사의 식량규정을 보면 병사에게는 하루에 백미 900그램, 육류 및 생선 150그램, 채소 150그램, 장아찌 50그램을 지급한다고 되어 있다. 쌀밥 한 공기가 90~100그램이므로 식욕이 왕성한 20대 초반의 젊은 병사가 한 끼에 두세 공기씩 먹어도 모자라지 않을 정도였다. 앞서 이야기한 것처럼 당시 일본군은 부식을 현물이 아닌 현금으로 지급하는 것이 원칙이었다. 고기와 생선, 채소의 급식량은 정해져 있지만 직접 지급한 것이 아니라 사 먹을 돈을 준 것이다. 하지만 전쟁터에서 그런 부식은 구하기도 쉽지 않았다. 또 일본인들은 된장이나 간장만 있어도 식사를 할 수 있었기에 최소한의 반찬으로 쌀밥만 먹다가 각기병에 걸렸던 것이다.

그렇다면 일본군은 그 많은 쌀을 어디에서 조달했을까? 당연히 일본에서 거둬들이는 쌀만으로는 턱없이 부족했다. 이때 일본의 군량미 공급 기지 역할을 한 곳이 바로 한반도였다. 물론 러일전쟁은 아직 한일합방이 이뤄지기 전이므로 한반도에서 마음대로 쌀을 수탈해 갈 수는 없었다. 때문에 일본 군부는 상인들을 앞세워 조선에서 쌀을 사들였다. 1900년을 전후하여 일본 상인들이 조선으로 대거 몰려왔다. 일본 군부의 지원을 받은 그들은 조선의 친일파를 앞세워 엄청난 돈을 뿌려가며 쌀을 긁어모았다. 부산에서 진주를 거쳐 김제평야, 호남평야 등 조선 남부의 곡창지대를 돌아다니며 쌀을 사들인 후 침략전쟁의 군량으로 삼았다.

일본이 조선을 강제로 병합한 1910년의 통계를 보면 그해 조선의 쌀 총생산량은 약 1,000만 석이었고, 그중 5%에 해당하는 54만 석을 일본이 가져갔다. 러일전쟁은 한일합병 전이니 이보다 적은 규모로도 만주에 출병했던 일본 병사들이 먹기에 충분했다.

일제 강점기가 시작되면서 조선에서 생산되는 쌀의 일본 반출은 총생산량의 10%에서 20%, 30%로 계속 늘어났다. 그리고 일본의 진주만 기습과 함께 태평양에서 2차 세계대전이 시작되자 쌀 수탈이 절정에 이르렀다. 일본은 전쟁에 필요한 기름을 짜야 한다며 갖가지 종자를 모아 바치도록 했고 놋그릇과 수저도 공출해 갔다. 중일전쟁 이후에는 전시 체제에 돌입하면서 1939년 조선미곡통제령을 발표, 조선 쌀의 통제를 제도화하면서 조선의 쌀에 대한 공출 제도를 실시했다.

그 결과 1941년에는 쌀 생산량 2,152만 석 중 43%

가, 2차 세계대전 막바지인 1944년에는 1,891만 석 중 63.8%가 수탈됐다. 한반도에서 수확한 쌀 중 3분의 2를 빼앗긴 것이다.

쌀의 대부분을 일제에 빼앗긴 상황에서 조선 사람들은 무엇을 먹고 살았을까? 만주에서 조를 비롯한 잡곡을 들여와 부족한 식량을 채웠다. 여기에 감자, 고구마, 옥수수 등으로 끼니를 해결했고 심지어 콩깻묵(콩에서 기름을 짜고 남은 찌꺼기)까지 먹으며 배고픔을 달래야 했다.

흔히 우리는 옛날부터 쌀이 부족해 쌀밥은 일부 양반 계층만 먹었고, 농민은 보리밥으로 연명하다 춘궁기 보릿고개를 맞으면 풀뿌리와 나무껍질로 배를 채웠던 것으로 알고 있다. 하지만 그것은 일제 강점기 때 이야기다.

일본에 나라를 빼앗기기 전, 18~19세기 조선은 쌀밥의 나라였다. 18세기 중반 실학자 이익은 『성호사설(星湖僿說)』에서 '전라도는 논이 많아 추수가 끝나면 백성은 모두 쌀밥을 먹고 콩과 보리는 천하게 여긴다'고 했다. 호남이 대표적인 곡창지대이긴 하지만 호남 농민에게만 해당하는 이야기는 아니었다. 19세기 전후 정조 때 쓰인 『승정원일기』에도 당시 조선 백성은 모두 쌀밥을 먹었다고 기록되어 있다.

"백성의 풍속이 쌀을 귀하게 여기고 조를 귀하게 여기지 않기 때문에 비록 가난하고 천한 무리라도 반드시 흰 쌀밥을 먹으려 들고 잡곡밥은 먹으려고 하지 않는다."

1910년 통계에 따르면 곡물 생산량 중 쌀이 차지하는 비중이 약 44%였다. 백성들 대부분이 쌀밥을 먹었다는 의미다. 쌀이 넘쳐서가 아니었다. 농사의 대부분이 벼농사였기 때문이다. 국력이 쇠퇴하던 조선 말기에도 백성들은 쌀밥을 먹었다. 그러나 일제 강점기가 되자 조선에서 쌀밥을 구경하기가 어려워졌다.

우리가 쌀 자급을 이룬 것은 1975년이다. 일제 강점기는 36년간이었지만 다시 쌀을 자급하기까지는 65년이 걸렸다. 나라가 힘을 잃으면 그 결과가 어떻게 되는지 쌀밥이 웅변하는 셈이다.

반대로 우리가 빼앗긴 쌀로 일본 군인들은 쌀밥만 먹다 각기병에 걸렸다. 이렇게 생긴 각기병을 치료하려고 일본 해군에서 보급한 것이 카레라이스다. 무심코 먹는 카레라이스지만 우리 입속으로 들어오기까지 미처 생각지도 못했던 아픈 역사가 있다.

어른을 위한, 어른에 의한
분유와 연유

분유의 쓰임새는 다양하지만 기본적으로는 모유 대신 갓난아이에게 먹이는 식품이다. 그러면 처음부터 유아용이었을까? 최초의 분유는 철저하게 어른을 위한 식품이었다. 그것도 전쟁터에 나가 싸우는 병사를 위한 음식이었다. 현대식으로 말하자면 고대에 전투식량으로 최적화된 음식인 셈이다.

분유로 추정되는 식품에 관한 최초의 기록은 마르코 폴로의 『동방견문록』에 있다. 원나라 쿠빌라이 칸의 시대, 몽골이 중국을 지배할 때의 여행기이므로 13세기 무렵의 기록이다. 여기에는 타타르 기병, 즉 몽골군이 장거리 원정을 떠날 때의 병참 지원에 관한 내용이 실려 있다. 신속한 기동이 특징인 몽골 기병은 병장기 외의 장비를 최소화했고 식량을 특별히 따로 챙기지 않았다. 두 자루의 가죽부대에 유제품을 담고, 고기를 끓여 먹을 그릇과 비를 막아줄 텐트만 가지고 출발했다.

물론 빠른 기동이 특징이지만 보통의 경우에는 일정한 거리를 진군한 후 말에서 내려 식사도 만들어 먹고 휴식도 취했다. 하지만 급하게 이동해야 할 경우는 잠잘 때를 제외하면 말에서 내리지도 않고 식사도 하지 않으며 쉬지 않고 달렸다. 이렇게 말에서 내리지 않고 진군할 수 있는 최대 기간이 거의 열흘이었다. 그러니 문자 그대로 질풍노도처럼 초원을 달려 적진을 휩쓸었던 것이다.

전쟁을 하러 가는 군인이, 더군다나 현대와 같은 전자전도 아니고 칼과 활과 창으로 싸워야 하는 13세기 군대가 열흘 동안 쉬지도 먹지도 않고 진군을 해서 적과 제대로 백병전을 할 수 있었을까? 몽골 기병은 가능했다. 떠날 때 휴대한 음식, 즉 두 자루의 가죽부대에 담긴 식량이 그 비밀이었다.

몽골 기병은 원정을 떠날 때 식량과 함께 여러 필의 말을 끌고 갔다. 식사할 시간도 줄여 급하게 이동할 때는 행군 도중 타고 있는 말의 정맥에 상처를 냈다. 그리고 말의 건강에 지장이 없을 정도까지 흐르는 피를 마셨다. 엽기적으로 느껴지겠지만 혈액은 고단백의 영양식이다. 때문에 별도의 식사 없이도 체력 유지에 필요한 열량을 확보할 수 있었다. 그리고 피를 제공해 지친 말에서 내려 새 말로 갈아타고 달리니 속도를 늦추지 않고도 신속하게 이동이 가능했다.

몽골 기병이 그렇다고 흡혈귀처럼 말의 피만 먹으며 달렸던 것은 아니다. 두 개의 가죽부대에 담아 가지고 간 유제품이 바로 지금의 분유였다. 정확하게 말하자면 지금의 분유와 비슷한 우유 반죽이거나 액체 상태의 농축된 우유, 즉 연유에 가까울 수도 있지만 기록으로 보면 분유에 더 근접했을 것으로 짐작된다.

몽골의 기병 원정군은 한 사람이 말린 우유를 약 4.5킬로그램씩 가지고 떠났다. 이 말린 우유를 먹는 방법은 복잡하면서도 간단했다. 아무리 쉬지 않고 진군을 하더라도 잠은 자야 했으니 아침에 숙영지에서 일어나면 반 파운드의 말린 우유를 충분한 물에 타서 가죽부대에 담는다. 이 가죽부대를 말 잔등에 싣고 달리면 말이 뛸 때의 진동으로 분유와 물이 골고루 섞인다. 그들은 이 고단백의 우유

음료를 하루치 식량으로 삼았다. 그러니 말의 혈액을 제외하고도 별도의 식량 보급 없이 야전에서 최소한 20일을 견딜 수 있었다.

서양에서 분유가 처음 만들어진 것은 19세기 초반이다. 타타르 병사들, 즉 몽골의 유목민들은 기록상 서양보다 약 600년 앞서 분유를 만든 것이다. 이처럼 전쟁사에서 상당한 역할을 한 말린 우유는 도대체 어떻게 만든 것일까? 역시 『동방견문록에』 당시의 분유 제조법이 기록되어 있다.

먼저 커다란 솥에 우유를 넣고 끓인다. 우유가 데워지면서 유지방이 떠오르면 국자로 떠내 별도의 그릇에 담는다. 이렇게 떠낸 유지방으로는 버터를 만든다. 우유에서 유지방을 제거하는 것은 필수 작업이다. 버터의 원료가 되는 유지방을 제거하지 않으면 우유가 굳지 않기 때문이다. 지방을 제거한 우유는 밀가루 반죽처럼 만들어 햇볕에 말린다. 바싹 말리면 굳어져 가루로 만들 수 있다. 몽골의 말린 우유가 고도로 농축된 연유보다 분유에 가까웠을 것으로 보는 이유다. 또 하나, 유지방을 제거한 우유 가루이므로 20세기에야 서양에 등장한 탈지분유와도 비슷하지 않았을까 싶다.

신속한 기동력은 칭기즈 칸과 쿠빌라이 칸 시대의 몽골 군이 동유럽까지 진격할 수 있던 가장 큰 요인으로 꼽힌다. 몽골 기병은 하루 평균 100킬로미터를 주파할 수 있었다고 한다. 때문에 몽골군이 쳐들어온다는 소문을 듣고 미처 대비하기도 전에 도착한 몽골 기병대의 말발굽에 짓밟히면서 속수무책으로 당할 수밖에 없었던 것이다. 그 결과 나폴레옹과 현대의 히틀러도 무서운 추위 때문에 정복하지 못했던 러시아를 몽골 기병대는 겨울철에 공격해 점령할 수 있었다. 앞서 밝힌 것처럼 그 중심에는 분유를 비롯한 기병대의 병참이 한몫했다.

　역사에 등장하는 최초의 분유는 이렇게 지금처럼 갓난아이가 모유 대신에 먹는 유아용 식품이 아니라 엉뚱하게 군인들의 전투식량이었다. 그것도 13세기에 세계를 공포로 몰아넣었던 몽골 기병의 휴대용 식품이었다. 하지만 당시의 말린 우유는 후대에 전해지거나 지역적으로 퍼지지 않았다. 현대의 분유는 몽골의 말린 우유와는 관계없이 별도로 만들어졌다.

　서양의 분유는 1802년 러시아의 외과의사 오지프 크리체프스키가 만든 것을 처음으로 본다. 음식 대용품이었지만 20세기가 될 때까지는 유럽과 미국에서 그다지 널리 이용되지 않았다. 대신 서양에서는 우유의 수분을 완전히 증발시켜 건조한 분유와 달리 우유를 고도로 농축한 연유가 발달했다. 우리의 경우 지금은 팥빙수를 먹을 때 뿌리거나 쿠키와 같은 과자, 아이스크림과 같은 빙과류 등의 간식을 만들 때 주로 사용한다.

하지만 연유 역시 최초의 분유처럼 처음에는 어른을 위한 음식이었다. 그리고 역시 전쟁이 계기가 되어 급속도로 발전했는데, 그 바탕이 미국 남북전쟁이었다. 남북전쟁이 후반으로 접어들면서 남군 병사들은 어쩌다 북군 보급열차를 습격해 보급품을 빼앗는 날은 속된 말로 '계 탄 날'이나 다름없었다고 한다. 그들은 패전을 거듭한 데다 경제적 열세 때문에 제때 충분한 보급을 받지 못해 배고픔에 시달렸다. 그렇기에 북군의 음식을 빼앗은 날만큼은 마음 놓고 배불리 먹을 수 있었다. 또 운이 좋으면 달콤한 연유도 실컷 먹을 수 있었다. 실제로 기록을 보면 남군이 빼앗은 북군 보급열차에서 가장 먼저, 그리고 가장 열심히 찾았던 것이 연유였다고 한다.

연유는 당시 북부 연방에 속해 있던 뉴욕의 한 공장에서 만들어냈다. 뉴욕에 공장이 있었던 만큼 북군에게는 보급이 됐지만 남군은 빼앗아 먹는 것 외에는 도저히 구할 수 없는 그림의 떡이었다.

그런데 남군 병사들이 아이들도 아닌데 왜 그렇게 연유에 목말라했던 것일까? 남북전쟁이 후반기에 접어들 당시 남군 병사들의 음식은 정말 형편없었다. 깨물어 먹다 이빨이 부러질 정도로 딱딱한 비스킷도 감지덕지였고, 주로 말이나 가축의 사료로 쓰는 순무나 콩으로 식사를 했다. 북군의 해상 봉쇄로 인해 커피 같은 음료는 진작부터 마실 수 없었기에 대용품으로 고구마나 도토리를 태워 우려낸 물을 대용으로 마셨다. 그러니 전쟁 중에 신선한 우유를 마실 기회는 거의 없었고, 그 대신 수분을 제거해 농축한 연유는 당시 남군 병사들에게는 천상의 식품이나 다름없었다.

우유는 사실 전쟁과 불가분의 관계에 있다. 영양가가 높아 병사들이 먹는 음식으로 안성맞춤이기 때문이다. 다만 휴대하기가 어렵고 장기보관이 불편하기 때문에 전장에서 그대로 마실 수는 없었다.

그러다 남북전쟁이 일어나기 직전에 연유가 개발됐다. 우유를 절반 수준으로 농축시킨 후 설탕을 첨가하면 부피도 줄어들고, 통조림에 담은 후 뚜껑만 열지 않으면 몇 년씩 장기보관도 가능하다. 그리고 다시 물을 부으면 우유처럼 마실 수도 있고 가공해서 다른 음식을 만들 때도 쓸 수 있다. 그렇기에 전쟁터의 군인들에게 무엇보다도 훌륭한 식품이 됐다. 이런 연유가 획기적으로 발전하는 전기가 된 것이 남북전쟁이었다.

우유를 농축시켜 연유를 만들려는 노력은 옛날부터 있었다. 하지만 대량생산을 통한 상업화에 성공한 사람은 미국의 사업가 게일 보든이다. 보든은 1850년대 식품회사를 운영하면서 소고기를 가공해 비스킷을 만들어 팔려다 실패해 파산 직전에 이르렀다.

이때 그는 소고기 건조 기술을 응용해 우유를 농축하는 기술도 함께 개발하면서 1856년에 특허를 받았다. 하지만 이 무렵에는 아무도 연유를 거들떠보지 않았다. 신선한 우유가 있는데 굳이 농축해서 마실 이유도 없었고, 언제든지 우유를 구할 수 있어 장기보관도 그다지 필요 없었다. 또 남는 것은 버터나 치즈로 가공해 보관하면 되었기 때문이다.

그런데 그가 특허를 받고 파산 직전이 된 지 5년 후인 1861년, 남북전쟁이 일어났다. 그리고 그때까지 아무도 관심을 기울이지 않았던 연유의 효용 가치가 높이 떠올랐다. 그 계기가 남북전쟁 최초의 전투인 섬터(Sumter) 요새 구출작전이었다.

섬터 요새는 미국 남동부 해안에 있는 요새다. 북군의 진지지만 지역적으로는 남부 연맹에 속한 사우스캐롤라이나 주에 위치해 있다. 그러니까 전국 한복판에 위치해 섬처럼 고립돼 있는 요새였는데, 남군 입장에서는 적군이 목에 칼을 들이대고 있는 것과 같은 곳이었다. 때문에 전쟁이 시작되자마자 남군은 섬터 요새를 포위해 맹공을 퍼부었다.

식량과 탄약이 떨어진 섬터 요새 수비대는 워싱턴에 구원을 요청했지만 구원 병력이 도착하기 전에 이미 36시간 동안 포탄을 퍼부은 남군의 포격을 견디지 못하고 항복하고 말았다. 그런데 이 섬터 요새 전투를 계기로 북군이 교훈을 얻었다. 장기보관이 가능한 군용식량의 개발이었다.

그리고 적군에게 포위됐을 때 병사들이 먹고 버틸 수 있는 영양가 높은 전투식량의 보급을 서둘렀는데, 그중 하나가 연유였다. 연유는 무더운 남부 지역에서 쉽게 상하는 우유 대신 보급할 수 있었기에 북군 입장에서는 안성맞춤의 식품이었다.

그리하여 북부 연방정부는 파산 일보 직전에 있던 게일 보든과 계약을 맺고 연유를 생산했다. 그리고 1862년부터 북군 전체에 연유를 전투식량으로 지급했다. 당시 북군이 남군에게 최초로 결정적인 타격을 입히며 전쟁의 승기를 마련했던 앤티텀 전투가 계기가 됐다고 한다. 당시 전투에 나선 부대에게 연유를 보급한 것이 병사들에게 인기도 높았고, 또 야전에서 전투식량으로 효과를 발휘했기 때문이다.

반대로 연유는 남군 병사들의 사기를 떨어트리는 데도 기여했다. 게릴라전도 아닌 상태에서 북군의 보급품을 빼앗아 먹으며 싸워야 했고, 게다가 북군 병사들은 연유까지 먹으며 싸우는데 남군은 커피 대용품으로 고구마 태운 물을 마셨으니 사기가 한풀 꺾일 수밖에 없었다. 압도적인 북부의 경제력과 공업의 힘에 남군 병사들이 기가 죽었던 것이다.

연유를 먹으며 싸운 북군 병사들의 홍보 덕분에 전쟁이 끝난 후에도 연유가 유행하면서 너도나도 연유 공장을 세웠다. 결국 공급과잉 현상이 벌어진 데다 미국의 대공황으로 연유 공장들이 무더기로 파산했다.

하지만 1차 세계대전이 발발하면서 연유 수요가 다시 살아났다. 동시에 우유를 건조시켜 분말로 만드는 기술이 발전하면서 분말 우유, 즉 분유도 보급되기 시작했다. 그리고 20세기 초반에는 갓난아이가 우유를 그냥 마시면 탈이 나기 때문에 유아에게 필요한 성분을 첨가한 유아용 분말 우유도 등장했다. 분유와 연유는 이렇게 처음에는 유아가 아닌 어른들, 특히 싸움터에 나서는 군인들을 위한 음식이었다.

모짜렐라와 체다 슬라이스가
짝퉁 치즈?

　피자 먹을 때 실처럼 쭉쭉 늘어나는 치즈가 모짜렐라
다. 그리고 햄버거에 들어 있는 노란색 치즈는 체다 슬라
이스다. 모두 한국 사람들에게도 익숙한 치즈다. 그런데
우리가 흔히 먹는 이 두 치즈에는 공통점이 하나 있다. 무
엇일까?

　극단적으로 표현하면 둘 다 '짝퉁'이라는 것이다. 오리
지널 치즈가 아니라는 뜻이다. 심지어 체다 슬라이스 치
즈는 엄격하게 말하면 치즈라는 명칭을 쓰는 것조차 불법
이다. 때문에 상품 표시를 자세히 들여다보면 반드시 '치
즈 가공품'으로 표기되어 있다. 치즈 가공품은 치즈가 아

니기 때문이다.

두 치즈가 짝퉁이 된 이유는 전쟁에 있다. 전쟁으로 인한 직간접적인 영향으로 유럽의 전통 치즈는 짝퉁으로 탈바꿈했다. 피자나 파스타, 샐러드에 들어가는 모짜렐라 치즈가 왜 짝퉁이냐고 반문하는 사람이 있을지 모르겠다. 그러나 본래 모짜렐라 치즈는 물소 젖으로 만들어야 진짜다. 지금 우리가 익숙하게 먹는 모짜렐라 치즈는 젖소 우유로 만든 것이다. 원산지의 치즈와는 근본이 다르니 짝퉁인 것이다. 때문에 상품 표시를 할 때 '모짜렐라 치즈'라고만 적으면 안 된다. 젖소 우유로 만들었다는 뜻의 이탈리아어 '피오르 디 라테'(fior di latte)를 함께 표시해야 한다.

사람들이 이런 짝퉁 모짜렐라를 먹게 된 이유는 2차 세계대전과 간접적으로 관련이 있다. 모짜렐라 치즈는 이탈리아에서도 남부 나폴리를 중심으로 한 캄파냐 지방 특산물이다. 13세기 무렵 물소 젖으로 된 모짜렐라 치즈가 처음 만들어졌고 17세기부터 유명해지면서 널리 퍼지기 시작했다. 그런데 2차 세계대전 때 이탈리아를 점령했던 독일군이 연합군에 밀려 퇴각하면서 애꿎은 물소를 대량으로 학살했다. 독일군이 얼마나 많은 물소를 죽였는지는 정확하지 않다. 설마 씨를 말렸을까 싶기도 하지만, 전쟁을 기록한 문헌에 따르면 모짜렐라 치즈로 이름난 지역에서 이때 물소가 사라졌다. 그래서 전통 모짜렐라 치즈의 대체품으로 만든 것이 젖소 우유로 만드는 지금의 모짜렐라 치즈였다.

이 치즈가 주로 생산된 곳은 미국이었다. 미국으로 이민 온 이탈리아계 주민들이 미국에는 물소가 없으니 대신 젖소를 이용한 것이다. 본고장 캄파냐 지방에서는 2차 세계대전이 끝난 후 인도에서 물소를 재수입해 다시 전통 모짜렐라를 만들기 시작했다. 하지만 이미 미국산 피자가 세계로 퍼지면서 미국의 젖소 모짜렐라 치즈가 진짜 행세를 하게 됐다.

현재 물소 젖 모짜렐라 치즈는 비싸게 팔리고 있다. 생산량이 적은 데다 진짜이기 때문이다. 하지만 대량으로 생산되어 세계로 퍼진 것은 가짜이니 '악화가 양화를 구축한다'는 경제 격언이 모짜렐라 치즈에도 그대로 적용되는 셈이다.

그런데 한 가지 의아한 것은 이탈리아에서 물소 젖으로 만드는 치즈가 발달한 이유다. 물소는 주로 아열대 지방인 동남아나 아프리카에 서식한다. 남유럽에 물소가, 그것도 젖을 짜서 치즈를 만들 정도로 많은 숫자의 물소가 어떻게 있게 된 것일까? 이탈리아에서 물소를 사육하게 되었고 물소 젖으로 만든 모짜렐라 치즈가 발달한 까닭 역시 전쟁과 연관되어 있다.

이탈리아에 물소가 전해진 배경에는 여러 설이 있다. 하나는 로마제국이 멸망할 때 로마를 침공한 게르만족인 고트(Goths)족이 물소를 데려왔다는 설이다. 또 아랍이 이탈리아 남부를 점령해 시칠리아를 통치할 때 물소를 들여왔는데 이 물소가 남부 나폴리로 반입됐다는 설도 있다. 일설에 의하면 십자군 전쟁 때 십자군과 순례자들이 물소를 끌고 와 이탈리아에 퍼트렸다고도 한다. 전쟁 그 자체는 비극이지만 옛날에는 전쟁이 문명 전파의 매개가 되기도 한 것이다.

그렇다면 체다 슬라이스 치즈는 어째서 치즈조차 아닌 것일까? 2차 세계대전이 만들어낸 가공품이기 때문이다. 먼저 '체다'(Cheddar)는 영국 남부 서머싯 지방에 있는 마을 이름이다. 이 마을의 협곡에는 수많은 동굴이 있다. 치즈를 만드는 데 필요한 습도와 온도를 비롯한 최적의 환경이 갖춰져 있다. 때문에 이곳에서는 12세기부터 치즈가 생산되었고, 이곳 치즈는 영국을 대표하는 치즈로 널리 알려졌다.

그런데 1939년 2차 세계대전이 발발하면서 상황이 바뀌었다. 전쟁이 일어나면 모든 전쟁 수행에 필요한 물자는 군수품으로 징발되거나 효율적인 전쟁 수행을 위해 통제받게 된다. 군인들과 국민 영양에 반드시 필요한 우유와 치즈도 예외가 아니었다.

영국 전시 내각은 먼저 치즈 생산에 제동을 걸었다. 전쟁 전까지만 해도 영국에는 지역별로 다양한 종류의 치즈가 있었지만, 모든 우유로 체다 치즈 한 종류만 생산하도록 제한한 것이다. 그렇다고 전통 체다 치즈를 생산했던 것은 아니다. 이름만 체다일 뿐 사실은 짝퉁, 즉 치즈 가공품이었다.

치즈 가공품을 만드는 기술은 1911년에 확립됐다. 자연산 치즈는 원유에 유산균이나 우유 단백질을 굳히는 응고효소, 그리고 소량의 유기산을 첨가해 만든다. 우유 이외에는 최소한의 첨가물만 허용된다.

반면 가공 치즈는 우유에서 버터나 치즈를 만들고 남는 액체인 유장(乳漿)을 재활용한다. 여기에 유화제, 소금, 방부제, 색소 등의 다양한 첨가물을 넣는다. 때문에 체다 슬라이스 치즈도 순수하게 체다 치즈라는 용어를 쓰지 못하는 것이다.

이렇듯 가공 치즈는 갖가지 첨가물을 넣어 제조할 수 있기에 자연 치즈에 비해 동일한 양의 재료로 훨씬 많은 치즈를 생산할 수 있다. 뿐만 아니라 품질이 떨어지는 우유로도 생산이 가능하기에 생산량을 더욱 늘릴 수 있다. 또 방부제와 색소를 첨가하기 때문에 공장에서 기계를 이용해 생산할 수 있고 장기보관이 가능하며 장거리 운송도 가능하다. 전시 군수물자로는 자연산 치즈에 비해 효용 가치가 월등하니 모든 우유를 체다 치즈, 정확하게 가공 치즈 생산에 돌렸던 것이다.

영국 정부는 이렇게 만든 가공 치즈를 비스킷을 비롯한 건조식품과 함께 아프리카와 유럽 전선으로 보냈다. 그리고 민간인에게도 1주일에 성인 1인당 50그램의 치즈를 배급했다. 이렇게 배급된 치즈는 정부가 배급했다는 뜻으로 관제 치즈, 혹은 관제 체다 치즈(government Cheddar cheese)라고 불렀다.

미국도 마찬가지였다. 일본의 진주만 공습 이후 2차 세계대전에 뛰어든 미국은 1942년 5월 4일을 기준으로 '아메리칸 치즈' 외에는 어떤 종류의 치즈도 생산하거나 소비하지 못한다는 제한 조치를 실시했다.

아메리칸 치즈 역시 자연 치즈가 아닌 공장에서 만드는

가공 치즈로 영국의 체다 치즈에 뿌리를 두고 있다. 19세기까지만 해도 미국에 온 영국 이민자들이 치즈를 만들었기 때문이다. 여기에 각종 첨가제를 추가해 공장에서 대량생산한 것이 아메리칸 치즈다. 참고로 현재 시중에서 판매되는 슬라이스 치즈 중 상당수에는 '체다 슬라이스 치즈'라는 표기가 되어 있다. 영국의 관제 치즈나 미국의 아메리카 치즈 모두 체다 치즈를 바탕으로 만들었기 때문이다.

참호 속 작은 행복,
커피믹스

그윽한 커피 향, 부드러운 크림, 달달한 설탕. 세 가지 맛이 조화를 이루는 커

피 삼합의 결정체 커피믹스는 누가 처음 만들었을까?

"참호 속에 쥐가 들끓고 있습니다. 강아지만 한 쥐들이 이제는 사람을 무서워하지도 않습니다. 같은 곳에 산다고 사람을 자기네 이웃이라고 생각하는 것 같습니다. 어제 내린 비로 무릎까지 푹푹 빠질 정도로 참호는 걷기도 힘들 정도의 진흙 구덩이가 됐습니다. 찬바람까지 불어 몹시 춥습니다. 지금 진지 건너편에서는 포탄 터지는 소리가 요란하게 들리지만 나는 지금 아주 행복합니다. 물만 끓으면 1분 안에 조지 워싱턴 커피를 타서 마실 수 있기 때문입니다. 그래서 요즘은 밤마다 조지 워싱턴을 위해 기도합니다. 조지 워싱턴이 복 받고 건강하게 지내시기를 소원합니다."

1차 세계대전 당시 유럽 전선의 미군 병사가 고향에 보낸 편지 내용이다. 이 전쟁은 악명 높은 참호전이었다. 하루 종일 웅덩이로 변해버린 참호에 웅크리고 앉아 기약 없이 적군과 대치했던 전쟁이다. 병사들은 하나같이 동상처럼 발이 썩어 들어가는 질병인 참호족 때문에 고생했고 적군과 긴 시간 대치하면서 지루하고 터질 것 같은 긴장감 때문에 정신적으로 황폐해졌다.

이런 상황에서 뜨거운 커피 한 잔은 병사에게 무엇과도 바꿀 수 없는 행복이었다. 극한 환경에서는 출세나 부자가 되는 거창한 꿈보다 따뜻한 커피 한 잔, 맛있는 음식, 포근한 담요와 같은 소소한 일상에서 더 행복감을 느낀다. 참호 속 병사도 그랬던 모양이다. 밤마다 커피 한 잔의 행복을 가져다준 조지 워싱턴을 위해 기도했던 이유다.

병사가 기도했던 조지 워싱턴은 물론 미국 초대 대통령이 아니다. 이름만 같을 뿐, 그는 지금 우리가 즐겨 마시는 인스턴트커피를 처음으로 상업화한 인물이다. 1차 세계대전 때 병사들이 지급받은 조지 워싱턴이라는 브랜드의 커피를 만든 장본인이기도 하다. 물만 끓이면 바로 타서 마실 수 있는 커피다. 당연한 소리 같지만 옛날에는 커피 마시기가 그렇게 간단하지 않았다.

인스턴트커피가 널리 퍼진 것은 1차 세계대전 무렵 군인들에게 지급되면서다. 그전에는 일일이 원두를 갈아서 끓여 마셔야 했다. 그나마 원두를 가는 그라인더 같은 도구나 커피 끓이는 주전자가 없으면 커피 마시는 것 자체가 힘들었다. 하물며 적군과 대치하는 참호 속에서 병사들이 마시고 싶을 때 커피를 마시는 것은 인스턴트커피가 나오기 전까지는 꿈도 꾸기 힘들었다. 조지 워싱턴을 위해 밤마다 기도를 할 법도 하다.

별것 아닌 것 같은 커피도 경우에 따라서는 목숨 걸고 마시는 생명수 이상의 역할을 한다. 농부가 뜨거운 뙤약볕에서 일하다 마시는 시원한 막걸리 한 사발, 춥고 배고플 때 한기를 녹여주는 뜨거운 국 한 그릇 이상의 음료다. 특히 극한 상황에 놓여 있는 전장의 병사에게는 커피 한 잔이 목숨과도 바꿀 가치가 있었던 모양이다. 남북전쟁 당시의 병사들도 그랬다.

남북전쟁은 병사들이 매일 커피를 마시며 싸운 최초의 전쟁이었다. 전에는 대부분의 나라에서 군인에게 커피 대신 사탕수수를 주정으로 발효시킨 독한 술, 럼주를 지급했다. 하지만 술로 인한 사고가 자주 일어나면서 대다수 군대가 커피를 비롯한 비알코올성 음료로 술을 대체했다. 미국 육군은 1832년에 럼주 지급을 중단했고 해군은 남북전쟁 직후인 1862년부터 럼주 대신 커피를 지급했다.

때문에 남북전쟁 때 병사들은 지금 사무실에서 수시로 커피를 마시는 것처럼 틈만 나면 커피를 마셨다. 병사들에게 커피는 하나의 활력소이자 전쟁 스트레스를 견딜 수 있는 유일한 식품이었다.

이런 커피를 북군은 충분히 보급받았다. 때문에 시간만 있으면 원두를 갈아서 커피를 마셨고 여유가 없을 때는 원두를 통째로 씹었다. 한밤중 멀리서 북군의 야영지를 보면 마치 밤하늘의 별처럼 반짝였다고 한다. 삼삼오오 커피를 끓이느라 지핀 불빛 때문이었다.

반면 남군은 처절하게 커피를 마셨다. 당시 커피는 중남미와 유럽을 거쳐 들여오는 수입품이었다. 해군력이 절대적으로 뒤처졌던 남군은 전쟁이 시작되자마자 해안을 봉쇄당했다. 무기와 식량을 비롯해 각종 전쟁물자와 생필품 공급이 차단됐고, 여기에는 커피도 포함됐다. 그러자 커피가 품귀현상을 빚으며 전쟁 전 파운드당 20센트에 불과했던 것이 전쟁이 한창일 때는 60달러까지 치솟았다. 무려 300배가 뛴 것이다.

남부에서는 그 대신 볶은 옥수수나 도토리, 심지어 볶은 고구마를 우려낸 국물을 마시기도 했지만 커피의 맛과 카페인을 대신할 수는 없었다. 그러자 야전에서는 목숨 걸고 커피를 구하러 나서는 병사도 생겼다. 남군 병사가 북군 진지에 다가가 "잠시만 휴전하자"고 소리친 후 북군 병사가 "그러자"고 응답하면 물물교환을 제안했다. 남부의 질 좋은 담배와 북군이 넉넉하게 보급한 커피를 맞교환하는 것이었다. 자칫 생명을 잃을 수도 있는 도박이었다.

전장의 병사들이 커피에 목숨을 건 데는 몇 가지 이유가 있었다. 군대 입장에서도 커피를 장려했다. 공식적으로 술 지급을 중단했기에 병사들의 스트레스를 풀 수 있는 유일한 식품이 커피였고, 카페인 성분에 각성 효과가 있으니 전투력도 높일 수 있어서였다.

병사들 입장에서는 전선에서 먹는 식품 중 가장 신선한 것이 커피였다. 적당한 냉장 시설도 없고 지금처럼 보관

기술도 발달하지 못했던 당시 병사들의 식사는 형편이 없었다. 또 매일 소금에 절인 돼지고기나 생선, 자칫 잘못 씹으면 이빨이 부러질 정도로 단단하게 굳은 하드태크라는 비스킷, 여기에 약간의 소금과 설탕이 지급됐다. 그나마도 부패한 군납업자들이 썩거나 벌레 먹은 식품을 납품했기에 병사들 사이에 신선한 음식에 대한 갈망이 높았다.

이런 상황에서 커피만큼은 원두가 제공됐다. 때문에 악덕 군납업자들이 장난을 칠 소지가 적었다. 커피를 원두, 그것도 생두로 직접 공급한 데는 이유가 있었다. 처음에는 전선에서 생두를 로스팅하고 분쇄해 가루로 만들기가 쉽지 않았기에 원두 대신 커피 가루를 지급했다. 그러자 군납업자들이 무게를 늘리려고 먼지나 모래를 섞어 폭리를 취했다. 장병들의 항의가 빗발치자 가루 지급을 중단하고 아예 생두를 제공했던 것이다.

문제는 생두를 커피로 만들어 마시기가 너무 불편하다는 것이었다. 생두를 볶는 로스팅 과정도 번거롭고, 볶은 후에는 원두를 갈아야 했다. 또 갈아놓은 가루를 끓이거나 뜨거운 물을 부어내리는 과정은 전쟁터에서 쉽게 할 수 있는 작업이 아니었다.

이런 불편을 해소하기 위해 북군에서는 즉석에서 마실

1장. 전쟁이 만들어낸 음식들

수 있는 인스턴트커피를 만들었다. 최초의 커피믹스라고 할 수 있겠다. 지금처럼 휴대하기 편하고 타 마시기 쉬운 가루 형태는 아니었지만 형태는 비슷했다. 커피에 우유, 설탕을 섞은 후 진하게 농축시켜 끈적거리는 액상으로 만든 것으로, 용기에 담아 가지고 다니다 마시고 싶을 때 끓는 물에 타 젓기만 하면 됐다.

하지만 이 커피는 휴대가 다소 불편한 건 둘째치고 상상을 초월할 정도로 맛이 없었다고 한다. 이유 중 하나는 남북전쟁 당시 만연했던 군납업자의 부패였다. 상한 우유를 납품받아 만든 것이다. 때문에 최초의 커피믹스를 잘못 먹은 병사들 상당수가 설사에 시달렸다. 커피를 마셨다 하면 용변을 보러 바지를 움켜잡고 화장실이나 숲속을 들락거려야 했다. 최초의 커피믹스는 이런 저런 이유로 나오자마자 얼마 지나지 않아 사라졌다.

인스턴트커피의 필요성이 제기된 것은 남북전쟁이었지만 널리 퍼진 계기는 1차 세계대전이었다. 남북전쟁의 경험을 떠나서라도 생두를 볶고 갈아서 커피를 마시려면 과정이 꽤나 복잡하다. 전쟁터의 군인은 말할 것도 없고 민간인들이 집에서 한 잔 마시려 해도 번거롭기는 마찬가지다. 때문에 편하고 간단하게 마실 수 있는 인스턴트커피에 대한 요구가 높아졌고 발명가들을 중심으로 끊임없는 연구개발이 이어졌다.

그 결과 1901년 지금처럼 물에 녹는 커피 분말이 처음 만들어졌다. 최초의 커피 분말은 시카고에서 일하던 일본계 과학자 사토리 카토 박사가 만들었다고 한다. 다만 사토리 박사는 이 커피에 대해 특허도 받지 않았고 상업화도 하지 않았다.

조지 워싱턴은 바로 이 분말 커피를 응용해 사업으로 발전시킨 사람이었다. 원두를 갈아 끓일 때 수증기와 함께 나온 커피 가루가 주전자 주둥이에 분말로 엉겨 붙는 현상을 이용한 것이었다. 그는 이 기술로 특허를 받은 후 1910년 회사를 차려 조지 워싱턴 커피라는 브랜드로 사업을 시작했다. 초창기에는 분말 커피의 인기가 그다지 높지 않았다. 원두에서 직접 커피를 추출했을 때와 비교해 향도 떨어졌지만 낯선 커피에 대한 거부감도 컸기 때문이다.

하지만 1914년 1차 세계대전이 발발하면서 상황이 달라졌다. 미국이 유럽 전선에 대규모 군대를 파견한 것은 1917년이지만 군에서는 그전에 대량의 분말 커피를 주문해놓았다. 이렇게 대량 주문한 이유가 일반 보급용이 아닌 특수용이었기 때문이라는 이야기도 있다. 1차 세계대전 때 독일군이 사용한 치명적 독가스인 겨자가스(mustard gas)로 인한 상처를 치료하는 데 효과가 있다고 믿었기 때문이라는 것이다. 하지만 소문을 뒷받침할 문헌은 발견되지 않았다. 다만 당시 지금의 미국 국방부에 해당하는 전쟁부(War Department)에 별도로 커피 담당 부서(coffee section)가 있었다는 점에서 당시 미군이 전쟁물자로 커피를 얼마나 중요시했는지 짐작할 수 있다.

인스턴트 분말 커피가 실제로 가스전에 대비한 비밀 무기로 쓰였는지는 분명치 않다. 하지만 간편하게 마실 수 있었기에 병사들로부터 큰 인기를 얻었던 것만큼은 확실하다. 앞서 언급한 참호 속 병사의 편지가 그 증거다.

전쟁이 끝난 후 귀국한 병사들은 고향에 돌아온 후에도 주로 편리한 인스턴트커피를 마셨다. 인스턴트 분말 커피의 시대가 열린 것이다. 이후 인스턴트커피에 획기적인 발전이 있었는데, 이번에는 2차 세계대전이 한몫을 했다. 전쟁 중 분말 커피에 대한 수요가 크게 늘었을 뿐 아니라 기술 발달로 인스턴트커피가 다시 한 번 비약적으로 발전했기 때문이다.

미국은 전투에서 혈장을 진공상태에서 동결건조하는

기술을 개발했다. 부상당한 병사에게 수혈할 응급용 혈장을 냉동보관하지 않고도 사용할 수 있게 하기 위한 것이다. 이 기술은 항생제인 페니실린과 스트렙토마이신의 생산에도 활용됐다. 하지만 전쟁이 끝나자 구급 의약품을 대량생산할 필요가 없어졌다. 동결건조 기술은 식품산업 분야에서 응용됐고, 구급약 생산 시설 역시 이 기술을 식품 생산에 활용했다. 이 과정에서 등장한 것이 현재 우리가 마시는 커피믹스다. 동결건조된 커피 분말에 역시 같은 방법으로 생산한 우유 분말, 그리고 설탕을 혼합한 것이다.

남북전쟁 때 최초의 커피믹스가 만들어진 지 약 100년 후였다. 인스턴트 분말 커피가 발전한 커피믹스는 긴 세월 여러 전쟁터에서 병사들이 찾았던 작은 행복과 위안이 만들어낸 결실이라 할 수 있을 것이다.

1장. 전쟁이 만들어낸 음식들

FOOD AND WAR

위기를 기회로 만든
단맛들

극한 상황은 뜻밖의 결과를 만들어낸다. 음식도 마찬가지다. 시원한 탄산음료 브랜드 환타의 최초 원료는 우유 찌꺼기였다.

환타는 미국 코카콜라 회사 제품이다. 그렇다면 폐기물인 우유 찌꺼기로 탄산음료를 만든 코카콜라가 악덕 식품 업체였다는 말일까? 그렇지는 않다. 환타는 사실 우유 찌꺼기에서 만들어진 위대한 탄생이라고 하는 것이 더 적절하다.

환타는 2차 세계대전 때 독일에서 만든 탄산음료다. 전쟁 발발 직전까지 코카콜라는 적극적으로 독일 탄산음료

시장에 진출했다. 독일의 폴란드 침공으로 유럽에서 2차 세계대전이 시작된 1939년, 독일에는 모두 43곳의 콜라 제조 공장이 있었고 공급처도 600곳이었다. 그러다 미국이 참전하면서 독일과 미국은 적대국이 됐고, 독일인들은 더 이상 코카콜라를 마실 수 없게 됐다. 원액 공급이 중단됐기 때문이다. 그 대체품으로 나온 탄산음료가 바로 환타다.

당시 코카콜라의 독일 법인 책임자는 막스 카이트였다. 나치 독일은 카이트를 독일과 유럽 점령지에서 몰수한 코카콜라의 공장과 재산 관리 책임자로 임명했다. 더 이상 콜라 생산을 할 수 없게 된 카이트는 독일 시장에서 판매할 새로운 소프트드링크를 개발하고자 했다. 그러나 전쟁 중의 독일에서 쓸 만한 원료를 확보하기란 쉽지 않았다. 적당한 원료를 찾아도 대량생산을 할 수 있을 만큼 충분한 물량을 구할 수 없었다. 때문에 전쟁 중에 얻을 수 있고 다른 전시 물자로 사용하기에 부적합한 원료, 다시 말해 폐기물을 재활용해야 했다.

최초로 선택된 원료는 우유 찌꺼기 유장, 그리고 사과술을 만들고 남은 섬유질이었다. 우유로 치즈와 버터를 만들면 단백질과 지방은 치즈와 버터가 되고 찌꺼기로 노란색의 맑은 액체만 남는다. 유장이라고 하는 이 액체는 오렌지 맛이 난다. 또 사과즙을 발효시켜 사과주를 만들면 부산물로 사과의 섬유질이 남는다.

이 두 재료로 만든 새 음료는 더 이상 콜라를 마실 수 없었던 독일인에게 큰 인기를 끌었다. 하지만 곧 문제가 생겼다. 만들 때마다 맛이 달랐던 것이다. 전쟁 통이어서 두 재료를 안정적으로 구할 수도 없었다. 때문에 그때그때 구하는 원료에 따라 매번 맛이 달라져야 했다. 오늘날 코카콜라는 세계 어느 곳에서나 맛이 같다. 반면 환타는 지역에 따라 모두 90종류의 서로 다른 과일 맛으로 생산된다. 그것도 다 이러한 이유에서 시작된 것이었다.

전쟁이 막바지에 접어들면서 패전을 눈앞에 둔 독일은 더욱 심각한 물자 부족에 시달렸다. 그러자 환타에도 엉뚱한 일이 벌어졌다. 청량음료가 아니라 조미료로 쓰이기 시작한 것이다. 청량음료는 주로 아이들이 마시기 때문에 단맛을 내는 것이 필수적이다. 그래서 처음에는 화학물질 사카린으로 단맛을 냈지만 나중에는 아이들이 마시는 음료라는 점, 그리고 국민들의 사기 진작 차원에서 어느 정도의 설탕 첨가를 허용했다. 그런데 패색이 짙어진 독일에서는 생필품을 구하기가 쉽지 않았다. 특히 해상 운송

전쟁사에서 건진 별미들

로가 모두 막히면서 사탕수수 수입이 끊겨 설탕 배급이 중단됐다. 그러자 사람들이 음식을 조리할 때 설탕 대신 설탕이 들어 있는 환타를 쓰기 시작했다. 1943년 한 해 동안 독일에서 팔린 환타는 300만 병 정도였는데 그중 상당수가 이러한 용도로 쓰였다고 한다.

환타의 역할은 기대보다 다양했고, 그 도움을 받은 사람이 적지 않았다. 우선 조미료 역할을 하며 음식 맛을 냄으로써 전쟁의 고통을 잠시라도 잊게 해주었다. 또 직원들은 일자리를 잃지 않고 생계를 이어갈 수 있었다. 전쟁 기간 중에도 독일에서는 콜라 공장을 계속 가동할 수 있을 정도로 환타가 많이 팔렸기 때문이다.

전쟁이 끝날 때까지 코카콜라 본사에서는 막스 카이트가 나치 독일에서 회사를 계속 경영하고 있는 줄 몰랐다고 한다. 전쟁이라 연락이 불가능했기 때문이다. 전쟁이 끝나자 카이트는 신제품의 소유권을 본사에 넘기고 다시 독일 법인의 책임자로 일했다.

일개 탄산음료의 내력에도 이처럼 미처 생각지 못했던 역사적 사실이 담겨 있다. 나름의 의미를 간직한 세계사, 과학기술사, 경제사, 경영사의 단면이다. 우리는 이를 통해 전쟁의 폐허에서 살아남으려는 인간의 의지와 지혜,

그리고 찌꺼기에서도 새로운 대체품을 만들어내는 창조
의 정신을 엿볼 수 있다.

입에서는 녹고
손에서는 안 녹는 새알 초콜릿

　　　　　　　미국 초콜릿 브랜드 m&m's도 전
쟁이 만든 뜻밖의 결과물이다. 전쟁이 일어났을 때 가장
먼저 통제를 받는 식료품은 무엇일까? 쌀이나 빵, 혹은 고
기를 떠올리기 쉽겠지만 최초의 배급 대상 식료품은 국가
에 따라, 또 전쟁의 성격에 따라 달랐다.

　일본의 진주만 폭격으로 미국이 2차 세계대전에 뛰어
들면서 실시한 배급제도에서 최초로 통제된 식품은 엉뚱
하게도 사탕이었다. 정확히는 사탕의 원료인 설탕이었다.
전쟁의 시작과 함께 미국의 설탕 수입이 차단되었기 때문
이다. 주요 수입국이던 필리핀이 일본군에 점령당한 데다
운송을 담당했던 하와이의 화물선이 모두 군용으로 차출
된 탓이었다. 그 결과 설탕 수입량이 전쟁 전에 비해 3분
의 1 수준으로 떨어졌다. 그런 이유로 전쟁 중 가격 폭등
을 막기 위해 미국은 설탕을 가장 먼저 수급 통제 식품으

로 지정했던 것이다. 그에 따라 설탕은 일정 수량 이상은 돈 주고도 살 수 없는 배급 품목이 되었다.

위기는 관점을 바꾸면 기회가 된다. 전쟁 상황과 그에 따른 식료품 통제를 예측하고 기회로 활용한 인물이 있었다. 미국의 한 초콜릿 제조회사 사장 포레스트 마스였다.

초콜릿 제조업을 하던 부친과의 갈등으로 영국으로 건너가 독자적인 초콜릿 사업을 모색하던 그는 2차 세계대전으로 유럽에 전쟁이 확대되자 구상했던 사업 기회를 찾아 미국으로 돌아왔다. 그 사업은 날씨가 더워도 녹지 않는 초콜릿을 상품화하는 것이었다.

2차 세계대전 이전까지만 해도 초콜릿은 제철 과일이나 채소처럼 계절상품 성격이 강했다. 여름만 되면 초콜릿 매출이 뚝 떨어졌다. 개인은 물론 상점에도 냉방 시설이 없어 초콜릿이 모두 녹았기 때문이다. 전선의 병사들에게도 주머니에서 줄줄 녹는 초콜릿은 골칫덩어리였다. 그래서 '입에서는 녹지만 손에서는 녹지 않는 초콜릿'을 만들겠다는 것이 그의 목표였다. 마스는 이에 관한 아이디어를 스페인 내전에서 얻었다. 업무 차 스페인에 갔다가 병사들이 딱딱한 설탕을 씌운 작은 구슬 형태의 초콜릿을 먹는 것을 보고 영감을 얻은 것이다.

미국으로 돌아온 마스는 사업에 필요한 파트너를 찾았다. 단순히 자금만 지원하는 물주가 아니었다. 그는 유럽 전역으로 전선이 확대되고 아시아에도 전쟁의 기운이 감돌았기에 조만간 초콜릿의 원료인 카카오와 설탕이 품귀현상을 빚게 될 것이라고 예측했다. 때문에 원료를 안정적으로 공급해줄 파트너를 찾아야 했다. 이때 마스와 손잡은 사람이 당시 허시 초콜릿 경영자의 아들이었던 브루스 머리였다. 머리가 20%의 지분 참여를 결정하면서 두 사람은 각자의 이름에서 한 글자씩을 따 m&m's라는 회사를 만들었다. 그리고 1941년 봄부터 겉을 사탕으로 코팅한 초콜릿을 생산하기 시작했다. 한국에서 '새알 초콜릿'이라고 불렸던 미제 초콜릿이 바로 그것이었다.

사업 시작 직후 미국이 2차 세계대전에 뛰어들면서 위기는 기회가 되었다. m&m's는 다른 여러 초콜릿 업체를 물리치고 군수물자 납품업체로 지정됐다. 태평양전쟁의 전선처럼 무더운 곳에서 싸우는 병사들의 전투복 주머니 속에서도 녹지 않았기 때문이다. 군 당국은 곧 이 초콜릿을 당시 병사들의 야전 전투식량이었던 C-레이션 메뉴에 포함했다.

군납업체 지정은 단순히 공급 물량 확보라는 차원을

넘는 '대박' 기회였다. 실질적으로 독점권이 주어진 것이기 때문이다. 원료인 설탕을 배급받지 못하는 다른 초콜릿 회사는 제품을 제대로 생산할 수 없었다. 또 공장에서 생산되는 m&m's 초콜릿은 모두 군용으로 납품됐다. 그들은 거기서 그치지 않고 초콜릿을 사먹을 수 없는 민간인을 대상으로도 광고를 내보냈다. "m&m's 초콜릿은 100% 전선에 제공합니다." 애국심을 고취하는 문구였다.

새알 초콜릿 m&m's 역시 이처럼 전쟁이 만들고 키운 초콜릿이다. 전쟁의 위기를 기회로 만든 배경은 사소한 아이디어도 놓치지 않는 관찰력과 미래를 내다보는 예지력이었다.

실패가 만든 우연한 성공, 추잉검

추잉검도 마찬가지다. 미군 전투식량에는 껌이 포함되어 있다. 미국에서 처음 발명됐고 미국인이 껌을 좋아하기도 하지만, 비상식량으로도 유용하기 때문이다.

가장 먼저 꼽을 수 있는 껌의 장점은 위생에 도움이 된다는 것이다. 전투 시에는 긴장감으로 입안에 박테리아가 증가한다고 한다. 하지만 양치질을 할 수 없는 상황이기에 껌은 입안을 개운하게 해줄 뿐 아니라 구강 청결에도 도움이 된다. 설탕이 들어 있어 에너지 공급원도 된다. 또 전투 스트레스를 날리는 데 일조하는 부분도 있다. 2차 세계대전 무렵 껌이 전투식량에 포함된 배경이다. 다만 미군의 경우 껌은 야전에서만 허용된다. 평상시 제복을 착용한 상태에서 껌을 씹는 것은 금지되어 있다.

민간인에게는 껌이 심심풀이 기호품이지만 군인에게는 전투 수행에 필요한 필수품이다. 현재와 같은 추잉검(chewing gum)은 1870년대 미국의 토마스 아담스에 의해 개발되어 상업화되었다. 그는 껌 제조에 성공해 엄청난 돈을 벌어들였다. 그러나 정작 껌 개발에 결정적으로 기여한 인물은 따로 있었다. 멕시코 장군 겸 총사령관, 그리고 멕시코 대통령을 역임한 정치인 산타 아나였다. 산타 아나가 껌 개발에 기여한 계기 역시 전쟁과 관련되어 있다.

산타 아나는 우리에게 낯선 인물이지만 역사적으로는 매우 중요한 인물이다. 그는 고전 영화로도 널리 알려진 알라모 전투 당시 멕시코군 사령관이었다. 1836년에 일어난 이 전투는 텍사스 독립 전쟁 때 텍사스 군인과 주민들이 멕시코 군대에 패해 전멸당했던 전투다. 살아남은 것은 주둔군의 아내와 아이, 그리고 노예 등 단 세 명뿐이었다.

약 한 달 후 벌어진 산 하신토 전투에서 '알라모를 기억하라'며 복수를 다짐한 텍사스군은 멕시코 군대를 철저하게 유린했다. 그들은 수백 명의 전사자를 내고 수백 명을 포로로 잡았는데 그중에는 사령관 산타 아나도 있었다. 텍사스군 지휘관이었던 샘 휴스턴 장군은 텍사스의 독립을 보장받고 산타 아나 장군을 석방했다.

알라모 전투를 비롯한 당시 전쟁으로 멕시코 연방에서 탈퇴한 텍사스는 독립했다. 그리고 1845년 미합중국의 28번째 주로 합병이 됐다. 하지만 텍사스를 본래 자기 영토로 여기던 멕시코가 합병을 인정하지 않으면서 결국 이듬해 미국과 전쟁이 벌어졌다. 이 전쟁을 지휘한 멕시코군 총사령관 역시 산타 아나 장군이었다. 전쟁에 패한 멕시코는 영토의 절반 정도를 잃었고, 산타 아나 장군 역시 정적들로부터 비난받으며 쿠바로 망명을 떠났다.

쿠바에서 살던 산타 아나는 이후 한때 적국으로 싸웠던 미국 뉴욕으로 망명지를 옮기고 멕시코로 돌아가기 위해 사업을 구상했다. 수차례 멕시코 대통령과 군 최고사령관을 역임했던 그였지만 다시 권력을 잡기 위해서는 무력이 필요했고 군사력을 장악하기 위한 자금 마련이 시급했다.

이때 산타 아나가 구상했던 것이 고무 대체 사업이다. 멕시코를 비롯한 중남미에 풍부한 사포딜라 나무에 상처를 냈을 때 나오는 수액인 천연 치클을 이용, 고무나무 수액을 굳혀 만드는 고무를 대체할 합성수지를 만들자는 아이디어였다. 1869년 산타 아나는 토마스 아담스와 손잡고 다량의 천연 치클을 수입했다.

그들은 수차례의 실험을 거쳤지만 결국 개발에 실패하고 말았다. 이 과정에서 산타 아나는 1874년 멕시코 정부로부터 사면을 받고 거의 빈털터리 상태로 멕시코에 돌아갔다. 그리고 2년 후 정치가로 재기하지 못하고 빈곤하게 세상을 떠났다.

토마스 아담스 역시 실패를 인정하고 원료인 치클을 강물에 쏟아 버리려고 했다. 그러나 그 직전에 그는 우연히 치클의 새로운 용도를 찾았다. 약국으로 껌을 사러 온 소녀를 보고 고무를 대체할 합성수지 대신 씹는 껌을 만들면 되겠다는 아이디어를 떠올린 것이다. 치클은 고무처럼 딱딱하게 굳기는 하지만 그 굳기는 씹기에 적당할 만큼 물렁물렁한 정도였다. 따라서 고무바퀴로 쓰기에는 적당하지 않지만 씹는 껌으로는 안성맞춤이었다.

1871년 껌 만드는 기계로 특허를 받았던 토마스 아담스는 산타 아나로부터 헐값에 사들인 1톤가량의 치클로 씹는 껌을 만들었다. 여기에 오렌지 향을 첨가해 식후 디저트용으로 껌을 개발하면서 아들과 함께 사업체를 세워 큰돈을 벌었다.

치클 껌은 미국인의 사랑을 얻다가 2차 세계대전 때 전투식량에 포함됐다. 전쟁 중 미국 정부는 설탕 사용을 통제했지만 군용 껌만큼은 설탕 첨가를 허용하면서 맛있는 미제 껌이 세계로 퍼지게 됐다. 심심풀이 기호식품에도 전쟁과 갈등의 역사가 숨어 있다.

독일군 각성제
초콜릿 쇼카콜라

전쟁은 극한 상황인 만큼 먹거리도 극단적이다. 사기를 높이기 위해 전쟁터에서 마실 술도 만들고 생존을 위해 버리지 않을 정도로 최대한 맛없게 만든 음식도 있다. 그리고 뽀빠이의 시금치처럼 먹으면 힘이 솟는 식품도 있다. 이러한 특수 식품에는 어떤 것들이 있을까?

2차 세계대전이 치열해지면서 독일 공군은 영국의 주요 도시를 대상으로 무차별적인 대규모 폭격을 감행했다. 1940년 9월 7일부터 이듬해 5월 21일까지 런던, 리버풀 등 16개 도시에 엄청난 양의 폭탄이 떨어졌다. 집중 목표는 물론 수도 런던이었다. 런던에는 모두 71차례의 공습

전쟁사에서 건진 별미들

이 있었고, 57일 동안 하루도 빠짐없이 한밤중에 독일군 폭격기가 날아와 폭탄을 쏟아 붓고 돌아갔다. 공습 초기 한 달간, 독일군은 목표물이 분명하게 보이는 한낮에 폭격을 했다. 하지만 공습 효과 못지않게 폭격기 피해도 극심했기에 10월 7일부터는 모든 폭격을 야간에 실시했다.

문제는 폭격기 승무원들의 피로가 쌓여갔다는 점이다. 격추당하지 않고 무사귀환해도 제대로 쉴 틈조차 없이 다시 폭탄을 싣고 공습에 나섰다. 누적된 피로에 계속되는 출격으로 긴장감마저 풀어져 승무원들은 졸기 일쑤였다. 세상에서 제일 무거운 것이 눈꺼풀이라는 말처럼 한밤중 칠흑같이 어두운 영불해협을 건너서 비행할 때면 쏟아지는 졸음을 참기가 힘들었다.

대책 마련이 필요했다. 보통은 졸음이 밀려오면 진한 커피를 한 잔 마시지만, 비행 중에는 뜨거운 커피를 끓이기도 쉽지 않을뿐더러 졸음이 심해지면 커피도 소용없다. 독일 공군은 이때 폭격기 승무원들을 정신 차리게 만들기 위해 커피, 초콜릿, 콜라를 합쳐놓은 식품을 제공했다. 카페인이 풍부해 각성 효과가 높은 식품 세 개를 합쳐놓았으니 졸음을 손쉽게 날려 보낼 수 있었다.

그 이름은 쇼카콜라(Schokakola)였다. 콜라와 비슷한 이름이지만 실제로는 전혀 관계없는 초콜릿의 한 종류였다. 차이가 있다면 여기에 커피와 콜라의 성분이 들어갔다는 것이었다. 이름 역시 초콜릿을 뜻하는 독일어 쇼콜라데(Schokolade)와 커피(Kaffee), 그리고 콜라(Kola) 열매의 앞 글자들로 만든 합성어였다.

쇼카콜라는 구두약처럼 생긴 통에 담겨 지급됐다. 카페인이 풍부해 잠을 쫓아내는 것은 물론 정신적, 육체적으로 어느 정도 긴장감까지 높일 수 있었다. 또 초콜릿, 커피, 콜라를 동시에 먹는 것 같은 효과가 있고 맛도 좋아 전투를 앞둔 장병들에게 인기가 높았다.

2차 세계대전 초기에는 주로 폭격기 승무원들에게 지급됐다. 때문에 부러움 섞인 표현으로 '조종사용 비상식량'이라는 별명을 얻었다. 이후 전쟁이 확대되면서 공수부대와 탱크병을 비롯해 특수작전에 투입되는 병사들에게도 보급이 이뤄졌다. 이렇듯 쇼카콜라는 특수작전에 투입되는 병사들에게 특별히 지급되는 식품이었기에 일반 병사들에게는 선망의 대상이었다.

독일군 병사들에게 인기가 높은 이 식품도 사실 처음부터 전투식량으로 개발된 것은 아니었다. 쇼카콜라는 전쟁 4년 전인 1935년 처음 만들어져 이듬해 열린 베를린 올

림픽에서 스포츠 초콜릿으로 인기를 끌었다. 카카오 함량이 60% 정도인 데다 커피가 2.6%, 콜라 열매가 1.6% 함유되어 에너지 바를 먹는 동시에 진한 커피를 마시는 것 같은 효과가 있었기 때문이었다. 덕분에 선수들은 긴장감을 통해 에너지를 얻기 위해, 또 학생들은 졸음을 쫓아내기 위해 쇼카콜라를 애용했다.

이렇게 만들어진 특수 용도의 초콜릿이 2차 세계대전 발발과 함께 독일군의 효과적인 전투식량으로 탈바꿈했다. 병사들 사이에서 선호도가 높아지면서 보급 범위도 넓어졌다. 공군과 특수부대에만 지급했던 처음과 달리 대규모 전투를 앞둔 보병들에게도 지급되기 시작했다. 전투에 지쳐 있거나 공격을 준비하는 병사들에게 지급하면 사기를 높이는 데 적지 않은 효과가 있었기 때문이다. 실제로 2차 세계대전 참전 독일군 병사들의 회고록에도 쇼카콜라가 자주 언급되었다. 심지어 전쟁 말기의 치열했던 벌지 전투에서 포로가 된 미군 병사들에게 독일군이 자랑을 하면서 쇼카콜라를 나눠주었다는 기록도 있다. 하지만 쇼카콜라는 누구나 먹을 만큼 풍족하지 않았다. 때문에 평소의 일반 병사들에게는 쇼카콜라와 비슷한 일반 초콜릿이 지급되었다.

그 후 독일의 패색이 짙어지면서 쇼카콜라도 점차 절망의 식품으로 바뀌었다. 최후의 결사항전을 벌여야 할 때 마지막 식품으로 지급됐기 때문이다. 이를테면 종전 무렵 러시아군의 공격을 앞두고 핀란드 주둔 히틀러 친위부대인 SS 산악유격대원들에게 마지막으로 쇼카콜라를 나눠 주었다는 식이다. 그러니 쇼카콜라를 지급받았다는 것은 곧 패배가 뻔한 대규모 전투가 시작된다는 의미로 받아들여졌다. 그러자 쇼카콜라는 오히려 병사들의 사기를 떨어트리는 촉매제가 되고 말았다.

전쟁사에서 건진 별미들

FOOD AND WAR

젤리가 된
포도주

프랑스는 포도주의 나라다. 프랑스인들에게 와인은 술
이 아니다. 식사에 빼놓아서는 안 되는 음료이자 자연스
러운 프랑스의 식문화 그 자체다. 군인들도 마찬가지다.
평소 포도주를 곁들인 식사에 익숙한 프랑스인은 군에 입
대해도 포도주와 함께 식사를 해야 만족한다. 포도주 없
는 식사는 입가심을 못 한 것처럼 허전하기 때문이다. 월
남전 초기에 김치를 먹지 못해 힘들어했던 한국군과 비슷
하다. 우리는 그래서 김치 통조림을 만들어냈다.

　프랑스 육군 역시 포도주로 고민을 거듭했다. 평소에는
별 문제가 없다. 주둔지에서는 필요할 경우 포도주를 병

1장. 전쟁이 만들어낸 음식들

째 보급하면 된다. 하지만 야전에서는 다르다. 전장에서는 포도주를 병째 들고 다닐 수도 없고 포도주 통조림을 만들 수도 없다. 그렇다고 포도주를 마시지 말라는 것은 한국군에게 김치 없이 버티라는 이야기와 비슷하다. 사기에 문제가 생길 수 있다.

그래서 프랑스군 병참사령부에서 전투식량용 포도주 비노젤(Vinogel)을 개발했다. 프랑스어로 포도주와 젤을 합쳐 만든 합성어다. 비노젤은 붉은 포도주에서 수분을 일정량 제거한 반 건조 술이다. 알코올은 유지되지만 부피는 3분의 1로 줄어들어 휴대가 편리하다는 것이 장점이다. 그래서 작전에 나갈 때도 다른 전투식량과 함께 가지고 다닐 수 있고, 용기가 파손되어도 액체 포도주처럼 줄줄 새지 않는다. 식사를 할 때는 비노젤과 물을 1:2로 혼합하면 평소 마시는 포도주처럼 즐길 수 있다. 하지만 다수의 병사들은 비노젤과 물을 1:1로 혼합하거나 물을 섞지 않고 비노젤을 녹여 그대로 마셨다고 한다. 그러면 식사할 때 곁들이는 포도주가 아니라 술처럼 마실 수 있기 때문이다.

프랑스군에서는 1960년대까지 비노젤을 주로 해외 전쟁 지역에 파견된 부대에 보급했다. 당시 군생활을 했던 프랑스 노병들은 포도주 젤리를 가장 기억에 남는 군대 음식으로 꼽는다. 맛은 사회에서 마시는 포도주만큼은 못하지만 레드 와인 특유의 떫은맛이 있어 알코올 섞인 감주스를 마시는 기분이었다는 회고도 있다.

비노젤은 병사들에게 상징적인 존재였다. 프랑스 병사들은 비노젤을 유용하게 활용했다. 특히 1950년대 프랑스 식민지였던 베트남에서 벌어진 프랑스군의 마지막 전투 디엔 비엔 푸 전투에서 톡톡히 효과를 봤다.

디엔 비엔 푸 전투는 2차 세계대전이 끝난 후 베트남이 독립을 선언하자 프랑스가 베트남 독립 혁명세력을 진압하기 위해 프랑스 외인부대를 중심으로 진압부대를 파병하면서 벌어진 전투다. 인도차이나 반도에 진주한 프랑스군 총사령관 앙리 나바르 장군은 베트남 북서부 라오스 국경 근처의 작은 마을 디엔 비엔 푸에 프랑스군 외인부대와 공수부대 등 정예부대를 공중에서 침투시켰다. 월맹으로 알려진 베트남군 주력을 유인해 격파하기 위해서였다. 베트남군에 둘러싸인 한복판에 진지를 구축한 후 공격해 오는 적군을 우세한 공군 전력과 화력으로 꺾겠다는 계획이었다. 달려드는 적에게 상처를 입히는 '고슴도치 (Hedgehog) 작전'과 같은 개념이다.

1장. 전쟁이 만들어낸 음식들

그러나 예상을 뛰어넘는 베트남군의 전력으로 인해 프랑스군은 철저하게 포위되고 고립됐다. 탄약, 식량, 의약품도 모두 떨어졌고 마실 물조차 없었다. 그들은 할 수 없이 그곳에 흐르는 흙탕물투성이 강물을 떠서 진흙을 가라앉힌 후 마셔야 했다. 병사들은 이때 간신히 진흙만 거른 강물에 비노젤을 혼합해 포도주처럼 마시면서 음료수 문제를 해결했다.

포위되어 고전하는 와중에 비노젤이 적게나마 프랑스군 외인부대의 사기를 올리는 데 기여한 적도 있다. 보급마저 완전히 끊긴 가운데 어쩌다 한 번씩 공중에서 보급품이 낙하산으로 투하되었는데, 그중에는 비노젤도 있었다. 그런데 비노젤이 하필 베트남군 진영 한복판에 떨어진 날이 있었다. 마침 외인부대가 약 120년 전 멕시코 전쟁에서 대승을 거둔 부대 전승기념일이었다. 65명의 중대원이 2,000명의 멕시코 군을 물리친 전투였다. 비록 당장은 한 치 앞의 운명도 모르는 암울한 상황이었지만 그럴 때일수록 사기를 높여야 했다. 대대장이 부대 전승기념일을 축하하기로 했는데 여기에 포도주가 빠질 수는 없었다. 그리하여 프랑스군 외인부대는 적진에 떨어진 비노젤을 회수하기 위한 특공대를 조직했다. 이때 지원자가 넘

쳐났다는 기록이 디엔 비엔 푸 전투를 회고한 책에 기록
되어 있다. 아주 작은 포도주 젤리 하나가 부대 전체의 사
기를 좌우했던 것이다.

참고로 디엔 비엔 푸는 1954년 5월 7일 베트남군에 함
락됐다. 그리고 프랑스는 베트남에서 완전히 철수했다.

비상식량은 맛이
없어야 제맛

사기를 위해서 맛있는 전투식량이 필요한 것은 맞다. 하지만 군인들의 생존을 위해서는 너무 맛있어도 곤란하다. 바로 먹어치우기 쉽기 때문이다.

예전에 방영된 〈진짜 사나이〉라는 TV 예능 프로그램에 해군 구명식량으로 초콜릿이 소개된 적이 있다. 생김새는 화이트 초콜릿 같았지만 맛을 본 병사들은 하나같이 얼굴을 찌푸리며 '쌀, 밀가루, 분말 지우개를 섞어놓은 맛'이라고 평했다. '만든 이의 심오한 생존철학이 담긴 것 같다'는 촌평도 나왔다. 보통 초콜릿과 달리 맛있다고 마구 먹지 못하게 만들었기 때문이다. 이런 초콜릿은 누가 언제, 왜 만든 것일까?

초콜릿은 2차 세계대전 때부터 미군 병사들에게 전투 식량으로 지급됐다. 정기적으로 초콜릿을 보급한 데는 두 가지 이유가 있었다. 첫째는 달콤한 후식을 제공함으로써 전투에 지친 병사들의 사기를 높이자는 것이었다. 둘째는 고열량 식품인 만큼 작전 중에 있는 병사에게 빠르고 간편하게 에너지를 공급할 수 있다는 것이었다. 물론 이때 지급된 초콜릿의 대부분은 지금과 비슷한 보통 초콜릿이었다.

초콜릿은 태생적으로 전쟁과 관련이 깊다. 초콜릿의 원료인 카카오는 고대 아즈텍 문명의 발상지인 멕시코와 마야 문명이 자리한 남미 지역이 원산지다. 고대 마야인과 아즈텍 원주민들은 옛날부터 초콜릿을 먹었는데, 카카오는 '신들의 열매'라 불리며 귀한 대접을 받았다. 때문에 초콜릿은 왕족, 귀족 등 특권층의 전유물이었다. 다만 전사들에게는 초콜릿을 먹을 자격이 주어졌다. 군대는 왕국을 지키는 수호자였기 때문이다.

기록에 의하면 당시 카카오는 군대 식량에서 빼놓을 수 없는 품목이었다. 카카오에 포함된 흥분 성분 때문이라는 해석이다. 따지고 보면 사기 진작과 고열량 공급원이라는 현대 군용식량의 목표와 크게 다르지 않다. 전사들에게 지급하는 카카오는 상당히 귀하게 취급되었다. 귀족이라도 전쟁이 일어났을 때 전쟁터에 나가지 않으면 먹을 수 없다고 할 정도였다. 고대 중남미인들은 전투식량으로서 초콜릿의 효과에 일찍이 눈을 뜬 셈이다.

병사에게 지급되는 초콜릿에는 한 가지 문제점도 있었다. 맛있기 때문에 순식간에 다 먹어치우기 쉽다는 점이었다. 위급한 상황에서 생존을 위해 아껴 먹어야 할 식량으로는 어울리지 않는다는 뜻이다.

2차 세계대전이 일어나기 2년 전인 1937년, 미군 군수사령부는 이 문제를 놓고 여러모로 고심했다. 당시 병참장교였던 폴 로간 대령은 군납업체였던 허시 초콜릿을 찾아가 병사들의 생존을 위한 구명 전투식량에 들어갈 초콜릿 개발에 대해 논의했다.

이때 로간 대령의 요구 조건은 두 가지였다고 한다. 첫째는 고온에 견딜 수 있을 것, 둘째는 고열량이면서 맛이 없을 것이었다. 보통의 초콜릿은 여름철에 쉽게 녹기 때문에 병사들이 주머니에 넣고 휴대할 수 없다. 또 맛이 좋아 비상식량으로 가지고 다니기에는 너무나 유혹적이다. 그러므로 굶주림에 지쳐 더 이상 견딜 수 없을 때만 먹을 수 있을 정도로 맛이 없어야 했다. 그의 요구사항을 좀 더 정확하게 말하면 '딱딱하게 굳은 삶은 감자보다 약간 더 나은 맛'이었다.

그 결과 생존용 구명 초콜릿이 만들어졌다. 보통 초콜릿보다 카카오 함량을 훨씬 높여 지금의 다크 초콜릿처럼 만들었고, 여기에 오트밀, 탈지 우유, 인공색소 등을 첨가해 진짜 삶은 감자와 비슷한 초콜릿을 제조했다. 로간 대령은 첫 제품을 받은 후 만족스러운 반응을 보였다고 전해진다. 냄새도 그렇고 생김새도 빨래비누와 흡사했기 때문이다.

이 초콜릿은 2차 세계대전 중 모두 4,000만 개가 보급되었다고 한다. 장병들이 한 개 이상씩 지급받은 셈이다. 문제는 지급받은 장병들 사이에서 불만이 자자했다는 것이다. 비정상적인 상황에 놓였을 때 생존하기 위한 목적이긴 했지만, 그래도 정상적인 상태에서는 너무 맛이 없었기 때문이다. 병사들 사이에서 '히틀러의 비밀 무기'라고 불릴 정도였다.

하지만 이 초콜릿은 전장에서 적잖은 위력을 발휘했다. 고립된 병사 개개인의 생존 능력을 높이는 데도 기여했고, 특히 2차 세계대전 당시 미얀마 전선의 미군들은 집단

으로 이 초콜릿을 먹으며 견뎠다고 한다. 아열대 기후의
낯선 풍토에서 장병들이 이질에 걸렸을 때 유일하게 먹을
수 있었던 것이 바로 이 초콜릿이었기 때문이다.

전쟁사에서 건진 별미들

2장

장군의
식탁

술이 솟는 샘

'주천'(酒泉)이라는 이름은 그다지 낯선 단어가 아니다. '술이 솟는 샘'이라는 뜻으로 술집 간판에서 자주 볼 수 있는, 주당들에게는 더없이 반가운 단어다. 사실 주천은 술집 간판뿐 아니라 지명에도 드물지 않게 등장한다.

한국에는 강원도 영월군 주천면 주천리라는 곳이 있다. 예전에 이곳에 술이 솟는 샘이 있었기 때문에 지어진 이름이라고 한다. 중국에도 주천이라는 곳이 있다. 가장 유명한 곳은 중국 서부 간수성에 있다. 옛 서역으로 통하는 실크로드가 지나는 길목에 있는 도시였고, 지금은 중국의 인공위성 발사기지가 있는 곳으로 유명하다.

이곳은 왜 주천이라는 이름을 얻게 됐을까? 그 시초는 기원전 2세기 한 무제 때로 거슬러 올라간다. 당시 표기장군 곽거병은 이곳에서 한나라를 위협하던 흉노를 물리치고 대승을 거두었다. 이에 크게 기뻐한 한 무제는 승전을 축하하는 의미로 곽거병 장군에게 맛있는 술 한 병을 하사했다.

황제가 하사한 술이니 더할 나위 없는 영광이었다. 하지만 고작 술 한 병을 수많은 장병이 다 같이 나눠 마실 수는 없는 노릇이었다. 그저 장군 혼자, 혹은 주변 참모들과 조촐하게 마시기에 알맞은 양이었다.

문제는 병사들의 사기를 올릴 필요가 있었다는 점이었다. 그 무렵 병사들은 비록 싸움에서는 이겼지만 계속되는 전투에 지칠 대로 지친 상태였다. 고향을 떠나 먼 서역의 전쟁터로 온 지도 오래됐기에 고향을 그리워하는 마음이 간절했다. 장군은 잠시 고민에 빠졌다. 그리고 병사들을 모두 불러 모아 큰 소리로 말했다.

"병사들이여, 여러분의 용기와 불굴의 투지 덕분에 우리는 온갖 어려움을 극복하고 적을 물리쳐 대승을 거둘 수 있었다. 황제께서 여러분의 노고를 치하해 여기 술 한 병을 내려주셨다. 우리 모두 황제께서 보내주신 술을 마시자!"

그러고는 황제가 보낸 술을 샘물에 쏟아 부었다. 이어 곽거병 장군이 샘물을 한 바가지 떠 마시고, 이어서 병사들이 차례대로 샘물을 떠 마시도록 했다. 병사들의 사기가 하늘까지 치솟았고 이어진 전투에서도 그들은 연전연승했다. 그것이 주천이라는 지명의 유래다.

이 에피소드를 보면 곽거병은 부하들을 아끼고 사랑하는 덕장(德將)이었을지도 모른다. 하지만 실제로 그는 덕장과는 거리가 먼 장수였다. 평소 부하의 춥고 배고픔을 챙겨주는 속 깊은 장군이 아니라 오히려 그 반대였다. 사마천은 『시기』에서 곽거병을 이렇게 평가했다.

"젊어서 이미 높은 벼슬을 지냈고 짧은 시간에 고귀한 신분이 됐기에 병사들을 돌볼 줄 몰랐다. 군사를 거느리고 출정하면 황제가 그를 위해 수십 수레분의 음식을 보내주었는데 돌아올 때는 양식 실은 수레를 버리고 돌아왔다. 장군에게는 남은 양식과 고기가 있었지만 병사들 중에는 굶주린 자가 있었다. 병사들은 배고픔을 참고 견디며 지냈지만 장군은 이런 병사를 돌보지 않고 구역을 표시해놓고 공차기를 즐겼다. 그에게는 이와 같은 일이 자주 있었다."

한마디로 고생을 모르는 귀족 출신인 데다 출세도 빨라 병사들의 애로사항에 관심이 없었다는 얘기다. 그럼에도 장병들은 그를 믿고 따랐다.

한편 한나라 군대의 총사령관이면서 곽거병의 상관으로 대장군 위청이라는 사람이 있었다. 『사기』에는 위청에 대한 평가 또한 실려 있는데, 곽거병과는 대조적이다.

"대장군은 사람됨이 인자하고 선량하며 온화한 성품으로 황제의 환심을 샀지만, 세상에서 그를 칭찬하는 사람은 없었다."

오만하며 자기중심적이었던 곽거병은 장병들에게 인기가 높았는데, 부하들에게 인자하고 겸손했던 위청을 칭찬하는 사람이 없었던 것은 왜일까?

첫째 요인은 성과였다. 장군은 인품도 중요하지만 결과도 보여줘야 한다. 『사기』에는 이렇게 적혀 있다.

"곽거병은 기병 5만 명을 거느렸으며 군수품은 대장군의 군대와 동등했다. 그리고 적진 깊숙이 1,000여 리를 진격해 흉노의 좌익부대와 결전을 벌였는데 참수하거나 사로잡은 전공이 대장군보다도 많았다. 황제가 직접 곽거병을 이렇게 칭찬했다. '사로잡은 포로만 7만 443명이 넘었지만 아군의 피해는 10분의 3밖에 되지 않았으며 적군에게서 식량을 탈취해 먼 곳까지 진격하면서도 양식이 떨어지지 않았다.'"

또 곽거병 휘하의 부대에서는 특진하거나 포상을 받는 장교와 사병이 많았지만 대장군 휘하의 장병 중에는 상을 받은 자가 없었다. 곽거병의 인기가 높을 수밖에 없었던 이유다.

둘째는 '타이밍'이었다. 곽거병은 타이밍을 아는 장군이었다. 평소에는 부하들의 어려움에 관심조차 기울이지 않았지만 사기를 올려야 할 때는 화끈했다. 선량하며 온화한 위청과 달리 곽거병은 과묵하고 감정을 잘 표현하지는 않았지만 기개가 있어 행동할 때는 과감했다. 감히 황제가 하사한 술을 샘물에 쏟아 부어 장병과 함께 마신 것도 마찬가지다.

손자는 『손자병법』에서 군대의 사기에는 주기가 있다고 했다. 군의 사기를 하루에 비유해 아침처럼 날카로운 기운이 있고, 낮처럼 게을러질 때가 있으며 저녁 때처럼 집으로 돌아갈 생각만 할 때가 있다고 한 것이다.

성과에 따른 적절한 보상도 중요하지만 타이밍을 맞춰

병사들의 기세를 올리면 조직의 전력은 급상승할 수 있다. 회식을 자주 한다고 사기가 올라가지는 않는다. 조이고 풀 때를 알아야 한다.

곽거병이 술 한 병을 샘물에 부어 나누어 마시며 5만 명 장병의 사기를 끌어올릴 수 있었던 이유다. 술 솟는 샘 주천에 담긴 교훈이다.

FOOD AND WAR

콩밥으로 본
항우의 리더십

유방과 천하를 놓고 다투던 『초한지』의 영웅 항우는 매우 인간적인 인물이었다. 소설 속 이야기가 아니라 한나라의 정사를 다룬 역사책 『한서(漢書)』에 실린 이야기다.

기원전 3세기 진시황이 죽자 각지에서 반란이 일어났다. 진나라가 제후국인 조나라를 공격하자 초나라가 조나라를 돕는다는 명분으로 군사를 일으켰다. 초군의 총사령관은 송의, 부사령관은 항우였다. 진나라와 조나라가 거록(鉅鹿)이라는 곳에서 대치하며 싸웠을 때, 송의가 이끄는 초나라 군대는 부근의 안양에 도착한 후 그곳에서 46일 동안 주둔하며 더 이상 앞으로 나아가지 않았다. 하루 속히 진나라를 공격해 곤경에 처한 연합국 조나라를 돕자는 항우의 주장과 달리, 송의는 두 나라가 싸우다 지쳤을 때 진나라를 공격하면 손쉽게 승리를 거둘 수 있다며 움직일 생각을 하지 않았다. 전쟁의 목표와 전략적 승리를 떠나 오직 전투의 승리만을 목표로 삼았던 것이다.

이에 항우는 반발했다. "폭군의 손에서 천하를 구하고 안정시키려 군대를 일으켰는데 진나라를 공격하기는커녕 한 곳에 머물며 앞으로 나아가지를 않는다. 지금은 나라는 황폐하고 백성은 굶주렸으며 병사들도 군량미가 다 떨어져 겨우 콩밥을 먹고 있을 뿐이다. 그럼에도 송의는 연회나 베풀어 손님을 맞고 있을 뿐, 콩밥을 먹는 배고픈 병사의 사기는 헤아리지 않고 있다." 그는 이런 주장을 펴며 송의를 죽이고 스스로 사령관이 되어 진나라를 공격했다.

이때 병사들은 있는 힘을 다해 싸웠다. 그 이유는 두 가지인데, 첫째는 파부침선(破釜沈船)이다. 출전에 앞서 솥을 깨어버리고 타고 온 배는 구멍을 내어 가라앉혔다. 싸우다 죽거나 승리하겠다는 임전무퇴의 결의였다. 또 하나는 콩밥이었다. 부하들에게 콩밥을 먹일 수는 없다는 항우의 말에 병사들은 감격했고, 군대의 사기는 치솟았다. 결국 그들은 대승을 거두었고 항우는 대장군이 되어 천하의 영웅이 되었다. 이 싸움이 그 유명한 거록의 전투다.

항우는 왜 병사들에게 콩밥을 먹일 수 없다며 콩밥을 사기의 명분으로 삼았으며, 병사들은 왜 이에 호응해 항우를 따랐던 것일까? 지금은 콩이 쌀보다 훨씬 비싸 콩밥이 영양식으로 여겨지지만 옛날에는 콩이 너무 흔해서 감옥에서 재소자들에게 콩밥을 먹였다. 먹는 것이 자유롭지 못한 재소자들의 영양 상태와 쌀보다 저렴한 콩의 가격을 고려한 것이라는 의견도 있다. 하지만 예나 지금이나 감옥이라는 곳이 그렇게 인간미 넘치는 곳은 아니다.

한국 교도소에서 콩밥이 사라진 것은 1896년 이후다. 지금은 쌀 90%, 보리 10%의 잡곡밥이 제공되는데 그나마 최근 규정이 바뀌어 앞으로 100% 쌀밥을 제공할 예정이다. 보리 값이 쌀 값보다 훨씬 비싸졌기 때문이다. 앞으로는 '콩밥 먹는다'가 '쌀밥 먹는다'로 바뀔지도 모를 일이다.

실제로 콩밥을 보면 평생 기억에 남을 수밖에 없을 정도다. 형무소 급식규정은 1957년에 만들어졌는데, 이때 재소자들에게는 쌀 30%, 보리 50%, 콩 20%가 섞인 잡곡밥이 제공됐다. 콩이 20%라면 비중이 별로 높지 않은 것 같지만, 실제 밥을 지어보면 쌀이나 보리보다 콩이 훨씬 많아 보인다. 한두 끼는 몰라도 계속 먹으면 질릴 정도다.

일제 강점기 때는 더 심했다. 1936년의 급식규정은 쌀 10%, 콩 40% 좁쌀 50%였다. 이 정도면 콩밥이 아니라 콩 덩어리에 쌀과 좁쌀이 몇 톨 붙어 있는 수준이다. 아무리 배가 고파도 하루 세끼, 1년 365일을 계속 먹는다는 것이 쉽지는 않았던 모양이다. 얼마나 싫었으면 '콩밥 먹는다'는 말이 다 생겼을까 싶을 정도다. 콩밥이 어떤 식사였는지는 1936년의 어느 신문에 실린 동시에서 짐작할 수 있다.

"콩밥을 보면 넌더리가 나요. 우리 집은 매일 콩밥만 짓지요. '엄마, 나 콩밥 먹기 싫어, 쌀밥 지어, 응?' 하고 졸랐더니 엄마는 '없는 집 자식이 쌀밥이 뭐냐. 어서 먹지 못하겠니'라며 부지깽이를 들고 나오셨다. 나는 꿈쩍도 못 하고 안 넘어가는 콩밥을 억지로 넘겼지요."

어른 아이 할 것 없이 콩밥에 대한 반응이 이 정도였으니 '더 이상 부하들이 콩밥을 먹으며 싸우는 것을 볼 수 없다'는 항우의 말도 이해가 간다. 또 지엽적인 전투의 승리도 중요하지만 진나라의 폭정을 끝내고 천하를 안정시킨다는 전쟁의 목적도 중요하고, 감옥에서나 먹는 콩 덩어리를 먹어야 하는 부하의 사기를 올리는 것도 중요하다

전쟁사에서 건진 별미들

는 것이 항우의 생각이었다. 흔히 힘만 세다고 알려졌음에도 초패왕(楚霸王)으로 영웅 대접을 받았던 배경에는 그만의 리더십이 있었던 것이다.

군신 간 신뢰는
밥 한 그릇이면 충분

옛날 천하의 명장들이 주군에게 충성을 다했던 것은 대단한 보상 때문은 아니었다. 밥 한 그릇, 음식 한 접시가 계기가 되어 장군은 주군을 따랐고 임금은 신하를 잊지 못했다.

우리에게는 많이 알려져 있지 않은 후한 광무제와 풍이장군이 그 예다. 중국 최초의 통일왕조인 진나라는 진시황이 죽은 후 멸망했고 천하는 다시 어지러워졌다. 이때 유방이 군사를 일으켜 항우와 싸움을 벌여 이긴 후 세운 나라가 한나라다. 흔히 전한(前漢)이라고 부르는 이 나라가 세워지고 약 200년이 지난 서기 9년, 황태후의 조카이며 재상이었던 왕망은 황제를 폐위시키고 국호를 신(新)으로 정한 후 스스로 황제가 되었다. 하지만 재위 14년 만인 서기 23년 유수와의 전쟁에서 패했다. 왕망은 살해당하고 신나라는 멸망했다. 유수는 유방의 후손으로 황제가 되어 광무제라고 칭해졌는데, 그가 다시 세운 한나라가 전한의 뒤를 이은 후한이었다.

나라를 되찾기 전, 광무제 유수는 세력이 약해 역적인 왕망에게 쫓겨 다니며 갖은 고초를 겪었다. 쫓기던 그는 무루정이라는 곳에 도착했지만 날씨는 춥고 먹을 것은 떨어져 군사들의 사기가 땅에 떨어졌다. 유수 자신도 배가 고파 주저앉을 지경이었는데 신하인 풍이가 팥죽을 구해 와 간신히 허기를 면하고 이동했다.

이어 호타하 강가에 이르렀을 때는 바람이 크게 불고 비가 몰아쳤다. 이때 또 풍이가 장작을 구해 불을 지피고 배를 곯고 있는 유수를 위해 어디선가 보리밥을 가져왔다. 덕분에 허기를 면하고 기운을 차린 유수는 호타하를 건널 수 있었다. 그는 마침내 군사를 이끌고 왕망과 접전을 벌여 승리를 거두고 황제의 자리에 올랐다.

풍이는 원래 왕망의 부하였지만 유수에게 붙잡혀 투항한 사람이다. 그러니까 적장 출신인 셈인데, 그럼에도 유수는 한 번 믿음을 준 풍이를 철저히 신임했다. 유수가 황제가 된 후 관중(關中) 땅을 지키느라 황제의 곁에 있지 않는 풍이를 모함하는 상소가 올라온 적이 있었다. 그러자 유수는 아예 풍이에게 그 상소문을 보내주며 신임을 과시했다.

유수가 황제가 된 후 6년이 지나자 관중에 있던 풍이가 황제가 있는 곳으로 돌아왔다. 그러자 그는 모든 신하들을 모아놓고 잔치를 베풀어 "창졸간에 대접받았던 무루정의 팥죽과 호타하의 보리밥에 대한 고마움을 오랫동안 보답하지 못했다"고 말하며 큰 상을 내렸다. 그러자 풍이역시 "신은 폐하께서 그동안 겪었던 고생을 잊지 마시기를 바라며 신 역시 폐하께서 구해주셨던 은혜를 잊지 않겠다"고 답했다. 『후한서(後漢書)』의 「풍이열전」에 나오는 이야기다. 이후 호타하의 보리밥은 충성의 표상이자 임금이 신하의 그 충성을 잊지 않고 보답한다는 뜻으로 쓰였다.

또 다른 예도 있다. 눈칫밥을 먹으며 온갖 천대와 멸시를 받았던 한신은 유방을 만나 그를 도와 천하를 통일했다. 유방의 대장군 한신과 대립했던 제나라를 도우려고 항우가 20만 대군을 보냈지만 한신은 이를 대파하고 제왕(齊王)에 봉해졌다. 한신의 능력에 두려움을 느낀 항우는 무섭이라는 사신을 보내 한신을 포섭했다. 유방으로부터 독립해 항우의 초, 유방의 한, 그리고 한신의 제, 세 나라로 천하를 삼분하자고 제안한 것이다. 그러자 한신이 이렇게 말하며 거절했다.

"내가 항우를 섬길 때는 벼슬이 낭장에 불과해 겨우 창을 들고 문지기 노릇을 했소. 그래서 한나라로 귀순했는데 유방은 내게 장군의 허리띠를 내리고 수만의 병력을 맡겼으며 자기 옷을 벗어 내게 입혔고 자기 밥을 나누어 주었으며, 내 계책을 받아주었소. 그래서 내가 지금에 이르렀소. 남이 나를 깊이 신뢰하는데 내가 먼저 배신하는 것은 옳지 못하니 죽더라도 그 뜻을 바꿀 수 없소."

『사기』의 「회음후 열전」에 실린 이야기다. 자기 옷을 벗어주고 자기 밥을 나누어줄 정도로 각별하게 챙기는 것을 '해의추식'(解衣推食)이라고 한다. 한신의 충성 또한 밥 한 그릇, 옷 한 벌에서 비롯된 것이었다.

주는 것 중에서 가장 좋은 것은 알아주는 것이라고 한다. 보리밥 한 그릇이 알려주는 리더십에 대한 중요한 교훈이다.

인기의 비결은
소꼬리 수프

드와이트 D. 아이젠하워는 2차 세계대전 당시 유럽연합
군 최고사령관으로, 노르망디 상륙작전을 성공으로 이끌
며 전쟁을 승리로 마무리한 전쟁영웅이다. 그는 그런 국
민적 인기를 바탕으로 1953년 제34대 미국 대통령에 당
선됐고 재선에도 성공했다. 군 최고사령관으로, 또 군 최
고 통수권자로 탁월한 리더십을 발휘했던 인물이다. 부하
와 국민들이 믿고 따랐던 그만의 매력은 과연 무엇이었을
까?

뜬금없는 얘기일지도 모르지만, 해답은 그가 좋아했다
는 꼬리곰탕에서 찾을 수 있다. 물론 진짜 한국식 꼬리곰

탕이 아닌 서양식 소꼬리 수프(ox soup)다. 유럽 전선의 장병과 후방의 미국인들은 아이젠하워 장군이 소꼬리 수프를 좋아한다는 사실 하나만으로도 그에게서 전우애와 친밀감을 느꼈다고 한다.

어두육미(魚頭肉尾). 생선은 머리가 맛있고 네 발 동물의 고기는 꼬리가 맛있다는 뜻이다. 어두일미(魚頭一味)에서 비롯된 말로, 꼬리 역시 생선 머리 못지않게 맛있다는 옛 사람들의 꼬리 사랑이 고스란히 담겨 있다. 더욱이 소꼬리는 맛이 좋을 뿐 아니라 가격도 만만치 않다. 그러니 연합군 최고사령관과 미국 대통령이 소꼬리 수프를 즐겨 먹는다는 사실이 별달리 특별하지는 않을 수도 있다.

하지만 어두육미는 동양에서 통용되는 말이다. 서양에서는 이야기가 다르다. 나라마다 다르지만 대체로 꼬리는 그다지 즐겨먹지 않는다. 물론 유럽에서도 예부터 소꼬리를 먹기는 했다. 꼬리곰탕과 비슷한 소꼬리 수프는 영국 전통음식이고, 이탈리아에서는 우리의 꼬리찜과 비슷한 소꼬리 스튜(Coda alla Vaccinara)를 먹는다. '정육점 주인의 꼬리'라는 뜻으로, 옛날 소 잡는 백정에게 대가로 꼬리를 주었기 때문에 생긴 이름이다. 한편 스페인에는 콜라 데 토로(cola de toro)가 있다. 투우장에서 죽은 소꼬리로 만든 요리다. 이름에서 짐작할 수 있듯 서양에서 꼬리는 가난한 사람들이 먹는 값싼 음식에 지나지 않는다.

특히 2차 세계대전 중 소꼬리 수프는 전선의 병사들이 지겹도록 먹었던 음식이다. 대부분의 식품을 배급에 의존하던 시기였기에 후방의 주부들도 스테이크 대신 소꼬리 수프로 아이들의 영양을 챙겨야 했다. 이처럼 통조림에 든 소꼬리 수프는 사람들에게 그다지 환영받는 음식이 아니었다.

병사들이 소꼬리 수프를 싫어한 데는 또 다른 이유도 있다. 2차 세계대전을 연구한 역사학자 스티븐 앰브로스가 쓴 소설을 바탕으로 제작된 〈밴드 오브 브라더스(Band of Brothers)〉라는 미국의 유명한 전쟁 드라마를 보면 그 이유를 알 수 있다. 드라마에서 병사들은 소꼬리 수프를 먹으며 "살아남기 위해 어쩔 수 없이 입에 넣는 음식일 뿐, 전선의 병사들 사기를 고려해서 제공하는 음식은 절대 아니다"라고 불평한다. 현실이 아닌 드라마에 나오는 대사지만, 실제 상황이 그대로 반영되어 있다고 평가받는 말이기도 하다.

2차 세계대전 때 미군이 처음 전투를 벌인 곳은 아프리카 전선이었다. 이곳에 배치된 미군은 초기에 영국의 보급품을 지급받았다. 그들은 맛이 없기로 소문난 영국 음식과 홍차, 담배를 지급받으며 고향 음식을 그리워했다. 특히 소꼬리 수프가 그랬다. 당시 어느 병사가 부친 '나머지는 그런대로 먹을 만하지만 소꼬리 수프만큼은 정말 먹기 싫다'는 편지가 현재 기록으로 남아 있을 정도다.

그러나 연합군 최고사령관은 이런 소꼬리 수프를 즐겨 먹었을 뿐 아니라 손님이 찾아오면 자신이 직접 소꼬리로 요리를 해서 손님을 대접했다. 그러니 최고사령관이 자신들과 똑같은 음식을 먹는다는 사실에 병사들도 감동했던 것이다.

그렇다면 아이젠하워 장군은 왜 그렇게 소꼬리 수프를 좋아했을까? 여러 이유가 있지만 가장 먼저 꼽을 수 있는 것은 개인적인 식성 때문이다. 그의 고향은 캔자스 주였다. 캔자스는 미국의 대표적인 목축 지역으로, 한때 서부의 카우보이들이 소 떼를 몰고 오던 종착지였다. 때문에 그는 어려서부터 온갖 소고기 부위에 익숙한 환경에서 자랐다. 게다가 오랜 군생활로 사병들이 주로 먹는 음식인 소꼬리 수프에도 익숙해져 있었다. 무엇보다 성격 자체가 소탈했기에 병사들이 즐겨 먹는 대부분의 음식을 함께 즐기기도 했다.

그런가 하면 정반대의 리더도 있다. 서양과 달리 동양에서 꼬리 요리는 말처럼 맛있는 음식의 대명사였다. 지금은 소꼬리로 꼬리곰탕이나 꼬리 찜을 요리하지만 옛날에는 짧아서 먹을 것도 없을 것 같은 사슴꼬리를 산해진미로 여겼다. 특히 조선 초기에는 소꼬리보다는 주로 사슴꼬리로 요리를 했다고 한다. 역사 기록을 살펴보면 사슴꼬리를 가장 즐겨 먹었던 인물 중 하나가 바로 연산군이다.

　『조선왕조실록』에 의하면 연산군은 각도 감사에게 공문을 보내 사슴 꼬리와 사슴 혓바닥을 끊이지 않게 진상하라고 독촉하고, 올려 보내는 사슴 꼬리가 부패하지 않도록 특별히 관리하라고 당부했다. 또 왕실 주방을 관장하는 관청인 사옹원(司饔院) 관리가 특별히 음식 관리를 잘못해서 세 차례 이상 적발되면 이전에 아무리 인사고과를 잘 받았어도 더 이상 용서하지 말고 무조건 파면시키라고 엄포를 놓았다. 꼬리 요리가 아무리 귀하더라도 지나치게 식탐에 빠져서 음식 하나 때문에 신하들의 벼슬이 떨어졌다 붙었다 할 정도였으니 결국 왕위에서 쫓겨나는 것도 이상한 일은 아니었을 것이다.

　음식 하나를 대하는 처신에서 리더십의 수준이 극명하

전쟁사에서 건진 별미들

게 드러난 예다. 산해진미에 빠져 식탐을 보인 왕은 폭군으로 쫓겨났지만, 병사들이 야전에서 주로 먹는 음식을 함께 먹었던 최고사령관은 장병들로부터 믿음을 얻었다.

2차 세계대전 때 미군 병사들이 아이젠하워 장군을 '아이크'(Ike)라는 애칭으로 부르며 믿고 따랐던 이유는 동양의 병법서 『삼략(三略)』에 있다. 한나라 장량이 읽고 유방을 도와 천하를 통일했다는 책이다.

"무릇 장수는 병사와 함께해야 한다. 맛있는 음식은 병사와 함께 먹고 편안함이나 위태로움도 병사와 함께한다. 그러면 병사들이 감격해 아군의 위력을 적에게 보여주니 아군은 전승을 거두고 적군은 반드시 패하게 된다."

FOOD AND WAR

양파 없이는
전투도 없다

미국에는 전쟁영웅으로 대
통령이 된 인물이 또 있다.
율리시스 그랜트 장군이다.
그는 남북전쟁이 막바지에 이를 무렵인 1864년 북군 총
사령관에 임명되었고, 이듬해 마지막 전투인 아포매톡스
전투에서 승리해 남군 총사령관 로버트 리 장군에게 항복
을 받아내 남북전쟁을 승리로 이끌었다. 북군의 전쟁영웅
이었던 그는 1869년 미국 제18대 대통령 자리에 올랐다.
그런 그가 전쟁 중에 이상한 말을 한 적이 있었다.

"양파를 보급해주지 않으면 더 이상 군대를 움직이지

않겠다." 남북전쟁이 한창이어서 곳곳에서 치열한 전투가 벌어지고 있을 때 연방정부 대통령 보좌관에게 긴급히 보낸 전보였다. 총탄도 빵도 아닌 양파를 주지 않으면 싸우지 않겠다니, 막중한 위치에 있는 장군 입에서 나올 말은 아니었다.

그러나 그의 입지가 탄탄했기 때문인지 협박(?)은 바로 받아들여졌다. 편지가 전달된 이튿날 화물열차 세 대가 양파를 가득 싣고 그가 지휘하는 부대에 도착했다. 양파가 도대체 무엇이기에 장군부터 백악관까지 이렇게 요란을 떨었던 것일까?

당시 양파는 전선의 사기에 영향을 끼칠 만큼 중요한 식품이었다. 그랜트 장군이 평소 친분이 있는 백악관 보좌관에게 편지를 썼던 이유다. 보좌관 또한 그 중요성을 알았기에 특별 열차를 편성해 양파를 보낸 것이다.

양파 없이는 움직이지 않겠다고 고집을 부린 지휘관은 그 말고도 또 있었다. 18세기 영국의 탐험가로 하와이 섬을 재발견하고 태평양의 여러 지역을 개척했던 제임스 쿡 선장이다. 그는 태평양 먼 바다로 장기 항해를 떠나기 전에 선원들이 먹을 양파를 충분히 제공해주지 않으면 항해를 떠나지 않겠다고 했다. 도대체 양파가 무엇이기에

18~19세기 서양의 지휘관들이 그렇게 확보하려고 애를 썼을까?

양파의 용도를 보면 답을 알 수 있다. 먼저 그랜트 장군이 요구한 양파가 도착하자 북군 병사들은 양파를 이용해 맛없는 야전 음식을 조리해 맛있게 먹을 수 있었다. 사격할 때 화약 등으로 입은 화상을 양파를 문질러 치료하기도 했다.

영국 탐험가 제임스 쿡 선장이 양파를 요구했던 것 역시 장기 항해를 할 때 비타민 부족으로 생기는 괴혈병 때문이었다. 아직 괴혈병의 원인이 밝혀지기 전이었지만, 그는 양파가 괴혈병 발생을 예방해준다는 사실을 경험적으로 알고 있었다.

이렇듯 양파는 단순한 식품이 아니었다. 전쟁을 견딜 수 있게 해준 소울푸드였다. 지금은 약방의 감초처럼 어느 음식에나 빠지지 않고 들어가기에 딱히 주목할 것 없는 채소다. 그러나 서양에서 양파는 역사적으로, 또 민속적으로 특별한 의미를 지니고 있다.

우리가 옛날 감기몸살에 걸렸을 때 할머니가 뜨겁게 끓인 콩나물국에 고춧가루를 풀어 먹으면 감기가 떨어진다고 했던 것처럼, 서양 할머니들은 몸살 기운이 있을 때면 뜨거운 양파 수프를 먹였다. 서양에서 양파 수프는 감기 몸살과 추위를 떨치는 치료제였을 뿐 아니라 어머니와 할머니의 정성이 깃든 소울푸드였다.

그랜트 장군이 이끄는 북군과 달리 남군은 사정이 심각했다. 1864년 남군 총사령관이었던 로버트 리 장군의 참모가 남긴 기록을 보면 상황을 짐작할 수 있다.

"남군 병사들은 전쟁터에서 굶주리고 있는데 의회가 제공할 수 있는 것이라고는 땅콩과 씹는 입담배 외에 아무것도 없다."

양파 하나가 전쟁의 승패를 좌우한 것을 보면 역시 양파는 보통 채소가 아니긴 한 모양이다.

FOOD AND WAR

전장에 날아든
요리책

조직원이 간절히 원하는 부분을 알아서 채워주고 가려운 곳을 찾아 긁어줄 줄 아는 것이 진정한 리더가 아닐까? 예를 들어 이런 경우다.

1980년, 아프리카 칼라하리 사막에 원시생활을 하는 부시맨들이 살고 있다. 어느 날 경비행기를 몰고 그 마을 위를 날던 조종사가 빈 콜라병을 던진다. 부시맨들은 난생처음 보는 콜라병을 놓고 갑론을박 끝에 신의 물건이라는 결론을 내린다. 옛 영화 〈부시맨〉의 줄거리다.

1966년에 베트남에서도 비슷한 상황이 벌어졌다. 베트남 전쟁이 한창일 때, 정글에서 작전 중인 미군 병사들에

전쟁사에서 건진 별미들

게 고향에서 소포 한 상자가 날아왔다. 상자 안에는 집에서 부쳐준 위문품과 요리책, 그리고 작은 핫 소스 한 병이 들어 있었다. 총탄이 빗발치는 정글의 병사에게 왜 하필 요리책이 날아왔을까?

하늘에서 부시맨 마을로 떨어진 빈 콜라병만큼이나 뜬금없는 선물이었지만, 병사들은 요리책을 보고 환호했다. 요리책을 하늘이 보낸 선물이라고 여긴 것이다. 베트남 전쟁을 소재로 다룬 영화 〈플래툰〉의 한 장면을 본 적이 있다면 왜 그들이 이토록 요리책을 반겼는지 알 수 있을 것이다.

비가 추적추적 내리는 정글에서 병사가 우의를 뒤집어 쓴 채 매복 중이다. 칠흑같이 어두운 숲속에서 당장이라도 베트콩이 튀어나올 것 같다. 머리가 쭈뼛 설 정도로 무섭다. 때마침 병사의 생일이었다. 하지만 전쟁터인 만큼 특별한 생일 음식 없이 그저 C-레이션 깡통을 먹었을 뿐이다.

이럴 때면 적과 대치하고 있다는 공포감은 둘째치고, 일단 후텁지근한 데다 습기 때문에 온몸이 눅눅해서 고향의 부모님이 절로 생각난다. 병사의 사기가 떨어지지 않을 수가 없다. 요리책은 바로 이럴 때 쓰라고 보낸 것이었다. 요리책에는 전투식량으로 지급되는 C-레이션에 포함된 파운드케이크, 초콜릿, 우유 파우더를 이용해 야전용 생일 케이크를 만드는 법이 적혀 있었다.

매복 작전에 나가기 전이나 돌아온 직후에 차가운 C-레이션 깡통을 먹는 대신 그 속에 들어 있는 재료로 따뜻한 야전용 초콜릿 생일 케이크를 만들어 먹으라는 것이었다. 전쟁터지만 그럴듯한 생일 케이크를 앞에 놓고 전우와 함께 축하 파티를 할 수 있다면 사기가 그만큼 오를 수 있기 때문이었다.

병사에게 전달된 요리책에는 그런 깊은 뜻이 담겨 있었다. 그런데 어느 병사의 부모가 그렇게 속이 깊으셨을까? 사실 요리책을 받은 병사는 한두 명이 아니었다. 일개 소대에서도 몇 명씩 요리책을 받았는데, 요리책 보내기는 미군 당국과 한 식품회사가 펼쳤던 캠페인의 일환이었기 때문이다.

고향의 부모와 연인을 통해 요리책을 전달받도록 했던 것은 요리책에서 고향의 맛과 따뜻함을 느끼게 해주기 위함이었다. 아들과 연인을 베트남에 보낸 참전용사 가정에서 신청을 하면 요리책과 작은 핫 소스 한 병을 보내 가족의 선물과 함께 부칠 수 있도록 배려한 것이다.

이 요리책은 사실 보통 요리책이 아니었다. 제목부터 『C-레이션 요리책』으로, 일선에 나가 있는 병사들을 위해 전투식량으로 만들 수 있는 요리를 집대성한 책이었다. 전쟁터의 병사들은 음식에 민감하다. 죽거나 다칠 수 있다는 긴장과 불안감, 그리고 반복되는 일상을 벗어나려는 돌파구를 음식에서 찾으며 먹는 본능에 더욱 충실해진다. 그래서 부족한 재료를 총동원해 맛있는 요리를 만든다. '군대리아' 같은 음식이 만들어지는 이유다. 뒤집어 말하면 작은 음식 하나가 장병들의 사기에 지대한 영향을 미칠 수 있다. 훌륭한 지휘관이 사소한 음식 하나에까지 신경 쓰는 이유다.

베트남 참전용사에게 요리책 보내기 운동을 펼친 회사는 미국의 매킬레니라는 식품회사였다. 피자나 스파게티 혹은 치킨에 뿌려 먹는 핫소스 '타바스코'를 만드는 회사다. 물론 타바스코라는 상표의 인지도를 높이고 판매량을 늘리려는 마케팅 차원에서 진행한 캠페인이었다. 그러나 전쟁터에 요리책을 보내자는 발상 자체는 참전용사의 순수한 경험에서 우러난 것이었다. 당시 매킬레니의 회장이었던 월터 S. 매킬레니가 참전 군인이었기 때문이다.

그는 예비역 해병 준장으로, 2차 세계대전 당시 일본군과의 치열한 전투로 이름 높았던 과달카날 전투에 지휘관으로 참전했다. 전쟁터에서는 맛있는 음식 하나가 병사들의 사기를 올려준다는 것을 몸소 체험했기에 이 같은 아이디어를 떠올렸다. 그리고 그 아이디어가 군 당국에 채택되었고, 이때 타바스코 핫소스도 함께 부치면서 회사도 홍보하는 일석이조의 효과를 거뒀다.

그 결과 병사들은 이 요리책을 이용해 전투식량을 다양한 방법으로 조리해 먹었다. 그리고 그 덕분에 힘든 전쟁터에서의 생활을 이겨내고 사기가 올랐다. 당시 미국 언론에는 이런 내용의 편지가 자주 소개되었다. 캠페인이 기대했던 만큼의 성과를 거둔 셈이다.

베트남에 『C-레이션 요리책』이 전달된 지 약 25년 후인 1991년, 이번에는 중동 주둔 미군 총사령관이었던 노만 슈와르츠코프 장군이 매킬레니의 회사로 감사의 편지를 보냈다. 이라크와의 전쟁인 '사막의 폭풍' 작전에 참가한 병사들이 핫소스 덕분에 활력을 찾았다는 내용이었다. 사막 한가운데서 모래 폭풍에 갇힌 병사들은 막사에 앉아 하루 종일 전투식량을 먹어야 했다. 이때 그들은 매운 소스 덕분에 입맛을 되찾았고, 그것이 사기를 올리는 데 큰 도움이 됐다는 이야기였다. 그때부터 지금까지 미군의 각종 전투식량에는 대부분 핫소스가 포함되어 있다.

"위대한 장군과 훌륭한 요리는 전쟁터에서 만들어진다."『C-레이션 요리책』첫머리에 나오는 말이다. 따지고 보면 베트남 전쟁 때부터 사막의 폭풍 작전에 이르기까지 미군들의 사기를 높이는 데 공헌했다는 매운 고추소스 타바스코 역시 전쟁 덕분에 만들어진 조미료다.

매킬레니의 창업자 에드먼드 매킬레니는 원래 은행원이었다. 어느 날 그는 멕시코 전쟁에 참전했던 미군에게서 매운 고추 종자 하나를 얻었다. 그리고 부인의 고향 루이지애나 주 에이버리 섬에 이 종자를 심었다. 사실 에이버리는 바다에 떠 있는 진짜 섬이 아니라 평원에 돌출해 솟은 거대한 소금 산이었다.

그러다 남북전쟁이 일어났고 에드먼드 매킬레니는 가족을 이끌고 에이버리 섬으로 피란을 갔다. 하지만 에이버리 섬 역시 곧 전화에 휩싸였다. 특히 그곳은 소금 광산이었기에 남군과 북군 모두에게 전략적 요충지였다. 때문에 에이버리 섬을 둘러싸고 치열한 공방전이 벌어졌고, 전장 한가운데 있던 소금 광산과 농장은 철저하게 파괴됐다. 남은 것은 오직 지독하게 매워서 그냥은 도저히 먹을 수 없는 타바스코 종자의 고추뿐이었다.

그는 할 수 없이 남은 고추를 이용해 먹고살 궁리를 했다. 그래서 매운 고추와 식초, 그리고 에이버리 섬에서 쉽게 얻을 수 있는 소금을 섞어 매운맛의 핫소스를 만들었다. 그리고 부인이 다 쓰고 버린 향수병을 깨끗하게 세척한 후 그 병에 핫소스를 담아 팔기 시작했다. 이것이 타바스코 핫소스의 기원이다.

"최전선의 장병에게 음식보다 훌륭한 것은 없다"고 한다. 음식에 맛을 더해주는 작은 조미료 하나가 전선의 병사들에게는 무엇보다 절실한 것일 수 있다. 그 때문인지 전쟁의 결과로 만들어진 핫소스는 이후 줄곧 전쟁과 깊은 인연을 맺어왔다.

19세기 말 영국군이 아프리카 수단에서 이슬람 군대에 포위된 영국군을 구출하기 위해 벌였던 카르툼 전투에서도 마찬가지였다. 구원군을 지휘한 키치너 장군이 전쟁터에 대량으로 가져간 것이 바로 핫소스였다. 아프리카의 뜨거운 날씨에 병사들이 쉽게 입맛을 잃을 수 있기 때문이었다. 2차 세계대전 때 영국에서는 전면적인 배급제도가 시행됐는데, 왕실도 예외가 아니었다. 이때 엘리자베스 2세 여왕의 어머니 역시 핫소스를 애용하면서 전쟁의 고통을 견딜 수 있었다고 전해진다.

매운맛이 입맛은 물론 사기까지 살릴 수 있었던 것이다. 따지고 보면 별것 아닌 조미료 하나가 때로는 전쟁의 결과에 보이지 않는 영향을 끼칠 수도 있다. 사소한 차이가 큰 변화를 만들어낸다는 말은 전쟁과 조미료에도 그대로 적용된다.

넬슨제독의
마지막 레몬주스

"조국은 여러분이 모두 각자 맡은 바 의무를 다해줄 것을 기대한다(England expects that every man will do his duty)." 1805년 10월 21일, 영국 함대가 프랑스와 스페인의 연합함대에 맞서 승리한 트라팔가 해전이 벌어지기 직전이었다. 영국 함대 사령관 넬슨 제독은 기함인 HMS 빅토리호에서 함대 장병들에게 이 말을 전했다. 곧이어 전함들 사이에 사격이 시작됐다. 그리고 포성이 멎었을 때 30여 척의 프랑스 전함 중 18척이 격침되거나 나포됐다.

영국이 나폴레옹과의 전쟁에서 결정적 승리를 거둔 것이다. 이 트라팔가 해전의 승리로 영국은 19세기 동안 바다를 제패하며 세계 최강대국으로 군림했다.

하지만 이날 전투로 영국은 최고사령관을 잃었다. 프랑스 함대에서 쏜 포탄의 파편이 넬슨 제독의 가슴을 관통했다. 전투가 시작되기 전 장병들에게 내렸던 명령처럼 조국에 대한 의무를 다하고 전사한 것이다. 그가 죽기 직전에 남긴 말은 지금도 널리 알려져 있다.

"하나님께 감사한다. 우리는 우리의 의무를 다했다(I thank God for this opportunity of doing my duty)." 과연 영웅에게 걸맞은 죽음과 유언이었지만, 죽음 자체는 매우 고통스러웠다. 그는 파편이 가슴을 관통한 지 세 시간 만에 전사했다. 그동안 총상과 과도한 출혈로 고열에 시달렸고 그로 인해 채워지지 않는 갈증으로 고생했다. 때문에 수시로 마실 것을 달라고 외쳤고, 이때마다 병사들이 가져다준 것은 레몬주스였다.

왜 하필 레몬주스였을까? 넬슨 제독이 사령관이었기 때문도 아니고 총상 환자에 대한 배려 때문도 아니었다. 함정에서 가장 흔했기 때문이다. 레몬주스는 숨을 거두고 있는 넬슨 제독의 갈증을 풀어준 음료이기도 했고 영국 해군 장병, 그리고 결과적으로 모든 선원의 생명을 구한 음료수였다.

트라팔가 해전이 벌어질 무렵 영국 해군은 함정에 의무적으로 레몬이나 라임을 선적했다. 수병들도 일정 기간마다 반드시 레몬이나 라임을 먹어야 했다. 1795년 만들어진 규정 때문이었다. 그래서 다른 나라 해군에서는 영국 해군을 '라이미'(Limey)라고 불렀다. '라임 먹는 것들'이라는 뜻이다. 레몬이나 라임 먹는 것이 어떻기에 이렇게 조롱을 당해야 했을까?

당시에는 지금처럼 레몬이나 라임을 우아하게 주스로 만들어 먹지 않았다. 덥석 베어 물거나 빨아 먹었는데, 이때 신맛 때문에 인상을 찌푸리며 먹는 모습은 썩 보기 좋지 않았다. 그 모습이 결국 영국인을 경멸스럽게 부르는 별명 라이미로 이어진 것이다.

그런데 영국 해군은 왜 함정에 레몬과 라임을 선적했으며, 왜 의무적으로 먹도록 했을까? 당시 영국 해군에서 총알보다 무서운 것은 질병이었다. 기록에 의하면 1792년부터 1815년까지 23년 동안 사망한 영국 해군은 10만 4,000명이었다. 그런데 그중 전투 중에 목숨을 잃은 전사자는 6.3%에 지나지 않았고, 함정의 파손이나 화재 등 사고로 인해 죽은 비율도 12.2% 정도였다. 절대 다수에 달하는 81.5%, 즉 8만 4,000명이 괴혈병 등의 질병으로 죽었다.

괴혈병은 비타민 C의 결핍으로 생기는 질병이다. 잇몸에서 피가 나는 것으로 시작해 온몸에 반점이 퍼지다 이가 빠지고 염증이 생기며 몸 전체가 썩어 들어가는 증상을 보인다. 그러다 결국 사지가 마비되고 갈증 속에서 고열에 시달리다 사망한다. 증상은 심각하지만 치료법은 간단해서 비타민 C가 풍부한 레몬, 라임, 오렌지 같은 신선한 과일이나 채소를 섭취하면 금세 낫는다.

물론 18세기 당시에도 신선한 과일이나 채소가 괴혈병 방지에 도움이 된다는 사실은 어렴풋이 알고 있었다. 그러나 그때는 비타민이 무엇인지, 괴혈병의 원인이 무엇인지도 알려지지 않았다.

괴혈병 치료법을 찾게 된 발단은 1744년의 한 사건이었다. 이 무렵 영국과 스페인 사이에 남미 시장에 대한 이권을 둘러싼 전쟁이 벌어졌다. 이때 영국은 스페인의 뒤를 치는 과감한 작전을 수립했다. 영국 함대를 아시아로 파견해 당시 스페인 식민지였던 필리핀을 비롯해 아시아에서 스페인이 장악하고 있던 이권을 모조리 빼앗겠다는 계획이었다. 영국은 1740년 조지 앤슨 제독을 사령관으로 여섯 척의 전함으로 함대를 구성해 아시아에 보냈다.

이 함대는 1744년 영국으로 귀환했는데, 그 결과는 충격적이었다.

출발할 때 1,955명이던 장병 중 살아 돌아온 사람은 고작 600명 남짓이었다. 그것도 전투 중에 죽은 병사는 4명뿐, 대부분이 질병, 특히 괴혈병으로 사망했던 것이다. 세계 일주의 긴 항해 중에 신선한 채소나 과일은 먹지 못하고 오직 곰팡이 핀 비스킷과 부패한 고기만 먹었기 때문이다.

참사가 일어난 지 3년 후, 해군 군의관이었던 제임스 린드는 괴혈병 환자들을 대상으로 흥미로운 실험을 했다. 환자들을 여섯 그룹으로 나누어 동일한 식사를 제공하면서 단 한 가지씩만 차이를 두었다. 각 그룹에 사과 술, 산성 음료, 식초, 바닷물, 레몬과 오렌지, 보리차와 향신료를 제공한 것이다.

그 결과 오렌지와 레몬을 먹은 환자들에게서 두드러진 치료 효과가 나타났다. 제임스 린드는 이 결과를 논문으로 발표했다. 그리고 단순한 학술 발표에 지나지 않았던 이 논문을 때마침 영국의 탐험가인 제임스 쿠크 선장이 읽었다. 그는 탐험대를 구성해 태평양으로 떠나면서 레몬과 양배추 절임을 잔뜩 싣고 갔다. 그리고 2년 후 귀환했을 때 괴혈병으로 쓰러진 환자는 단 한 명에 불과했다. 이후 영국에서는 장기 항해를 떠나는 선박들마다 레몬을 싣고 가면서 질병으로 인한 사망자가 급격히 줄었다.

그리하여 1795년 영국 해군은 의무적으로 함정에 레몬을 선적하고 식사 때 장병들이 의무적으로 레몬이나 라임을 비롯한 과일을 먹어야 한다는 규정을 마련했다. 넬슨 제독이 전사하기 직진에 레몬주스를 마셨던 배경이다. 레몬 하나가 죽어가는 넬슨 제독의 갈증을 풀고 많은 해군 장병의 생명을 구한 것이다.

네 밥이 곧 내 밥,
처칠 레이션

2차 세계대전 당시 '처칠 레이션'이라는 이름의 보급품이 있었다. 처칠은 당시 영국을 이끌었던 수상의 이름이고 레이션은 군인 보급품이다. 이름을 보면 처칠 레이션은 얼핏 2차 세계대전 중 영국군에게 지급된 전투식량 같다. 하지만 사실 이는 일본군이 영국군에게서 빼앗아 먹었던 보급품을 일컫는 말이었다. 이 처칠 레이션에서 우리는 전쟁 지휘관의 황당한 리더십을 엿볼 수 있다.

만일 어떤 작전이 끝날 때까지 걸리는 예상 기간이 최소 한 달 이상이라고 하자. 병사들이 각자 가지고 갈 수 있는 식량과 탄약의 양은 제한적일 수밖에 없다. 어느 것

하나 소홀히 할 수는 없지만 그래도 개인이 가져갈 수 있는 물량에는 한계가 있다. 그렇다면 식량을 우선적으로 선택해야 할까? 아니면 탄약을 먼저 선택해야 할까?

2차 세계대전 당시 인도와 미얀마 접경지역에서 벌어진 임팔 전투에서 일본군은 탄약을 선택했다. 최대한의 탄약을 확보하는 대신 식량은 최소한만 휴대했다. 작전 기간이 한 달 이상 소요되었음에도 단 1주 분량의 식량만 지참한 것이다.

그러나 예상과 달리 임팔 전투는 1944년 3월 8일부터 7월 3일까지 4개월간 지속됐다. 그리고 일본군 병사 6만 5,000명이 사망했다. 그중 5만 명 이상이 전투 중에 사망한 것이 아니라 굶어 죽거나 기타 질병으로 죽은 것으로 추정된다. 왜 이런 황당한 일이 벌어졌으며, 이 일은 처칠 레이션과 무슨 관계가 있는 것일까?

임팔 전투는 일본군이 영국군이 장악하고 있던 인도와 미얀마 접경지역인 임팔과 코히마를 공격했던 작전이다. 이 두 지역을 점령하면 연합군의 중국 지원 루트를 차단할 수 있을 뿐 아니라 인도를 공격해 영국군을 몰아낼 수 있었다. 계획대로만 된다면 전략적으로 상당한 의미가 있어 미국과 유리한 조건으로 전쟁을 끝내자는 협상을 벌일 수도 있었다.

이 작전의 일본군 지휘관은 제15군 사령관 무다구치 렌야 중장이었다. 그는 태평양전쟁이 시작됐을 때 싱가포르와 필리핀 공격에 참전해 용맹을 떨쳤던 인물이다. 그런 그가 이번에는 황당한 작전을 펼쳤다.

임팔과 코히마를 점령하기 위해서는 한증막 같은 열기에 수풀은 하늘을 가릴 정도로 우거지고 길은 진흙탕인 정글을 통과해야 했다. 보급품 역시 차량으로 나를 수 없어 개인이 휴대하거나 가축 등에 실어서 운반해야 했다. 병참과 보급을 전혀 고려하지 않은 무모한 계획이었기 때문에 산하 부대장들은 하나같이 작전에 반대했다. 하지만 그는 "식량이 부족하면 적에게서 빼앗아 먹으면 된다"는 주장으로 작전을 밀어붙였다.

임팔 작전의 보급 계획을 보면 황당하기 짝이 없다. 계획은 3단계로 수립됐다. 첫째, 우선 소 1만 5,000마리를 징발한다. 소를 이용해 탄약과 대포를 운반하고 진군 도중 식량이 떨어지면 소를 잡아먹는다는 계획이었다. 그러나 소는 등짐을 운반하기에는 적합하지 않은 동물이다. 밀림에 들어간 지 얼마 되지 않아 소떼 절반이 계곡으로 떨어지거나 급류에 휩쓸려 사라졌다. 탄약과 식량 절반이

전쟁사에서 건진 별미들

졸지에 사라진 셈이었다.

둘째, 식량이 떨어지면 정글에서 나물을 채취해 먹는다.
일본인은 채식 위주의 식사를 하기 때문이라는 것이었다.

그리고 마지막 세 번째가 적의 보급품을 빼앗아 먹는
것이었다.

어떻게 이렇게 터무니없는 계획이 수립될 수 있었을까?
흔히들 무다구치 렌야가 참모의 반대를 무시하고 우격다
짐으로 작전을 밀어붙였다며 비난한다. 하지만 아무리 그
렇더라도 결국 사령부에서 승인을 했으니 책임의 일단을
면할 수는 없다. 그런데 이런 만화 같은 작전을 허락한 데
는 그럴 만한 배경이 있었다. 직접적인 요인은 처칠 레이
션, 즉 퇴각하는 영국군에게서 빼앗은 일본군의 전리품이
었다.

태평양전쟁이 막 시작된 1941년 말부터 1942년까지
일본 육군은 동남아에서 압도적인 승리를 거두었다. 그리
고 전투에 승리하는 과정에서 영국군의 보급품을 빼앗아
재미를 봤다. 예를 들어 싱가포르를 점령할 때는 영국군
이 돌파가 불가능하다고 생각했던 고무나무 숲 정글을 전
격적으로 통과하는 기상천외의 작전을 펼쳤다. 경전차와
자전거 부대로 고무나무 정글을 뚫고 나온 것이다. 그리

고 기습에 성공했다. 그런데 점령한 영국군 진지를 보니 전투식량을 비롯한 식료품과 탄약, 연료까지 보급품이 산더미처럼 쌓여 있었다. 일본군은 신속한 이동을 위해 며칠분의 건빵과 쌀만 휴대한 채 전투에 참여했지만 결과를 놓고 보니 실제로는 쌀 한 주머니, 기름 한 통 가져올 필요가 없었을 정도였다.

비슷한 상황은 동남아 전선 곳곳에서 벌어졌다. 1942년 3월 일본군이 미얀마 수도 랑군을 점령했을 때도 마찬가지였다. 랑군에 주둔하던 영국군이 보급품을 고스란히 남겨 놓은 채 허겁지겁 퇴각했기 때문이다. 영국군 진지에는 소고기 통조림, 치즈, 버터, 커피, 차, 담배에 위스키까지 잔뜩 쌓여 있었다. 일본군은 최소한의 보급품만 휴대하고 전투를 시작했지만 전투가 끝나면 적으로부터 식량을 빼앗아 곧바로 전력을 회복할 수 있었다. 게다가 전투의 승리에 더해 어마어마한 전리품까지 얻었기에 사기가 오를 대로 올랐다. 일본군은 이때 적군인 영국군에게서 빼앗은 보급품을 영국 수상 처칠이 보내 준 선물이라며 처칠 레이션이라고 불렀다.

그러고 보면 2차 세계대전 중 일본군은 식량의 상당 부분을 현지 조달에 의존했다. 동남아 전선뿐만이 아니었다.

중국 전선에서도 한 지역을 점령하면 현지 조달이라는 이름으로 식량부터 확보했기에 현지인들은 일본군을 메뚜기 군대라고 불렀을 정도다. 메뚜기 떼가 농작물을 쓸어가는 것처럼 식료품을 쓸어 갔기 때문이다.

전근대적 병참 체계에 더해 태평양전쟁 초기의 작은 승리들에 도취해 일본군은 몇 가지 착각에 빠졌다. 먼저 말레이 반도와 미얀마 전선에서의 승승장구를 근거로 스스로를 정글 전투의 귀재라고 여겼다. 또 영국군을 비롯한 연합군은 일본군만 보면 모든 것을 팽개친 채 도망가기에 바빴기 때문에 군량은 처칠 레이션으로 해결하면 된다고 생각했다.

그러다 결정적 타격을 입은 것이 임팔 작전이었다. 영국군은 퇴각하지도 않았고 부득이 철수할 때는 식료품과 탄약을 철저하게 파괴하고 떠났다. 적진을 점령하더라도 빵 한 조각, 총알 한 알 얻을 수 없었던 일본군은 결국 80%가 정글 속에서 굶주림에 시달리며 죽었다.

2차 세계대전 전사에서 임팔 작전의 실패는 주로 무다구치 렌야 장군의 무모함과 무능 때문이라고 알려져 있다. 실제로 전쟁이 끝난 후 그는 잔혹 행위에 대한 혐의로 전범 용의자로 체포되어 재판을 받았다. 그러나 그의 무

능 때문에 오히려 일본군이 엄청난 피해를 입고 패배를
자초한 점을 감안해 불기소로 석방했다.

하지만 일본군의 자만 역시 임팔 작전의 패배에 주요인
으로 작용했음을 지적하지 않을 수 없다. 지휘관이 무능
하고 지휘부가 자만에 빠지면 어떤 결과가 빚어지는지 극
명하게 보여준 사례라 할 수 있다.

탱크 잡는
몰로토프 칵테일

몰로토프 칵테일(Molotov cocktail)은 진짜 술이 아니다. 과격한 시위 현장에서, 혹은 대전차 화기가 없을 때 유리병에 휘발유 등을 담아 불을 붙여 던지는 화염병을 말한다.

몰로토프는 2차 세계대전을 전후해 옛 소련의 외무장관을 지냈던 뱌체슬라프 몰로토프를 말한다. 우리는 이 몰로토프 칵테일의 유래에서 대중이나 적군을 선동하는 선전전이 잘못될 경우 어떤 부작용이 나타나는지에 대한 교훈을 얻을 수 있다.

1939년 11월 30일, 소련군은 국경을 넘어 핀란드로 진격했다. 2차 세계대전 당시 '겨울전쟁'으로 알려진 핀란드와의 전쟁이 시작된 것이다. 지상에서는 탱크를 앞세워 소련군이 핀란드 국경을 넘었고, 세 시간 후 소련 폭격기들이 핀란드의 수도 헬싱키를 집중적으로 폭격했다. 단기간 내에 핀란드의 항복을 유도하기 위해 개전 초기 폭격을 집중, 약 350개의 폭탄을 투하했다. 핀란드 기록에 의하면 폭격 결과 97명이 사망했고, 260명의 중상자가 발생했으며, 빌딩 55채가 완파됐다.

문제는 이때 폭격에서 사용한 폭탄이 하나의 폭탄 안에 또 다른 소형 폭탄들이 들어 있는 집속탄(cluster bomb)이라는 점이었다. 집속탄 폭격이 이루어지자 이런 비인도적인 무기를 사용한 소련에 대해 국제적인 반발 여론이 거세게 일었다. 미국의 루스벨트 대통령 또한 핀란드 도시에 대한 무차별적인 폭격을 중지할 것을 소련에 요청했다. 그뒤 이에 대응하는 소련 몰로토프 외무장관의 발언이 물의를 일으켰다. 그는 국영 라디오에 출연해 핀란드 폭격의 진상을 해명한다며 다음과 같이 말했다.

"소비에트 공군기들은 핀란드의 도시에 폭탄을 떨어트리지 않았다. 굶주린 이웃 국가인 핀란드 주민들에게 인도적 차원에서 빵을 투하하는 작전을 펼쳤을 뿐이다."

몰로토프의 라디오 방송 내용은 사람들의 비웃음을 샀

전쟁사에서 건진 별미들

다. 아무리 국제사회에 대한 변명이고 선전의 일환이라 해도 눈 가리고 아웅 하는 정도가 지나쳤기 때문이다.

겨울전쟁 발발 당시 핀란드 측의 물자는 풍족한 편이었다. 물론 전쟁 준비가 되지 않은 상태에서 징집된 핀란드 국민들이 훈련을 받지 못한 오합지졸이었던 것은 분명했다. 그러나 적어도 군대나 국민들은 결코 굶주리는 상황이 아니었다.

굶주림과 물자 부족에 시달린 것은 오히려 소련군이었다. 당시 소련군은 핀란드의 혹독한 추위에 적응할 수 있는 방한복을 충분히 지급받은 것도 아니었고, 식량도 부족했다. 게다가 핀란드 군은 후퇴하면서 소련군에게 식량과 쉴 자리를 남겨주지 않으려고 초토화 작전을 펼쳤다. 그런데도 몰로토프는 핀란드에 폭탄 대신 빵을 뿌렸다고 우긴 것이다.

사람들은 이때 라디오 방송에서 터무니없는 주장을 한 몰로토프를 조롱하면서 소련군이 떨어트린 집속탄을 하늘에서 떨어진 '몰로토프의 빵 바구니'라고 불렀다. 빵 바구니라고 이름 붙인 것은 커다란 폭탄 안에 또 작은 폭탄이 들어 있는 구조 때문이었다.

몰로토프의 터무니없는 변명과 선전은 도리어 핀란드

국민들을 자극했다. 핀란드군은 열악한 환경 속에서 결사적으로 소련군에 저항했다. 당시 핀란드에는 소련군의 탱크에 대응할 만한 대전차 화기가 절대적으로 부족했다. 그래서 유리병에 휘발유를 비롯한 인화성 물질을 넣고 심지에 불을 붙여 탱크 뒷면에 던졌다. 소련 탱크는 뒷면이 취약했는데, 엔진도 가솔린 엔진이어서 불이 잘 붙기로 유명했다. 핀란드 군인들은 이 화염병에 몰로토프 칵테일이란 별명을 붙였다. 몰로토프가 굶주리는 핀란드 국민들을 위해 투하했다는 빵인 몰로토프 빵에 가장 어울리는 음료수라는 뜻이었다.

사실 화염병이 처음 제조된 것은 겨울전쟁 때가 아니었다. 최초의 화염병은 1936년 스페인 내전 때 사용되었다. 독재자 프랑코 총통이 자신과 맞서는 공화군을 지원하는 소련제 탱크를 저지하기 위해 사용했다. 이 밖에도 화염병은 초기의 소련 탱크를 공격하는 데 많이 쓰였다. 1939년 만주에서 소련군과 일본군이 맞붙은 노몬한 전투에서도 일본군은 화염병으로 소련 탱크를 공격했다.

핀란드 역시 겨울전쟁에서 전차 공격을 방어하는 데 화염병, 즉 몰로토프 칵테일을 적극적으로 활용했다. 약 3개월 동안의 전쟁 기간 중 핀란드군에서 제조한 화염병의

전쟁사에서 건진 별미들

숫자가 45만 개를 넘었다고 하니 전쟁에 상당한 기여를 했던 셈이다.

참고로 몰로토프 칵테일은 2차 세계대전이 끝난 후 소련의 공산통치에 저항하는 동구권의 시위대가 많이 사용했다. 그리고 몰로토프는 화염병에 자신의 이름이 사용되는 것을 무척이나 싫어했다고 전해진다.

3장

유비무환도
때로는
병

지휘관의 호들갑과
미숫가루 파동

미리 준비가 되어 있으면 근심할 것이 없다. 백번 옳은 말이다. 하지만 유비무환(有備無患)도 정도가 지나치면 해가 될 수 있다. 일상에서도 걱정이 지나치면 불필요하게 스트레스를 받을 수 있다. 전쟁을 비롯한 극한 상황에서는 이런 스트레스가 극단적으로 나타난다. 지나친 걱정으로 인한 공포와 긴장, 혹은 인간의 나약한 모습과 비겁함과 분노는 우리가 일상적으로 먹는 음식에도 투영되어 있다. 음식을 통해 전쟁이라는 극단적 상황을 들여다볼 수 있는 이유다.

옛날에는 전쟁이 일어나면 가장 먼저 어떤 음식을 준비

했을까? 많은 사람들이 주먹밥을 떠올린다. 한국전쟁 때도 피란길에 나선 민간인이나 전투 중인 군인 모두 주먹밥을 먹었으니 무리는 아니다. 하지만 주먹밥은 생각만큼 효율적인 전시 음식이 아니었다.

지금이라면 어떨까? 많은 사람들이 전쟁에 대비해 우선적으로 라면을 비축한다. 일전에 북한이 최초로 서울을 불바다로 만들겠다고 위협했을 때도 가장 먼저 사재기의 대상이 된 것이 라면이었다. 라면이 효과적인 전쟁 대비 음식인 것만큼은 부정할 수 없을 것 같다. 하지만 최악의 상황을 가정하면 어떨까?

라면을 끓이려면 일단 물과 불이 필요하다. 밥을 지을 때와 비슷하다. 평시에는 물과 불이 어디에나 있지만 전기, 가스, 수도가 끊어지고 등화관제로 인해, 혹은 주변에 적군이 우글거려 불을 피울 수 없고 물마저 오염됐다면 라면 역시 효율성 높은 전시 음식이 되지 못한다. 빨리 끓여 먹을 수 있고 날로 먹을 수도 있다는 점을 제외하면 밥과 큰 차이가 없다.

옛날 사람들이 전쟁에 대비해 가장 먼저 준비했던 음식은 미숫가루였다. 피란을 떠날 때 우선적으로 챙겼던 것 역시 미숫가루였다. 언제 어디서든 먹을 수 있고, 많은 양을 가지고 이동하기에도 편리했기 때문이다.

조선 초기, 세조 때 북쪽 오랑캐가 압록강을 넘어 의주 땅으로 자주 쳐들어왔다. 그러자 세조는 국경을 지키는 장수와 병사들에게 국경수비를 한층 강화하라고 지시했다. 또 병력을 정비하고 미숫가루와 군마에게 먹일 마른 풀을 잘 살펴 전투 준비에 만전을 기할 것을 당부했다. 군량미와 별도로 특별히 미숫가루를 챙긴 것인데, 전투에서 빠질 수 없는 역할을 했다. 국경을 넘은 적을 추격할 때 무거운 양식을 가지고 다니며 밥을 해 먹으면서 적을 쫓을 수는 없다. 이럴 때는 간편하게 물에 갠 미숫가루를 먹으며 적을 쫓았던 것이다.

때문에 미숫가루는 먼 옛날부터 전쟁터에서 빼놓을 수 없는 중요한 식량이었다. 기록을 보면 삼국시대 이전부터 미숫가루는 전쟁 중의 요긴한 군량으로 쓰였고, 신라 화랑들도 미숫가루를 먹으며 싸움을 했다.

"오랑캐들이 큰 멧돼지처럼 우리 국토를 침범해 왔을 때 우리 화랑들은 창 메고 길을 나서, 처자와 이별한 후 샘물에 미숫가루를 마시며 나라를 위해 한 목숨 바쳤다."

조선시대 『동문선(東文選)』에 실린 이 시에서도 화랑들이 전쟁터에서 적과 맞서 싸울 때 먹었던 전투식량이 미숫가루였음을 알 수 있다. 물론 전투 중에만 미숫가루를 먹었던 것은 아니다. 화랑들은 평소 전국의 산과 유명한 절을 찾아다니며 심신을 단련할 때도 주로 미숫가루를 먹었다.

사실 미숫가루는 단지 휴대하기 편하고 아무 곳에서나 간편하게 먹을 수 있었기에 비상식량으로 쓰였던 것만은 아니었다. 물론 지금처럼 여름철에 시원하게 마시는 건강음료로 만들어진 식품은 더더욱 아니다. 주로 선식으로 먹는 식품이었다. 선식이란 도 닦는 사람들이 몸과 마음을 수련하며 먹는 음식이다. 지금도 그렇지만 미숫가루는 현미, 보리, 콩, 율무, 찹쌀, 깨, 들깨 등 여러 몸에 좋은 곡물을 최대한 영양소가 파괴되지 않게 볶아 가루를 내어 만든다. 그렇게 하여 간편하고 영양도 풍부한 자연건강식이 되는 것이다. 그렇기 때문에 몸과 마음을 닦으면서 먹는 선식(禪食)이라고도 했지만, 신선들이 주로 먹는 음식이라는 의미에서 선식(仙食)이라고 부르기도 했다.

옛 사람들은 신선들이 구름이 짙게 드리운 깊은 산속에서 늙지도 않고 유유자적 세월을 낚으며 살았고, 이들이 먹는 선식이 바로 미숫가루였다고 믿었다. 그렇다면 신선은 왜 미숫가루를 먹으며 살았을까? 조선 숙종 때의 실학자 홍만선이 쓴 『산림경제(山林經濟)』에 신선이 먹는다는 음

전쟁사에서 건진 별미들

식 '천금초'를 만드는 법이 나온다. 곡식 종류만 다를 뿐 지금의 미숫가루와 다름없다. 메밀가루에 꿀과 참기름, 감초를 섞어 덩어리로 만든 후 푹 쪘다 그늘에 말려 다시 가루로 만든다. 이 가루를 한 숟가락씩 퍼서 냉수에 타 마시면 100일이 지나도 배가 고프지 않고, 비단주머니에 담아 놓으면 10년이 지나도 썩지 않는다는 것이다.

어떤 의미의 선식이건 그 기본 조건은 위에 부담을 주지 않아야 하고 머리를 맑게 해줘야 한다는 것이다. 먹어도 포만감이 느껴지지 않지만 긴 시간 동안 배가 든든해서 꺼지지 않고, 몸은 가볍지만 그렇다고 배는 고프지 않아야 한다. 화랑이나 신선이 미숫가루를 선식으로 삼았던 이유다.

옛날 사람들은 미숫가루를 한 번 실컷 먹으면 1주일 동안 밥을 먹지 않아도 지낼 수 있다고 했다. 또 두 번을 마음껏 먹으면 49일을 버틸 수 있고, 세 번을 한껏 먹으면 100일 동안 시장기를 느끼지 않으며, 네 번을 원 없이 먹으면 영원히 배가 고프지 않지만, 그래도 얼굴이 좋아지고 다시는 초췌해지지 않는다고 했다.

과장된 이야기겠지만, 미숫가루는 조금만 먹어도 얼마든지 체력 유지가 가능하다는 이야기일 것이다. 때문에

3장. 유비무환도 때로는 병

지금은 다이어트 식품으로 각광받고, 옛날에는 신선과 심신을 단련하는 구도자의 음식이었으며, 전쟁 중에는 군인의 전투식량과 피란민의 필수품이었다.

전시의 필수 식량이었던 만큼 미숫가루 때문에 민심이 흉흉해진 적도 있다. '소 잃고 외양간 고친다'는 속담처럼 한 번 혼이 나면 그만큼 대비를 하는 것이 인간 본연의 자세다. 그러나 '자라 보고 놀란 가슴 솥 뚜껑 보고 놀란다'는 속담처럼 유비무환도 정도가 지나치면 화를 부를 수 있다.

광해군 시기에 전라도를 지키던 병마절도사는 유승서 장군이었다. 당시 전라 병마절도사 감영(조선시대, 관찰사가 직무를 보던 관아)은 지금의 전남 강진으로, 임진왜란 때 큰 피해를 입었던 지역이다. 광해군 3년인 서기 1611년은 임진왜란에 이어 왜군이 다시 쳐들어왔던 정유재란이 끝난 지 불과 10년 남짓 되었을 때다. 전쟁을 겪은 공포가 백성의 마음속에 그대로 남아 있어 수시로 전쟁이 다시 일어난다는 소문이 흉흉하게 나돌았다. 그해에도 왜군이 다시 쳐들어온다는 소문이 퍼졌다. 이때 유승서가 산하 각 병영으로 공문을 보내 전쟁이 일어날 수 있으니 병졸과 군역에게 각자 미숫가루와 짚신을 준비해두라고 지시했다.

전쟁사에서 건진 별미들

그러자 전라도 일대가 순식간에 혼란에 빠졌다. 곧 전쟁이 난다는 소문이 돌았다. 전라 병마절도사 감영에서 보낸 공문이 그 증거라는 것이었다. 부작용은 심각했다. 백성들은 곧 난리가 날 것인데 농사는 지어서 뭐 하냐며 일손을 놓았고, 언제 죽을지 모르는 목숨이라며 그저 먹고 마시며 세월을 보냈다. 모두가 미리 피란 보따리를 꾸렸다. 소문이 조금만 더 흉흉해지면 노인과 아이를 데리고 피란 떠날 궁리를 하는 등 전라도 일대에 혼란이 일어났다.

혼란스러운 상황이 조정에 보고되면서 사간원에서 유승서를 탄핵했다. 장수 된 자가 비록 적이 국경을 넘어 쳐들어오고 있다 하더라도 의연하게 대처하며 동요하지 않고, 군사의 마음을 진정시켜 힘을 쏟아야 할 것인데 미리 호들갑을 떨면서 민심을 어지럽혔다는 것이다.

날씨가 따뜻해지면 병사를 훈련시켜 전쟁에 대비하는 것은 장수로서 당연히 해야 할 일이지만, 급하지도 않은 상황에서 쓸데없는 명령을 내려 민심을 동요시키고 사회를 혼란에 빠트린 것은 도가 지나쳤다는 것이 탄핵의 사유였다.

『손자병법』에는 '군대가 서두르는 것은 때로 이로울 수

도 있지만 때로는 위험할 수도 있다'(軍爭爲利 軍爭爲危)고 쓰여
있다. 위험에 대비한 준비는 물론 중요하지만 쓸데없는
걱정은 오히려 하지 않느니만 못하다. 광해군 때의 병마
절도사 유승서 장군의 미숫가루가 그 대표적인 사례다.

전쟁사에서 건진 별미들

FOOD AND WAR

300년 동안의 금식,
복어 요리

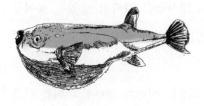

요란 떨기는 일본도 마찬가지였다. 임진 왜란이 일어나기 직 전, 전쟁을 일으킨 주범 도요토미 히데요시도 조선 침략을 앞두고 심각한 스트레스에 시달렸던 듯했다. 그는 병사들에게 "죽고 싶으면 조선에 가서 싸우다 죽어라"며 불같이 화를 냈다. 조선을 공격하러 떠나기도 전에 죽는 사무라이와 병사들이 속출했기 때문이다. 이유는 다름 아닌 복어였다.

임진왜란이 시작된 해인 1592년, 그는 조선 침략을 위

177

3장. 유비무환도 때로는 병

해 일본 전국에서 16만 명의 병력을 모아 시모노세키 항구로 집결시켰다. 일본 열도 구석구석에서 사무라이들이 병사를 이끌고 모여들었는데, 그중에는 바닷가에서 멀리 떨어진 산골 출신들도 많았다. 때문에 바다 생선을 먹어 보지 못한 자가 많았다. 복어에 치명적인 독이 있어 잘못 먹으면 즉사한다는 사실을 모르는 병사도 적지 않았다.

시모노세키는 지금도 일본에서 복어가 가장 많이 잡히는 지역으로 유명하지만, 임진왜란 무렵에도 복어 산지로 명성을 떨쳤다. 때문에 병사들은 값싸고 맛있는 복어를 먹으면서 독이 들어 있는 내장과 알까지 멋모르고 끓여 먹었다.

히데요시가 화를 낸 이유는 이렇게 함부로 복어를 먹다 죽은 병사들이 한둘이 아니었기 때문이다. 전쟁을 앞두고 병력 손실을 우려할 정도로 많은 병사들이 복어를 먹다 죽었으니 자칫 조선 출병에 차질이 생길 수 있었다.

보고를 받은 그는 결국 복어금식령(河豚食禁止令)을 발표했다. 당시 병사들은 대부분 글자를 몰랐기에 복어 그림을 그린 후 먹으면 엄벌에 처한다는 지시사항을 적은 말뚝을 곳곳에 세워 놓았다. 덕분에 복어를 먹고 죽는 병사들은 줄었지만 그로 인해 일본인들은 무려 300년 동안 복어를 제대로 먹을 수 없었다.

임진왜란이 끝난 후에도 금식령이 풀리지 않았기 때문이다. 전쟁이 잦은 일본에서는 자칫 복어를 먹다 사무라이가 사망하면 전력에 차질이 빚어질 수 있었다. 때문에 사무라이들이 복어를 먹지 못하도록 영주들이 막아왔던 것이다.

그러나 맛있는 음식을 향한 인간의 원초적 욕망을 끝없이 누르기란 쉽지 않다. 위로는 영주인 다이묘에서부터 아래로는 하급무사인 사무라이까지 몰래 복어를 먹다 죽는 사람이 많았다. 한번은 시모노세키의 조슈(長州)라는 곳의 영주가 복어를 먹다 죽은 일이 있었다. 이 사실을 안 막부는 솔선수범을 보여야 할 영주가 금식령을 어겼다는 이유로 하사했던 토지를 모두 몰수했고, 녹봉을 다시 거두어들인 것은 물론, 자녀들에게서 상류층의 신분을 빼앗아 서민으로 만들었다.

그러다 보니 사무라이들은 복어 먹는 것을 수치로까지 여겼다. 자신의 목숨은 주군을 위해 바치라고 있는 것인데 복어를 먹다 죽는 것은 부끄러운 일이라는 것이었다. 복어 한 번 먹은 벌치고는 가혹하지만, 사무라이들은 이렇게 복어를 먹으면 안 된다는 자기 합리화의 명분을 만들어냈다.

하지만 이후에도 일본에서 끊임없이 복어를 먹지 말라고 다그친 것을 보면 모든 사람이 착실하게 금식령을 따르지는 않았던 모양이다. 일본인들이 메이지 유신의 정신적 지도자라고 하는 요시다 쇼인은 19세기 말에 이르러서도 복어 식용을 비판하는 글을 쓰면서 복어를 먹지 말자고 했다.

그럼에도 복어 중독 사고는 그치지 않았다. 그러자 1872년 도쿄의 《니치신문(日日新聞)》에는 복어 식용을 금지해야 한다는 기사가 실렸고, 1882년에는 일본 정부도 복어를 먹으면 구류 또는 벌금형에 처한다는 법령을 만들어 발표했다. 하지만 상부에서 아무리 말리고 처벌해도 일반인들은 끈질기게 복어를 먹었다.

일본에서 복어금식령이 해제된 것은 1892년이다. 임진왜란의 주범 도요토미 히데요시가 복어금식령을 내린 지 300년 후였다. 복어의 내장을 제거해서 판매하는 조건으로 복어를 먹도록 허락한 것이다. 그런데 이 같은 복어금식령 해제에는 안중근 의사의 총탄에 쓰러진 한일합병의 원흉 이토 히로부미가 연관되어 있었다. 일본의 복어 금식과 해금에 모두 한국과 관련된 인물이 연루되어 있었던

전쟁사에서 건진 별미들

것이다.

일본 초대 총리가 된 이토 히로부미는 1888년 시모노세키를 방문했다. 히로부미는 이때 춘범루(春帆樓)라는 여관에 머물렀는데, 마침 바다에 거센 폭풍우가 불었다. 배들이 출항하지 못해 싱싱한 생선이 떨어지자 여관 주인은 할 수 없이 금지된 생선인 복어를 요리해 대접했다. 그 복어를 맛보고 감탄한 이토 히로부미는 현의 지사에게 요청해 춘범루에서는 특별히 복어를 요리해 팔 수 있도록 조치했다고 한다. 이렇게 해서 춘범루는 일본에서 복어 해금이 이뤄진 첫 음식점이 되었다.

일본 최초의 복어 요리 전문점이라는 춘범루는 아시아의 근대사와도 깊이 관계된 장소다. 청일전쟁에서 일본에 패한 청나라는 시모노세키 조약을 맺어야 했다. 일본 이토 히로부미와 청나라 리훙장(李鴻章)이 이 조약을 체결한 장소가 바로 이곳이다. 청나라는 이 조약에서 조선이 완전한 자주 독립국임을 확인하고 요동반도, 타이완, 펑후섬 등을 일본에 양도했다. 일본이 한반도를 자신의 세력권에 넣고 요리해도 청나라에서 간섭할 수 없다는 근거를 만든 것이다. 복어 한 마리에 한중일 근대사의 갈등이 한꺼번에 담겨 있는 셈이다.

그런 일본과 달리 한국과 중국은 맛있는 복어를 놓고 낭만적으로 갈등했다. "죽느냐, 사느냐, 그것이 문제로다." 셰익스피어의 희곡에서 덴마크 왕자 햄릿이 외치는 대사다. 햄릿은 아버지를 죽이고 어머니와 결혼한 숙부에 대한 복수를 놓고 선택의 갈림길에서 고민한다. 어머니를 위해 소극적으로 현실을 회피할 것인지, 아버지를 위해 적극적으로 복수할 것인지 갈등하는 것이다.

　"먹어야 할까, 말아야 할까?" 조선의 선비들은 복어를 먹을 것인지 말 것인지를 놓고 수백 년에 걸쳐 햄릿 못지않게 심각하게 망설였다. 사소한 음식 하나 때문에 목숨을 거는 어리석은 짓을 할 것인가? 아니면 신선이 먹는다는 천하진미를 맛보지 않고 평생을 아쉬워하며 살 것인가? 이는 독이 든 복어를 실존적 차원에서 바라본 것이라고도 할 수 있다.

　복어 독 때문에 죽는 사람이 많았던 옛날에는 복어 요리를 놓고 고민이 많았다. 복어는 지금도 고급 생선으로 꼽히지만, 옛날 사람들은 복어에 대해 환상마저 품었다. 최고의 미식가로 꼽히는 송나라 시인 소동파는 복어를 먹으며 '목숨과 바꿔도 좋을 만큼 맛있는 음식'이라고 했다.

　한국도 마찬가지다. 『동국세시기』에는 미나리 넣고 끓

전쟁사에서 건진 별미들

인 복어 국이 진미라는 평가가 기록되어 있다. 복어의 독이 무서운 사람들은 도미로 대신 탕을 끓여 먹는다는 말도 나온다. 생선의 제왕이라는 도미도 복어에 비하면 대용품에 불과했다.

낭만파 시인들은 이처럼 죽을 각오를 하고라도 천하제일의 맛에 도전해야 한다고 주장했다. 그러나 실학자들은 사소한 것에 쓸데없이 목숨 걸지 말라며 복어를 경계했다. 다산 정약용은 '복어는 독이 있으니 젓가락을 대기도 전에 소름부터 돋는다'며 복어를 멀리했고, 정조 때의 실학자 이덕무 역시 '복어가 세상에서 가장 맛있다고는 하지만 잠깐의 기쁨을 얻겠다며 음식 따위에 목숨을 걸지 말라'고 타일렀다. 심지어 이덕무의 집안에는 복어를 먹지 말라는 가훈까지 전해져 내려왔다. '북한산 백운대에 오르지 말고 복어 국을 먹지 말라'는 것으로, 자극에 빠지지 말고 담백하게 생활하라는 의미다.

그런데 복어가 과연 목숨을 걸고 먹을 만한 가치가 있는 별미일까? 옛날 사람들은 왜 그토록 복어 맛에 빠져 지냈던 것일까? 역설적으로 치명적인 복어 독 때문이 아니었을까 싶다. 복어의 피와 알에는 테트로도톡신이라는 치명적인 독이 있어 잘못 먹으면 사망할 수 있다. 그런 금지

된 것에 대한 욕망이 식욕을 더욱 자극했을 수도 있다. 예 컨대 복어 알은 치명적이지만 소금에 절여 10년을 숙성시 킨 복어 알젓은 별미 중의 별미로 꼽혔다. 독성이 제거되 는 것이 아니라 약해졌을 뿐인데도 미식가들은 입안이 얼 얼해지는 그 맛을 즐겼다.

전쟁사에서 건진 별미들

버터가 조선시대
병역기피 수단?

징병제인 한국에서 병역은 국민의 의무다. 거창하게 신성하다는 수식어를 가져다 붙일 것도 없고, 국민과 국가의 관계를 철학적으로 따질 것도 없다. 남성의 경우 대한민국 국민으로 살기 위해서는 면제를 받을 정당한 사유가 없는 한 의무적으로 군대를 다녀와야 한다.

그런데 군대에 가기 싫다고, 군생활이 힘들다고, 군 복무가 자신에게 마이너스가 된다고 병역을 기피하는 사람들은 반드시 있다. 이렇게 도를 넘어서는 방법으로 병역을 피하는 이들은 어느 시대에나 있었다.

예전에는 손가락을 자르는 사람도 있었다. 검지가 없으

185

3장. 유비무환도 때로는 병

면 방아쇠를 당기지 못하므로 군 복무를 면제받기는 한
다. 대신 불구가 되는 것은 물론, 그에 상응하는 처벌도
받았다. 한국전쟁 시기부터 1960년대까지 있었던 풍속
이다.

흥미로운 것은 조선시대 초기에도 병역기피가 있었다
는 사실이다. 특히 국경을 마주하고 있는 북방 지역에서
이 현상이 심했다. 조선 초기에는 자진해서 버터 만드는
마을로 들어가 버터 생산에 종사하는 이들도 많았다. 그
러면 군역이 면제됐기 때문이다.

유제품인 버터는 서양에서 전해진 식품이다. 우리 기술
로 국내에서 처음 버터를 생산한 것은 1968년이고, 버터
대용품 마가린은 1960년부터였다. 이전에는 미군 부대에
서 흘러나오는 버터를 먹거나 어쩌다 수입한 소량의 버터
를 먹었을 뿐이다. 그런데 조선 초기에 무슨 버터인가 싶
겠지만, 버터는 고려시대에도 있었고 조선시대에도 있었
다. 너무나 귀했기 때문에 일반 백성들은 구경하기도 힘
들었을 뿐이다. 아마 그들은 버터의 존재 자체도 잘 몰랐
을 것이다. 그렇기에 조선시대에 버터라고 하면 낯설게
느껴지는데, 고려와 조선의 기록을 보면 몇 가지 뜻밖의
사실을 알 수 있다.

먼저 『조선왕조실록』에는 세종이 버터 생산을 중지시키라고 했다는 내용이 실려 있다. 그러자 훗날 집현전 부제학을 지낸 윤회가 반대하고 나섰다. "수유(酥油)는 임금님의 약으로도 쓰이고 때로는 늙어 병이 든 원로 신하들에게 나누어주기도 하는 물건이니 생산을 중지해서는 안 된다"고 주장한 것이다. 그러나 그는 세종에게서 "그대는 알 바가 아니다"라는 핀잔 비슷한 대답만 들었다.

여기서 윤회가 말한 '수유'가 바로 버터다. TV 다큐멘터리를 보면 티베트나 중앙아시아에서 초원의 유목민들이 찻잎 끓인 물에 버터와 소금을 넣은 전통 수유차를 마시는 장면이 있다. 이 수유차를 다른 말로 바꾸면 버터차가 된다.

조선시대에는 버터가 흔하지 않았던 만큼 식재료보다는 귀한 약으로 쓰였다. 중종 때 좌의정을 지낸 이행은 '쇠약한 이 몸을 지켜주는 것은 오직 수유(버터)뿐'이라는 시를 읊었다. 버터가 병들고 나이 든 노인들에게 보약에 버금가는 최고의 식품이었음을 알 수 있는 구절이다.

또 조선 후기의 농업서 『산림경제』에는 이 수유의 약효가 적혀 있다. '구기자 달인 물에 수유를 넣고 약간의 소금을 넣어 끓인 구기자차를 마시면 몸에 아주 좋고 눈이 밝

3장. 유비무환도 때로는 병

아진다'는 것이다. 『산림경제』에는 수유를 만드는 법도 기록되어 있다. 우유를 그릇에 부어 잠깐씩 두어 번 팔팔 끓인 후 동이에 넣고 식히면 표면에 껍질이 생기는데, 그것을 다시 냄비에 담아 끓였다가 기름을 꺼낸다는 것이다.

조선시대에 버터가 이처럼 귀한 약재로 대접받았던 것은 조선의 우유 생산이 워낙 적었기 때문이다. 그러니 버터는 주로 임금을 비롯한 왕족이나 양반과 부자들이 아플 때, 혹은 몸 보신을 위해 보약으로 먹었던 식품이다.

그러나 세종이 이런 버터의 생산을 굳이 중단시키려고 한 데는 다른 이유가 있었다. 버터가 엉뚱하게 병역기피 수단으로 쓰였기 때문이다. 군역의 의무를 지고 있는 양민 중 적지 않은 사람들이 버터 만든다는 핑계로 병역의 의무를 회피하려고 했다. 그래서 세종은 아예 버터를 생산하는 마을을 없애려고 했다. 이와 관련해 자세한 내용이 『조선왕조실록』에 기록으로 남아 있다.

"평안도와 황해도 등지에 버터를 생산하는 수유치(酥油赤)가 몇 곳 있었는데 이들은 스스로를 달단(韃靼)의 유민이라고 주장하면서 가축 잡는 것을 직업으로 삼았다. 이곳 주민들은 해마다 가구당 일정량의 수유를 궁중의 주방에 바치도록 했고 그 대신에 군역을 면제해주었는데, 군역을 기피하려는 사람들이 그곳으로 도망가 지내면서 수유는 만들어 바치지 않고 군대만 빠지고 있다."

간략하게 결론을 말하면 "수유치를 폐지했다"가 된다. 수유는 앞서 언급한 것처럼 버터를 말하는 것이고, 기(旗)는 몽골어에서 비롯된 말로 '마을'을 뜻하는 단어다. 버터 생산을 담당하는 달단의 후손들에게 군역을 면제해주었던 것인데, 일부 몰지각한 조선 백성이 이를 악용해 달단 사람들이 집단으로 모여 사는 거주민 촌으로 들어가 버터를 만드는 달단 사람인 척 행세하면서 군역을 회피했다는 것이다. 그런데 이런 사람들이 적지 않았던 모양이다. 피해가 얼마나 심했는지 군대는 가지 않으면서 몇 해 동안 단 한 번도 수유를 만들어 바치지 않은 가구도 있었다. 또 어떤 집에서는 한 가구에 남자가 무려 21명이나 살고 있다고 신고한 바도 있었다. 더욱이 평안도와 함경도, 황해도에 이런 수유치 마을이 여러 곳 있었으니, 군역을 기피하는 자들이 모여들면서 당시 사회와 조정에 심각한 문제를 야기했다.

한 가지 주목할 부분은 소와 말을 키우며 버터를 생산하고 도축을 담당했던 달단 사람들이다. 달단은 몽골 부족의 하나로, 영어로는 유럽인들이 공포에 떨었다는 타타르 사람을 말한다. 중앙아시아의 유목민족 달단은 서쪽으로는 유럽까지 진출하며 유럽인들을 두려움에 떨게 했다. 유럽 엄마들이 아이가 울 때 "저기 타타르가 온다"고 겁을 주면 아이가 울음을 뚝 그쳤다고 할 정도였다. 이런 초원의 유목민들이 고려시대에 몽고군과 함께 한반도로 진출해서 소와 말을 키우고 도축을 하며 살았던 것이다.

고려와 조선에서는 농사를 소중하게 여겼다. 그래서 백성의 농사일을 돕기 위해 소 잡는 것을 금지하는 금살도감을 설치했다. 다만 고려 때 들어온 달단 사람들에게는 농사 대신 소 잡는 것을 허용했으니, 그들은 나중에 '백정'이라 불리는 천민이 되었다. 그러니 군역을 회피하겠다고 수유치로 들어간 사람들은 스스로 천민인 백정이 되겠다고 자처한 것이라 할 수 있다.

도루묵과 잡채에 담은
백성의 원망

힘없는 백성은 분풀이
를 할 곳이 없다. 위정자
들의 잘못으로 전쟁이
터져도 그 피해는 고스란히 그들의 몫이다. 그렇다고 왕
이 잘못했다고 욕했다가는 목이 열 개라도 붙어 있기 어
렵다. 꼴 보기 싫은 정치인도 함부로 욕할 수 없었다. 권력
을 잡고 있으니 언제 해코지를 당할지 알 수 없어서였다.
그러니 만만한 곳에 욕을 퍼부을 수밖에 없었다. 그게 바
로 음식이었다.

　임진왜란이 조선 백성에게 얼마나 날벼락 같은 전쟁이

었는지, 그리고 위정자들에 대한 원망이 얼마나 심했는지
는 지금까지 전해지는 속설에서도 엿볼 수 있다. 그 대표
격인 도루묵은 맛없는 생선의 대명사쯤 된다. 오죽했으면
도루묵이라는 이름까지 얻었을까? 맛이 없으니 "도로 묵
이라고 하라"며 까탈을 부린 주인공은 임진왜란 때의 선
조로 알려져 있는데, 알고 보면 선조나 도루묵이나 모두
억울하기 짝이 없다.

"임진왜란이 일어나자 선조가 북쪽으로 피란을 떠났다.
배가 고팠던 선조가 수랏상에 올라온 생선을 맛있게 먹은
후 그 이름을 물었다. '묵'이라고 하자 맛있는 생선에 어울
리는 이름이 아니라며 즉석에서 은어(銀魚)라는 이름을 하
사했다. 전쟁이 끝난 후 환궁한 선조가 피란지에서 맛본
은어가 생각나 다시 먹어보니 옛날 그 맛이 아니었다. 형
편없는 맛에 실망한 임금이 역정을 내면서 '도로 묵이라
고 불러라'고 해서 도루묵이라는 이름이 생겼다."

도루묵에 얽힌 전설이다. 하지만 따지고 보면 도루묵이
그렇게까지 형편없는 생선은 아니다. 입맛은 사람마다 다
르겠지만 말짱 도루묵이라는 말을 들을 정도로 맛이 없는
것은 아니다. 도루묵에도 나름 특별한 맛과 멋이 있다.

통통하게 살찐 도루묵 구이는 별미다. 얼큰한 도루묵

전쟁사에서 건진 별미들

조림과 찌개는 밥 한 공기를 뚝딱 비우게 만드는 밥 도둑이자 막걸리에 소주를 부르는 술 도둑이다. 강원도 바닷가에서는 좀처럼 맛보기 힘든 도루묵 회에 도루묵 깍두기, 도루묵 식혜가 별미다. 도루묵이 맛없다는 오명은 이름 때문에 생긴 선입견이다. 누명 때문에 형편없는 생선이라는 오명을 쓴 채 몇 백 년을 보낸 도루묵의 어원은 과연 진실일까?

도루묵은 주로 강원도와 함경도, 경상북도 바닷가에서 잡히는 생선이다. 그런데 선조는 도루묵을 먹을 수 있는 곳으로 피란을 간 적이 없다. 임진강을 건너 평양을 거쳐 의주로 갔으니 실제 피란길에서 도루묵을 먹었을 가능성은 거의 없다. 실제로 도루묵의 유래가 적힌 조선시대 문헌에도 선조가 도루묵을 먹었다는 기록은 보이지 않는다.

도루묵의 유래는 『홍길동전』을 쓴 허균이 광해군 시절 귀양을 갔을 때 쓴 전국팔도 음식평론서 『도문대작』에 실려 있다. 그는 은어를 설명하는 대목에서 "동해에서 나는 생선으로 처음에는 이름이 목어(木魚)였는데 전 왕조에 이 생선을 좋아하는 임금이 있어 이름을 은어라고 고쳤다가 너무 많이 먹어 싫증이 나자 다시 목어라고 고쳐 환목어(還木魚)라고 했다"고 했다. 이 환목어를 우리말로 풀이한 것이 도루묵이다. 허균이 전 왕조라고 했으니 도루묵이라는 이름을 만든 주인공은 실제 선조가 아니라 고려 때의 어느 임금이다. 비슷한 이야기가 광해군 때 벼슬을 살았던 택당 이식의 시에도 나오는데, 여기에도 도루묵의 주인공이 선조 임금이라는 말은 없다. 그저 임금님이 왕년에 난리를 피해 황량한 해변에서 고난을 겪는 중에 도루묵이라는 이름이 생겼다고 되어 있을 뿐이다.

선조가 아니라면 동해안 쪽으로 피란을 가서 도루묵을 먹었다는 임금은 과연 누구였을까? 고려와 조선대에 서울인 개성이나 한양을 버리고 피란을 떠났던 임금은 모두 다섯이었다. 11세기 때는 고려 현종이 거란족의 침입을 피해 전라도 나주까지 피란을 간 적이 있다. 그리고 피란은 아니지만 13세기 고려 고종은 몽고군의 침입에 대비해 수도를 개성에서 강화도로 옮겼다. 14세기에 고려 공민왕은 홍건적의 난을 피해 경상도 안동으로 피신했다.

조선시대에는 16세기 말, 선조가 임진왜란 때 피란을 갔는데 함흥으로 갈까 의주로 갈까 망설이다 결국 의주로 떠났다. 그리고 17세기 인조가 세 차례에 걸쳐 한양을 비웠는데, 정묘호란 때는 강화도, 병자호란 때는 남한산성, 그리고 이괄의 난 때는 충청도 공주에 몸을 숨겼다. 그러

니 도루묵이 잡히는 고장인 동해안으로 피란을 떠난 임금
은 한 명도 없었다.

　도루묵의 또 다른 이름인 은어도 그렇다. 배고픈 임금
이 너무 맛이 좋아 은빛이 도는 물고기라는 뜻에서 은어
라는 이름을 하사했다고 하지만, 조선 후기 정조 때의 실
학자 서유구가 쓴 『난호어목지』에는 "물고기의 배가 하
얀 것이 마치 운모가루(규산염 광물 중 하나)와 같아 현지 사람들
이 은어라고 부른다"고 적혀 있다. 결국 은어는 임금이 하
사한 명칭이 아니라 현지인들이 부르는 이름이었다. 사실
옛 문헌을 살펴보면 도루묵은 동해안의 특산물이었다. 지
금은 경상북도인 울진 이북의 강원도와 함경도에서 두루
잡히는 생선으로, 『조선왕조실록』에는 조정에 공물로 바
치는 지역 특산물이었다고 쓰여 있다.

　그렇다면 전쟁의 와중에도 쓸데없이 음식 투정이나 부
리던 임금으로 왜 선조가 지목된 것일까? 정확한 까닭은
알 수 없다. 굳이 짐작하자면 전란에 시달리던 백성들이
임금에 대한 원망을 도루묵에 푼 것도 같다. 지도자의 의
무는 부하를 제대로 이끄는 것이다. 임금이 된 몸으로 백
성을 버리고 피신했으니 역사의 조롱거리가 된 것도 어쩌
면 자연스러운 일이 아닐까.

임진왜란의 영웅에서
조롱의 대상으로

더덕에도 도루묵과 비슷한 원망이 담겨 있다. 처신을
잘못한 권력자에 대한 비판이다. 인조반정으로 왕의 자리
에서 쫓겨난 광해군은 아무래도 식탐이 있었던 것 같다.
맛있는 음식을 얼마나 밝혔는지 당시 도성인 한양에 임금
을 조롱하는 노래가 널리 퍼졌다. 그 가사가 『조선왕조실
록』의 「광해군 일기」에 실려 있다.

"처음에는 사삼 각로(沙蔘 閣老)의 권세가 위세를 떨치더니
지금은 잡채 상서(雜菜 尙書)의 세력을 당할 자가 없구나."

사삼은 모래밭에서 자라는 인삼이라는 뜻으로 더덕의
또 다른 이름이다. 지금은 주로 반찬으로 먹지만 이름에

서 알 수 있듯 예전에는 인삼 못지않게 몸에 좋다고 여겼다. 각로는 벼슬이다. 영의정과 좌의정, 우의정 등이 각로에 해당된다. 잡채는 우리가 잘 아는 잡채이고, 상서는 오늘날의 장관에 해당하는 조선시대의 판서를 말한다.

정리하면 사삼 각로는 광해군에게 더덕을 맛있게 요리해 바쳐 임금의 신임을 얻었던 좌의정 한효순(韓孝純), 잡채 상서는 진기한 맛의 잡채를 만들어 호조판서 벼슬에까지 올랐던 이충(李沖)을 비꼰 것이다.

이충의 잡채가 얼마나 맛있었는지 「광해군 일기」에는 임금이 식사 때마다 이충의 집에서 만들어 오는 음식을 기다렸다가 수저를 들었다는 기록이 있다. 또 한효순의 집에서는 더덕으로 밀병을 만들었고 이충은 잡채에 다른 맛을 가미했는데 그 맛이 독특했다는 내용도 있다. 그런데 이충 집안의 잡채에 앞서 광해군의 입맛을 사로잡았다는 한효순 집안의 더덕 요리는 과연 어떤 음식이었을까?

「광해군 일기」를 비롯한 조선시대의 여러 문헌에는 밀병이라고 적혀 있다. 꿀 밀(蜜)에 떡 병(餠) 자를 썼으니 더덕으로 만든 꿀떡이라는 뜻이다. 더덕강정과 비슷한 음식이었을 것으로 추정된다. 찹쌀로 양념 옷을 입혀 매콤하고 달콤하게 튀겨낸 더덕강정은 지금도 맛있는데, 임금도 반한 것을 보면 맛이 더 특별하지 않았을까 싶다.

좌의정 한효순 집안은 음식 솜씨가 각별히 뛰어났던 것으로 보인다. 더덕 요리로 광해군의 신임을 두텁게 받았고, 지금도 별미로 널리 알려진 서산 어리굴젓 역시 한효순 집안의 솜씨라는 이야기가 있을 정도다. 어리굴젓의 유래에 대해서는 여러 이야기가 있지만 그중 하나가 한효순의 손자며느리가 퍼트렸다는 것이다. 한효순의 처가가 서산이었고 한효순 자신도 서산에 살았기에 나온 말일 수도 있다. 그저 전해지는 이야기일 뿐 기록으로 확인되지는 않지만, 그만큼 집안 대대로 요리솜씨가 좋았다는 방증은 될 수 있을 것이다. 그런데 한효순은 도대체 어떤 인물이었기에 음식으로 인해 역사적으로 사람들의 입에 오르내리게 된 것일까?

광해군에게 더덕 요리를 만들어 바치며 출세했지만 사실 그는 용맹한 장군이었다. 임진왜란 때 큰 전공을 세우고, 특히 병참 분야에서 탁월한 업적을 기록했다. 대규모 병력의 명나라 지원군이 도착했을 때 이들이 먹을 식량이 문제로 떠올랐다. 군량이 부족하다는 소식을 들은 그는 호남과 영남을 직접 찾아다니며 군량을 모아 병참 문제를 해결했다. 그는 이순신 장군이 왜적을 물리치고 나라를 구할 때 보이지 않는 곳에서 기여하기도 했다. 임진 왜란이 끝난 1598년에는 통제사 이순신 장군의 추천으로 삼도 수군의 군량을 조달하는 책임을 맡기도 했다. 이때 그 덕분에 병참이 원활해졌다는 기록이 남아 있다. 한편 임진왜란 후에는 함경감사로 여진족 동향을 파악하고 방어책을 마련하는 등 전략가로서의 면모도 보였다.

장군으로서 위엄도 대단했다. 왜군이 쳐들어온다는 정보를 입수하고 병사들을 매복시켰다 적군을 물리쳤는데, 그 작전이 담대해 적군의 간담을 서늘하게 만들었다는 이야기가 전해진다. 예컨대 경상좌도 감사 시절에는 눈에 띄는 자주색 도포를 입고 나팔을 불며 적진으로 시찰을 나간 적이 있었다. 그는 고을에 주둔하던 왜적들이 성에 올라 그를 가리키며 바라보아도 일체 겁내는 기색 없이 의연한 자세로 시찰을 끝냈다. 이를 지켜본 사람들은 "조선 관리의 위용을 다시 보았다"며 감탄했다고 전해진다.

이런 용장이었던 한효순이 광해군 때는 잘못된 처신으로 세상의 손가락질을 받았다. 음식을 만들어 임금에게 아부해 출세하며 비웃음을 사더니, 급기야 광해군의 계모인 인목대비를 몰아내는 데 앞장섰다. 그러자 인조반정 이후 대신들이 들고 일어나 한효순을 탄핵했다. 당시 좌의정이었던 한효순이 관리들을 동원한 후 이들을 거느리고 나아가 대궐 뜰에 엎드려 인목대비의 폐위를 주장했던 주모자였다는 것이다. 그 결과 광해군을 몰아내고 인조가 왕의 자리에 오른 후 그는 이미 사망했음에도 불구하고 다시 벼슬을 모두 박탈당하는 삭탈관직을 당했다. 또 죽은 사람에게 육체적 형벌을 내릴 수는 없었기에 아들 세 명이 대신 처벌을 받고 귀양을 갔다.

출세를 향한 욕심이 지나쳤던 것일까? 한 나라의 재상 집안에서 음식을 만들어 궁궐을 들락거릴 정도로 참을 수 없는 처신의 가벼움이 불러온 비극적 결말이었다.

FOOD AND WAR

임진왜란 화생방 무기
고춧가루

고추는 한국인의 밥상에서 절대 빠질 수 없는 양념이다. 이 고추가 한국에 전해진 계기도 임진왜란이었다. 기록에 나오는 고추의 초기 용도를 보면 고추는 식품이 아니라 전쟁 무기로 쓰였던 측면이 없지 않다.

우리 속설에서도 고추의 초기 용도를 엿볼 수 있다. 예전에는 감기에 걸린 사람들에게 '소주에 고춧가루를 듬뿍 타 마시면 그까짓 감기는 즉석에서 바로 떨어진다'고 했다. 감기에 걸렸다는 핑계로 술자리를 회피하려는 사람들에게 주당들이 술을 강권할 때 쓰던 말이다. 그래서 대부분은 농담으로 들었지만 간혹 진지하게 받아들였던 사람

201

3장. 유비무환도 때로는 병

도 있었다. 실제로 소주에 고춧가루를 타 마셨다는 사람
도 어쩌다 볼 수 있는데, 실험정신이 투철하기 때문인지
감기가 두렵지 않은 진정한 주당이어서인지는 모르겠다.

감기에 걸렸을 때 진짜 소주에 고춧가루를 타서 마시면
어떻게 될까? 경우에 따라서는 나을 수도 있다고 한다. 땀
을 흘려서 나을 수 있는 감기라면 소주와 고춧가루에 모
두 열을 내는 효과가 있으니 도움이 될 수도 있겠는데, 이
는 '소가 뒷걸음치다 쥐 잡는 격'이라고 한다. 감기도 바이
러스에 따라 다르지만, 대부분의 경우 감기에 걸린 상태
에서 술을 마시면 증상은 악화된다. 여기에 고춧가루까지
타 마시면 부작용에 시달릴 가능성이 훨씬 높아진다. 그
러니 절대로 바람직한 치료법은 될 수 없다. 그렇다면 '감
기에는 고춧가루 탄 소주가 특효'라는 말은 어디서 나온
것일까?

언제부터 감기에 걸렸을 때 소주에 고춧가루를 타 마
셨는지는 알 수 없다. 농담이었는지 아니면 실제 민간요
법으로 이용됐는지도 정확하지 않다. 하지만 분명한 것은
조상들이 소주에 고춧가루를 타서 마신 역사는 생각보다
훨씬 오래됐다는 사실이다. 한반도에 처음 고추가 전래됐
을 때부터다.

남미가 원산지인 고추가 조선에 전해진 시기는 대개 임진왜란 전후로 본다. 고추가 처음 들어왔을 때 조선 사람들은 전혀 맛보지 못했던 강한 매운맛 때문에 고추를 거의 독약 정도로 취급했다. 한국에서 고추에 관한 기록이 처음 실린 문헌은 광해군 시절, 1614년에 발행된 이수광의 『지봉유설』이다. 여기에는 고추를 남쪽 오랑캐 땅에서 들어온 매운 작물이어서 남만초(南蠻椒), 혹은 일본에서 전해진 겨자여서 왜개자(倭芥子)라고 불렀다는 기록이 있다. 소주에 타 마시는 고추에 대한 이야기도 실려 있다. 고추에는 강렬한 독이 들어 있어 술집에서 왕왕 고추를 심으며, 맹렬한 성질 때문에 소주에 고추를 타서 팔기도 하는데 이를 마시고 죽은 사람이 적지 않다는 것이었다.

그들은 왜 소주에 고추를 탔을까? 독한 소주를 더 독하게 만들 목적이었을 것이다. 『지봉유설』을 보면 고추가 들어온 초창기에는 사람들이 고추를 조미료로 먹었던 것이 아니라 주막에서 소주를 독하게 만드는 첨가제 정도로 사용했던 모양이다. 마시고 죽은 사람이 적지 않다고 했으니 그냥 첨가제가 아니라 독약처럼 이용했을 것으로 짐작이 된다.

그런데 고추가 아무리 맵다 한들 소주에 넣었다고 그것

을 마시고 죽은 사람이 있었을까? 의아하겠지만 충분히 가능한 일이다. 조선시대의 소주는 현재와 같은 희석식이 아니라 순수 증류주였다. 그러니 알코올이 보통 50도를 가볍게 넘었다.

조선 소주가 얼마나 독했는지는 숙종 46년인 1720년, 사신으로 청나라에 다녀온 이의현이 남긴 『경자연행잡지』라는 기행문을 보면 알 수 있다. 이의현은 북경 사람들은 조선 소주가 너무 독하다며 마시지도 않고, 마셔도 그다지 좋아하지 않는다고 기록했다. 일반적으로 중국 사람들은 '빼갈'로 알려진 증류주를 마시는데, 이만저만 독한 술이 아니다. 이런 술을 마시는 청나라 사람들조차 조선 소주를 보고 너무 독해서 좋아하지 않는다고 했다. 그런데 여기에 '맹렬한 독'이 있다는 고추까지 탔으니 마시고 죽는 사람이 적지 않았다는 소리도 충분히 나올 만했다.

사실 감기 걸린 사람이 고춧가루 탄 소주를 마시고 살아남았다면 감기 정도 떨어지는 것쯤은 일도 아니었을 것이다. 그러니 '감기에는 고춧가루 탄 소주가 특효'라는 말도 충분히 나올 법했다.

사람이 그렇게 죽었을 만큼 매운 고추라면 식품이 아니라 거의 독약에 가까운 수준이다. 그런데 실제 고추가 한

전쟁사에서 건진 별미들

국에 처음 전해졌을 때는 식용보다 의약품 내지는 독약으로 많이 쓰였다. 그뿐 아니라 지금의 화생방 무기와 같은 용도로 사용했던 흔적도 기록에 남아 있다.

조선 후기 순조 때의 실학자 이규경은 고추를 무기로도 사용한다고 했다. 매운 고추를 따서 말린 후 가루로 만들어 무기로 사용했다는 얘기다. 적들과 대치하고 있을 때 독한 고춧가루를 주머니에 담았다가 적진에 던져 뿌리면 고추 폭탄이 터지면서 코에서는 재채기가 나오고, 눈에서는 눈물이 쏟아져 앞을 볼 수 없으니 견디다 못한 적들이 앞 다투어 도망간다는 것이다. 지금의 시위대에 최루탄 가스를 쏘아댄 것과 크게 다르지 않으니 고추 폭탄을 맞으면 눈물콧물이 뒤범벅되어 감히 싸울 엄두를 내지 못했을 것이다.

실전에서는 강력한 신무기였을 것 같은데, 그래서 일각에서는 고추가 임진왜란 때 왜군의 전쟁 무기였을 가능성이 있다는 주장을 펴기도 한다. 고추가 선조 때인 임진왜란 시기에 전해졌다고 한 이규경의 기록을 토대로 한 주장이다. 또 고추는 조선을 통해 중국 동북 지방으로도 전해졌는데, 임진왜란 당시 조선에 파병됐던 명나라 군사들이 가져가면서였다는 기록도 남아 있다. 한반도에서 일본

3장. 유비무환도 때로는 병

군과 싸운 명나라 원병들이 적진 바로 앞에서 터트리며 싸웠던 화생방 무기인 고추 폭탄을 구해 만주에 퍼트렸다는 얘기다.

실제 임진왜란 때 고추가 화생방 무기로 사용됐는지, 왜병들이 고추를 무기로 가져온 것이 고추의 전래 계기였는지는 정확히 알 수 없다. 사실을 전하는 기록이 남아 있지 않기 때문이다. 다만 그럴 가능성만큼은 부정할 수 없다. 실제로 고추가 화생방 무기로 쓰인 역사는 짧지 않기 때문이다.

고추의 원산지인 남미에서는 오래전부터 고추가 전쟁 무기로 쓰였다. 멕시코의 아즈텍 문명에서는 고추를 태워 화학무기로 사용했다고 한다. 고추 연기가 최루탄처럼 피부를 뚫고 들어가며 목을 괴롭혀 적을 무능력하게 만든다는 것이다.

고추는 화생방 무기뿐 아니라 다양한 용도의 의약품으로도 쓰였다. 여기에는 고추 탄 소주처럼 독약의 용도도 포함된다. 이규경은 『오주연문장전산고』에서 '고추는 너무 맵기 때문에 자칫 입술이 마비되거나 목이 막힐 수도 있다. 고추를 많이 먹으면 몸에 종기가 나기도 하며, 임신한 여자가 잘못 먹으면 아이가 떨어질 수도 있다'고 했다.

전쟁사에서 건진 별미들

조선 후기까지만 해도 고추를 독극물처럼 취급한 것이 흥미롭다. 하지만 다른 한편으로는 병을 고치기도 하는 등 다양한 용도로 활용하기도 했다.

예컨대 겨울철 먼 길을 떠날 때는 신발 속에 고추를 넣어 가지고 다녔다. 고추의 매운 성분 때문에 열이 나서 피의 흐름을 좋게 할 뿐 아니라 발이 시리지 않다는 것이다. 또 오랫동안 길을 걸은 행인이 발에 고춧가루를 문지르면 굳은살이 없어진다고 했다. 조선시대의 의사들도 '임상실험 결과 고추는 이질 치료에도 약효가 뛰어난데, 생 고추를 끓여서 그 물을 마시면 이질이 즉석에서 낫는다'고 기록했다. 또 장이 막히거나 대변을 보지 못할 때 고추를 먹으면 바로 설사를 하면서 막힌 속이 뚫린다고 했다. 약효는 분명한 것 같은데 왠지 약과 독약의 경계가 애매한 느낌이다.

사실 고추가 남미에서 유럽이나 아시아로 전해질 때는 조미료로 전해진 것은 아니었던 것으로 보인다. 고추가 유럽에 전해진 시기는 우리보다 약 100년 앞선 1493년이다. 콜럼버스가 두 번째로 아메리카 대륙을 항해할 때 동행했던 디에고 찬카라는 의사가 멕시코에서 고추를 가져가 이듬해 고추의 약효에 관한 논문을 발표했다. 그러니

유럽에서도 조미료가 아닌 약품, 그것도 치료 용도뿐만
아니라 상대방을 무기력하게 만드는 독약 내지는 화생방
무기로서의 용도에 주목했던 것이다.

식빵을 자르지 마라?

FOOD AND WAR

"앞으로 미국의 모든 빵 공장과 식품점, 제과점에서는 식빵을 먹기 좋게 가지런히 잘라서 판매할 수 없다. 식빵은 자르지 않고 덩어리 형태로 판매해야 한다. 이 규정은 1943년 1월 18일부터 적용된다."

1943년 새해 벽두부터 클라우드 위카드 미국 농무부 장관이 뜬금없는 발표를 했다. 반듯하게 자른 식빵을 만들지도 팔지도 말라는 것이다. 미국 정부가 왜 이런 엉뚱한 행정규제를 발표한 것일까?

3장. 유비무환도 때로는 병

물론 나름의 이유는 있었다. 1943년은 2차 세계대전이 절정으로 치닫던 때였다. 당시 위카드 장관은 전시식품청 (War Food Administration) 청장을 겸직했다. 전시 중 국민이 먹고 살 식량 관리를 담당하는 책임자였다.

그가 자른 식빵의 판매를 금지한 것은 빵 때문에 전쟁 물자 조달에 차질이 빚어질 수 있다고 여겼기 때문이다. 가장 큰 이유는 군수 물자로 쓰이는 기름종이의 수요가 증가한다는 것이었다. 지금은 빵을 비닐로 포장하지만 예전에는 기름종이에 싸서 팔았다. 때문에 빵을 잘라서 포장하면 덩어리째 포장할 때보다 더 빨리 부패했다. 그래서 더 두꺼운 기름종이를 사용해야 하니 그만큼 군수 물자가 부족해진다는 논리였다. 포장지도 많이 들어가고 운송도 불편하므로 전시라는 비상시국에 불필요하게 빵을 잘라서 팔지 말라는 것이었다.

이유는 또 있었다. 전시에는 쇳조각 하나도 아쉽다. 쇳덩어리는 모두 무기를 만드는 데 사용해야 하기 때문이다. 그래서 식빵 자르는 칼날과 자동 빵 절단기에 들어가는 쇠를 아껴 군수품 공장으로 보내자는 것이었다. 또 빵을 자를 경우 같은 크기를 만드는 데도 밀가루가 더 많이 필요하고, 덩어리로 먹을 때보다 더 많이 먹게 된다. 그러면 밀가루 소비 증가는 물론 물가 상승까지 부추긴다는 것이었다. 그러면서 얼마 전까지 빵은 덩어리로만 먹고 반듯하게 잘라 먹지 않았으니 전쟁 중에 자원을 낭비하면서까지 식빵을 잘라 먹을 이유가 없다고 덧붙였다.

사실 빵 자르는 기계가 발명된 지는 얼마 되지 않았다. 지금은 덩어리 식빵이 먹기에 오히려 불편하다. 그래서 일정한 크기로 자른 규격화된 식빵이 당연한 것으로 여겨진다. 그러나 규격화된 자른 식빵이 등장한 지는 아직 100년도 되지 않았다.

자동으로 빵을 자르는 기계는 미국의 로베더라는 사람이 처음 발명했다. 하지만 화재로 발명품과 설계도가 모조리 불타버렸다. 이후 12년 동안 처음 만든 발명품을 개량하면서 빵 자르는 기계를 상업적으로 생산하기 시작한 것이 1928년이다. 1943년을 기준으로 보면 역사가 불과 15년 남짓이다.

빵을 주식으로 먹는 서양에서 이는 일상에 혁명적인 변화를 불러오기에 충분했다. 영어에 '자른 식빵 이후 최고의 발명품(The greatest thing since sliced bread)'이라는 표현이 생겼을 정도다.

무엇보다 가정주부의 일손이 크게 줄었다. 빵을 사서

식구가 먹기 좋은 크기로 자르는 것만 해도 하루가 꼬박 걸리는 가사노동이었기 때문이다. 식생활에도 변화가 생겼다. 바쁜 아침 시간에 간단하게 샌드위치를 먹고 출근하거나, 아이들도 학교에 땅콩 잼을 바른 샌드위치 도시락을 가져갔다. 빵에 바르는 땅콩버터와 과일 잼 소비도 크게 늘었다.

그런 중에 갑자기 정부에서 자른 빵의 판매를 금지한다고 발표한 것이다. 시민들, 특히 주부의 반발이 심했다. 아무리 전쟁 중이라고는 하지만 불필요한 행정규제고 일상에 대한 지나친 간섭이라는 것이었다. 미국 시민들은 전시 체제의 배급제도 등 정부 통제를 잘 따랐지만 이번만큼은 달랐다. 이 조치가 너무하다고 여겼는지 언론에 비판의 편지가 쇄도했다.

그러자 지방정부인 뉴욕 시 당국에서 예외 조치를 발표했다. 기존의 빵 자르는 기계를 사용 중인 제과점에서는 종전처럼 빵을 잘라서 판매해도 좋다고 한 것이다. 있는 장비는 그대로 사용해 시민에게 불편을 주지 말자는 얘기였다.

이번에는 전시식품청이 반발했다. 규정대로 빵 자르는 기계를 사용하지 말라고 명령하면서 기존 업체가 빵 절단기를 그대로 쓰게 하면 사용을 중지한 신규 업체에 대한 불공정 거래행위가 된다는 것이다.

하지만 논란 끝에 자른 빵의 판매 금지는 발표 세 달 후인 1943년 3월 9일 전시식품청이 백기를 들면서 막을 내렸다. 농무부 장관 겸 전시식품청 청장이 직접 철폐 발표에 나섰다.

"자른 빵 판매 금지 조치는 기대했던 것만큼의 효과를 거두지 못했다. 또한 포장 용지가 충분히 확보되었기에 금지 조치를 철폐한다."

전쟁이 만들어낸 해프닝이었다. 전시 물자를 조금이라도 절약하려는 의식과 노력이 지나쳐 불필요한 규제로 이어진 사건이었다. 하마터면 식빵의 형태가 지금과 많이 달라질 뻔했다.

3장. 유비무환도 때로는 병

4장

처절한
생존의
흔적

✕

FOOD AND WAR

하늘에서
빵이 내린다면

2차 세계대전이 막바지로 치달을 무렵의 유럽 서부 전선. 미국과 영국 폭격기가 아직 독일군 점령 아래에 있는 네덜란드 하늘을 새까맣게 뒤덮었다. 패전을 눈앞에 둔 독일군에게 최후의 일격을 날리려는 듯 대규모 공습이 시작되는 것 같았다.

공습이 시작되어 폭탄이 떨어지면 도시는 불바다가 되고 사람들은 지하 방공호로 피신하는 것이 일반적인 상식이다. 하지만 이 무렵 네덜란드에서는 이상한 일이 벌어졌다. 폭격기가 하늘에 나타나자 집 안에 있던 시민들이 너도 나도 밖으로 뛰쳐 나왔다. 그리고 외쳤다.

"하늘에서 빵이 떨어진다!"

이 무렵 네덜란드 시민들은 대부분 굶어 죽기 일보 직전이었다. 1주일에 빵 한 조각과 무 뿌리 하나로 겨우 연명하고 있었다. 그들을 향해 하늘에서 폭격기가 폭탄 대신 빵을 투하했던 것이다. 네덜란드 사람들에게 하늘에서 떨어지는 빵은 신이 보내준 선물이었고 『구약성경』의 만나(Manna) 그 자체였다.

1945년 4월 29일부터 5월 7일까지 9일 동안 미국과 영국 공군은 네덜란드에서 대규모 공습작전을 전개했다. 나치 독일이 무조건 항복을 선언한 5월 8일에도 계속된 이 작전은 폭격기가 폭탄 대신 빵을 잔뜩 싣고 네덜란드 상공으로 날아가 빵을 투하하는 희한한 작전이었다. 이 작전의 영국 작전명은 '만나 대작전'이었다. 만나는 『구약성경』의 「출애굽기」에서 모세가 이스라엘 백성을 이끌고 이집트를 탈출해 황야를 헤매고 있을 때 굶주린 백성을 위해 하늘에서 내려준 빵의 이름이다. 미국 공군의 작전명은 '차우하운드(Chowhound) 대작전'이었다. 차우하운드는 우리 말로 먹보라는 뜻이다. 폭격기가 폭탄 대신 먹보처럼 빵과 식료품을 잔뜩 싣고 출격한다는 뜻에서 지은 이름이다.

영국 공군은 이 작전을 통해 모두 6,680톤의 식료품을 네덜란드 땅에 떨어뜨렸다. 미국 공군 역시 약 4,000톤의 빵을 공중에서 뿌렸다. 모두 합쳐 약 10만 톤의 식료품이 하늘에서 내린 것이었다.

상식적으로 보면 터무니없는 작전이었을 수도 있다. 굶주린 네덜란드 주민에게 식량을 제공하는 것이 목적이라지만, 자칫 독일군에게 군량을 대줄 수도 있는 작전이었다. 또 폭격기가 격추될 가능성도 높았다. 도대체 네덜란드에서 어떤 일이 벌어지고 있었기에 이렇게까지 해야 했던 것일까?

나치 독일과의 전쟁이 거의 끝나가던 1945년 4월, 이때까지도 독일군이 점령하고 있던 네덜란드 지역에는 약 450만 명의 주민이 살고 있었다. 그리고 그중 300만 명이 지독한 굶주림에 시달리고 있었다. 전쟁이 끝난 후 집계한 결과, 당시 굶어서 사망한 사람이 2만 2,000명이었고 영양실조로 아사 직전에 놓인 사람이 3만 명이었다.

유명한 할리우드 여배우 오드리 헵번 역시 소녀 시절이던 그 무렵 네덜란드에서 굶주림에 시달리고 있었다. 이때의 처참했던 기억 때문에 오드리 헵번은 전쟁 영화에는 절대로 출연하지 않았다고 한다. 연합군의 작전이 없었다면 수백만 명의 민간인이 굶어 죽는 대참사가 발생할 수 있는 상황이었다. 그런데 아무리 전쟁 상황이라지만 어떻게 민간인 수백만 명이 집단으로 아사 직전에 놓이게 된 걸까?

1944년 9월 17일 영국군이 펼친 마켓 가든(market garden) 작전이 그 발단이었다. 영국군 사령관 몽고메리 원수가 기획한 이 작전은 영국 공수부대가 독일 점령지인 네덜란드 후방으로 낙하해 라인 강을 잇는 다리를 점령함으로써 연합군의 진격 교두보를 확보한다는 것이었다. 성공할 경우 네덜란드와 독일에 있는 독일군을 둘로 분리할 수 있고, 독일 코앞인 네덜란드에 독일 본토를 공격할 거점을 마련할 수 있었다. 그렇게 되면 1944년 크리스마스 이전에 전쟁을 끝낼 수도 있을 것이라는 야심찬 계획이었다.

사실 이 작전은 한국 사람들에게도 익숙하다. 영화 〈라이언일병 구하기〉와 〈멀고 먼 다리〉의 배경이며, 국내에서도 인기를 모았던 미국 드라마 〈밴드 오브 브라더스〉에도 등장한 작전이다.

이 작전의 성공을 위해 영국에 피신해 있던 네덜란드 망명정부도 적극적으로 도왔다. 그리고 나치 점령지에 있는 네덜란드 철도 노동자들에게 총파업을 지시했다. 네덜란드의 철도망을 마비시켜 독일군 탄약과 보급품의 수송을 지연시키라는 것이었다.

연합군의 승리가 목전에 있었던 만큼 철도 노동자들은 파업에 적극 동참했다. 총파업 지시가 떨어지자 90%의 노동자가 장비를 내려놓고 지하로 잠적했다. 게릴라들도 후방에서 철로를 폭파하는 등 네덜란드 철도망을 파괴했다. 이렇게 철도운송 시스템을 무너뜨리고 마비시키는 데는 성공했지만, 정작 영국군의 마켓 가든 작전은 실패로 끝나고 말았다.

비극은 여기서 시작됐다. 독일군이 대대적인 보복에 들어간 것이다. 네덜란드 주둔 독일군 사령관 쿠르트 스투덴트는 1944년 10월부터 네덜란드 농촌에서 주요 도시로 들어가는 식료품과 연료의 공급 루트를 차단해버렸다. 날씨는 추워지고 음식과 연료를 비롯한 물자의 공급이 끊기면서 대도시 주민 450만 명이 굶주림과 추위에 시달리게 됐다.

문제가 심각해지자 독일군은 식료품 공급 루트 차단 조치를 6주 만에 철회했다. 그러나 철도운송 체계가 정상으로 돌아오지 않았다. 전쟁이 조만간 끝날 것 같은 분위기였기에 지하에 잠시만 피해 있으면 된다고 생각한 철도 노동자들이 보복이 두려워 사라져버렸기 때문이다. 결국

4장. 처절한 생존의 흔적

망가진 운송 체계가 회복되지 못하면서 네덜란드에 대기근이 시작됐다.

기근이 얼마나 심각했는지는 기록이 말해주고 있다. 전쟁이 계속되면 기본적으로 배급제도가 도입된다. 독일의 점령 아래 있던 네덜란드도 예외가 아니었다. 그러나 운송 체계가 파괴되면서 배급에 필요한 식량 비축량이 빠른 속도로 줄었고, 배급량도 날이 갈수록 제한됐다.

독일군의 보복이 시작됐던 초기인 11월, 수도인 암스테르담 주민 한 명에게 배급되는 열량은 1,000칼로리 정도였다. 하지만 이듬해 2월에는 절반 수준인 580칼로리로 줄었다. 라면 한 개의 열량이 약 500칼로리다. 말하자면 라면 하나로 며칠을 먹어야 했던 것인데, 그나마 식료품이 배급기준에 맞춰 제때 지급되지도 않았다.

겨울이 되면서 배급 중지 품목도 늘어났다. 1944년 말에는 버터 배급이 완전 중단됐다. 치즈는 2주일에 1인당 100그램이 제공됐다. 고기를 구할 수 있는 고기 쿠폰이 있었지만 무용지물이 된 지 오래였다. 기본 식량인 빵은 전쟁 초기 1주일에 2.2킬로그램 배급되던 것이 10월에는 1킬로그램으로 줄었고, 1945년 4월에는 1주일에 400그램만 지급됐다.

그러나 그마저 원칙에 불과했다. 실제로는 1주일 동안 달랑 감자 한 개만 배급되는 날도 많았다고 한다. 모두가 굶주림에 시달리다 보니 암시장에서도 식료품이 완전히 사라졌다. 식료품이 이 정도였으니 연료도 마찬가지였다. 추위에 떨고 굶주림에 시달리는 이른바 '굶주림의 겨울' (Hunger Winter)이 시작된 것이다.

배급체제가 붕괴됐으니 주민들은 각자 알아서 음식을 구해야 했다. 개와 고양이 같은 애완동물은 일찍이 잡아먹어서 사라졌고, 식량을 구하려고 꽁꽁 숨겨두었던 보석과 귀중품을 들고 하루 수십 킬로미터를 걸어 시골 농장으로 가도 대개 썩어가는 순무와 튤립 뿌리만 얻을 수 있었다고 한다.

패망 직전의 독일군도 속수무책이었고 연합군 역시 손쓸 방법이 마땅히 없었다. 그렇다고 수백만 명이 굶주리도록 방치할 수도 없었다. 연합군은 결국 폭격기를 이용해 대규모 식량을 투하하는 작전을 세웠다. 문제는 독일군의 반격이었다. 패전 직전이었음에도 네덜란드 주둔 독일군 전력은 여전히 만만치 않았다. 빵을 투하하는 연합군 폭격기에 대공사격을 할 경우 피해가 심각해질 수 있었다.

연합군은 식료품 공중 투하를 놓고 독일군과 협상을 했지만 실패로 끝났다. 할 수 없이 영국 공군이 모험을 감행했다. 4월 29일, 먼저 두 대의 폭격기를 출격시켜 빵을 투하했다. 독일군의 의심을 사지 않으려고 100~200미터 정도의 초저공비행으로 날아 낙하산 없이 그대로 빵 상자를 떨어트렸다. 만약 폭탄이라면 떨어진 폭탄 파편에 맞아 폭격기가 추락할 수도 있고, 보병이 소총으로 격추시킬 수도 있을 정도의 낮은 고도였다.

　순수 식료품임을 확인한 독일군도 대공포를 쏘지 않았다. 그 결과 9일에 걸쳐 1만 톤의 빵과 식료품을 공중에서 투하할 수 있었고, 덕분에 수백만의 네덜란드 주민이 아사를 면할 수 있었다.

FOOD AND WAR

아침에 순무, 점심에 순무, 저녁에도 순무

어쨌거나 전쟁은 비참하다. 지고 있는 전쟁은 특히 더 그렇다. 이때 죽음의 공포보다 굶주림의 고통이 훨씬 크다고 한다. 때문에 상상을 초월하는 먹거리들이 속속 등장한다. 민간인도 군인도 전쟁 중에는 모두가 말도 되지 않는 음식을 먹고 살아남았다.

파울 폰 힌덴부르크 장군은 1차 세계대전 당시 독일의 전쟁영웅이었다. 그는 동부 전선 타넨베르크 전투에서 러시아군을 궤멸시켜 러시아의 항복을 받아냈다. 이후에는

225

4장. 처절한 생존의 흔적

독일군 참모총장이 되어 전쟁을 이끌었고, 종전 후에는 바이마르 공화국의 대통령을 지냈다.

그런데 1차 세계대전이 한창일 무렵 독일군 장병은 힌덴부르크 빵과 힌덴부르크 버터를 먹으며 전쟁을 했다. 힌덴부르크 빵과 버터는 과연 어떤 음식이었을까?

"아침에는 순무로 만든 빵을 먹고, 점심에는 순무로 끓인 수프, 저녁에는 순무를 튀긴 커틀릿과 순무 샐러드를 먹습니다." 전선에 새로 배치된 독일군 병사가 노래 부르듯 투덜거리며 말하자 참호 속 고참병사가 대꾸한다. "너희는 그래도 운이 좋은 편이야. 순무로 만든 빵을 먹다니. 이곳에서는 가끔 톱밥으로 만든 빵이 지급되는 경우도 있거든."

1차 세계대전을 배경으로 한 레마르크의 소설 『서부전선 이상 없다』에 나오는 대사다. 여기서 병사들이 먹었다는 순무 빵이 바로 힌덴부르크 빵이다. 순무 빵이란 도대체 무엇일까? 순무를 바싹 말린 후에 밀가루처럼 갈아서 반죽해 만든 빵이다. 쉽게 말해 잘게 썬 무말랭이를 뭉친 후 쪄 먹는 순무 덩어리라고 생각하면 된다. 맛은 한국 무떡과 비슷할 것으로 짐작된다. 그러나 무떡에는 쌀가루가 들어가지만 순무 빵에는 밀가루가 들어가지 않으니 맛은 비교할 수 없을 만큼 형편없었을 것이다. 빵이라는 것은 이름뿐, 순무를 갈아서 말린 후 쪄놓은 것 그 이상도 이하도 아니었다.

아침에 순무 빵, 점심에 순무 수프, 저녁에 순무 커틀릿. 다음 날에는 아침에 순무 수프, 점심에 순무 커틀릿, 저녁에 순무 빵. 순서만 바꿔서 하루 종일 순무만 먹다 보니 병사들도 지쳐 있었고, 새로운 음식을 먹고 싶을 수밖에 없었다.

그래서 독일군 사령부에서는 순무 빵과 곁들여 먹으라고 힌덴부르크 버터를 개발해 지급했다. 이 이름은 독일군 참모총장의 이름을 따서 병사들이 지은 것이다. 힌덴부르크 버터는 버터 혹은 돼지비계 비슷한 외양의 하얀 덩어리다. 특별한 음식일 것 같지만 사실은 순무를 갈아 만든 순무 잼의 일종이었다. 매일 순서만 바꿔 순무를 먹는 독일 병사들에게 설탕을 넣어 만든 제대로 된 잼이 지급됐을 리 없었다. 물기를 거의 제거한 순무 즙을 발라서 진짜 버터를 먹는 것처럼 기분이라도 전환하라는 뜻으로 만든 식품이었다. 문자 그대로 고육지책이었던 것이다. 독일의 전쟁영웅 힌덴부르크 장군을 비롯한 독일 전쟁 지휘부는 어쩌다 이렇게 병사들에게 순무만 먹이며 전쟁을 해야 했을까?

1차 세계대전은 1914년 7월 28일에 시작됐다. 발발 약 2년 후가 되며 독일의 패색이 짙어지기 시작한 1916년과 1917년 겨울, 독일군은 물론 민간인들도 역사상 유례를 찾아보기 힘든 혹독한 겨울을 보냈다.

병사들은 하루 종일 순무로 만든 빵과 수프를 먹으며 보냈고, 민간인들은 아예 밭에서 썩고 있는 순무를 캐 먹고 순무 이파리로 수프를 끓여 먹으며 보냈다. 이른바 '순무의 겨울'(Turnip Winter)이었다.

물론 전쟁 중에 식량이 넉넉할 수는 없었다. 농사도 제대로 지을 수 없고 전쟁 자체도 지고 있었다. 하지만 더 근본적인 원인은 독일이 준비를 제대로 하지 못한 상태에서 전쟁에 뛰어들었기 때문이다.

1차 세계대전은 독일이 패전할 수밖에 없는 전쟁이었다는 것이 일반적인 평가다. 준비되지 않은 전쟁이었기에 단기전으로 끝냈으면 몰랐겠지만, 장기전이 되면서 먼저 경제가 파탄 났다. 민간 경제 부문에서의 군수 조달 계획을 비롯한 전시 동원 계획이 마련되지 않았기 때문에 개전 몇 달 후부터 독일은 물자 부족에 시달렸다.

전시 민간 경제에 대한 통제와 계획도 없이 주먹구구식

으로 정책이 집행됐기에 곳곳에서 예상치 못한 부작용도 생겼다. 숙련된 광부를 모두 징집함에 따라 석탄 생산이 줄어들었고 섬유공장 기술자들이 군인이 되어 전선으로 떠나 군복 생산에도 차질을 빚었다. 그리고 농부의 징집으로 식량 생산이 감소했다. 게다가 영국은 1916년부터 독일 해안을 철저하게 봉쇄했다. 그러면서 점령지와 외국에서 들여오던 군수 물자와 식료품도 크게 줄었다.

전쟁 초기만 해도 독일 정부는 식료품 가격을 통제하는 선에서만 시장을 조절했다. 독과점이나 사재기로 인해 물가가 폭등하는 것을 막았을 뿐이다. 그러다 전쟁이 진행되면서 식료품 수입이 줄어들자 결국 배급제도를 실시했다. 그러나 전쟁이 종반으로 치달으면서 그마저 유명무실해졌다. 배급을 할 식료품과 물자가 없었기 때문이다. 예를 들어 소고기, 돼지고기 등의 육류는 전쟁이 끝나는 해인 1918년에는 공급량이 전쟁 전의 12%에 불과했다. 생선은 아예 배급 품목에서 제외됐다. 영국이 바다를 봉쇄한 상태에서 바다에 나가 생선을 잡을 수가 없었기 때문이다.

결국 독일은 식량을 자급자족으로 조달할 수밖에 없었다. 그러다 감자 농사가 심각한 타격을 받으며 순무의 겨울을 초래한 것이다. 전쟁이 한창 치열할 때였으니 농사를 제대로 짓기도 쉽지 않았고, 대부분의 농민이 병사로 징집됐기에 농촌에는 부녀자밖에 남아 있지 않았다. 또 갑자기 내린 가을비로 농작물 대부분이 밭에서 썩어버렸다. 전쟁 중 독일은 주로 두 종류의 농작물을 심었다. 독일인의 주식인 감자와 가축들에게 사료로 먹일 순무였다. 그런데 사람이 먹을 양식인 감자가 수확도 하기 전에 밭에서 모두 썩었다. 다행히 순무는 남아 있었다. 추위에 강할 뿐 아니라 웬만한 나쁜 기후에도 썩지 않고 잘 자랐기 때문이다.

그러나 당시 순무는 사람들이 잘 먹지 않아 가축 사료로 이용되었다. 한국에서는 지금 순무가 강화도 특산물로 유명하고 순무 깍두기, 순무 김치가 인기를 끌고 있다. 유럽이나 미국 역시 지금은 순무가 맛있는 채소이자 칼로리가 적어 건강에 좋은 다이어트 식품으로 각광받고 있다. 반면 옛 유럽에서는 가난한 사람들도 잘 먹지 않는 채소였다.

순무가 얼마나 인기 없는 식품이었는지는 역사를 보면 알 수 있다. 유럽에서는 오래전부터 순무를 식용했기에 고대 그리스의 문학작품에도 등장한다. 다만 곡식을 구할 수 없는 가난한 사람들이 주로 빵 대신 굽거나 삶아서 먹던 작물이었다.

때문에 기록을 보면 순무는 음식을 이용해 위정자들에게 불만을 표시할 때 사용한 최초의 항의 도구였다. 지금은 항의의 표시로 대개 달걀을 던지지만 옛날에는 달걀이 함부로 던져도 좋을 만큼 값싼 식품이 아니었다. 불과 몇십 년 전 한국서도 계란부침 하나 먹기가 쉽지 않았을 정도였으니 고대에는 더 그러했을 것이다.

서기 63년 지금의 아프리카 튀니지와 리비아를 다스리던 속주 카르타고의 로마 총독이었으며, 훗날 로마 황제가 된 베스파시아누스는 속주 현지인들에게 꽤 인기 없던 인물이었다. 그는 재정을 너무 엄격하게 집행하고 운용해서 시민들의 불만을 샀다. 그리고 길거리를 지나다 시민들로부터 종종 공격을 받았다. 이때 사용된 것이 바로 순무였다. 순무가 인류 최초의 항의 표시 식품으로 꼽히게 된 배경이다.

1차 세계대전 중의 독일 병사와 민간인들은 이런 순무를 힌덴부르크 빵과 버터라는 이름으로 하루 종일 먹으며 전쟁을 견뎌야 했다. 이때의 혹독한 겨울을 특별히 순무의 겨울이라 부르는 이유다. 이 기간 동안 굶주림과 영

4장. 처절한 생존의 흔적

양실조에 따른 질병으로 사망한 민간인만 74만 명에 이른다. 전쟁 자체도 비극이지만 준비 안 된 전쟁은 더 큰 비극이었다.

참고로 『서부전선 이상 없다』의 대사 중 톱밥으로 만들었다는 빵은 독일군에게 지급됐던 K-브로트(Brot)라는 군용 빵이다. 이 빵은 1차 세계대전뿐 아니라 2차 세계대전 때도 지급됐다. 패색이 짙어진 두 전쟁 말기에 지급됐던 것이다. 여기서 K는 독일어로 군대라는 뜻(Kommiss)의 머리글자고 브로트는 빵이라는 뜻이다.

K-브로트는 하얀 밀가루가 아닌 말린 감자 분말과 거친 호밀, 톱밥, 지푸라기 등으로 만들었다. 보통 빵에 비해 거칠기 짝이 없지만 장점도 있다. 맛도 없고 먹으면 침이 마를 정도로 푸슬푸슬하지만 장기보관이 가능하다는 점이다.

때문에 2차 세계대전 당시 롬멜 장군이 지휘하던 아프리카 군단에는 K-브로트가 보급됐다. 더운 날씨로 인해 일반적인 식품은 모조리 상했기에 그들에게는 K-브로트와 말린 감자, 말린 콩이 보급품으로 지급됐다.

이는 기후라는 특수성으로 인한 것이었지만, 전쟁이 끝나갈 무렵에는 독일군 전체에 이 빵이 지급됐다. 문제는

전쟁사에서 건진 별미들

전쟁 말기가 되자 독일이 물자 부족으로 인해 군용 빵에 상당 부분 톱밥이나 지푸라기를 섞었다는 점이다. 해안은 봉쇄되고 농사지을 인력과 비료는 부족한 데다 점령지에서 확보한 자원도 떨어졌기 때문이다.

전쟁이라는 극한 상황은 별의별 음식을 다 만들어냈다. 그때 개발된 기술 덕에 우리가 먹는 음식이 한 차원 발전한 부분도 있지만, 반대로 도저히 먹을 수 없는 음식으로 연명해야 하는 경우도 있었던 것이다.

부대찌개는
세계 곳곳에 있다

"전쟁은 위대한 장군을 만든다. 그리고 훌륭한 음식도 만든다"는 말이 있다. 전쟁 중에는 먹을 것이 부족할 수밖에 없다. 군인과 민간인 모두 마찬가지다. 생존이 우선이니 맛을 따지는 것은 사치다. 하지만 사람들은 역설적으로 전쟁 중에 더 맛있는 음식을 찾는다. 그럴 때일수록 본능에 더 충실해지기 때문이다. 그래서 먹을 것에 민감해지고 음식에 탐닉한다. 때문에 사람들은 전쟁 중에도 형편없는 식재료로 명품 요리를 만들어냈다.

전쟁 통에 만들어진 요리는 많다. 그중 하나가 부대찌개다. 한국전쟁 이후 미군 부대에서 흘러나온 햄과 소시지를 넣고 끓여 '부대찌개'라고 불렸다.

사실 따지고 보면 부대찌개는 한국에만 있는 것은 아니다. 물론 찌개는 우리 고유의 음식이니 찌개 형태로 된 음식은 한국에만 있다. 하지만 세계 곳곳에는 부대찌개처럼 부대 고기로 만든 음식이 적지 않다. 어려웠던 시절 미군 부대 주방에서 구한 고기로 만든 음식이 그 나라의 인기요리, 혹은 명물 음식으로 발전한 것은 한국만이 아니다.

2008년 11월 4일은 버락 오바마 상원의원이 대통령 선거에서 승리한 날이다. 그해 성탄절 무렵, 제44대 미합중국 대통령에 취임하기 직전 오바마는 청소년 시절을 보냈던 하와이에서 당선인 신분으로 가족과 함께 휴가를 즐겼다. 미국 최초의 흑인 대통령 당선자였기에 오바마의 일거수일투족은 언론의 주목을 끌었다.

이때 골프를 치며 여가를 즐기다 먹었던 하와이안 무스비(Hawaiian Musubi)도 화제가 됐다. 고향에 돌아와 예전 향수가 깃든 음식을 먹었던 것인데, 미국 본토 사람들에게는 무척 낯설었던 모양이다. 미국 언론들이 "대통령 당선인이 하와이안 무스비를 먹었다"며 하와이의 대표 음식인 무스비가 어떤 음식인지 보도하느라 법석을 떨었다.

하와이안 무스비는 도대체 어떤 음식일까? 미국 땅인 하와이 요리이기 때문에 특별할 것 같지만 우리에게는 크게 특이할 것이 없는 음식이다. 쌀밥에 통조림 햄을 얹거나 통조림 햄을 밥으로 싼 후 김으로 싸서 먹는 일종의 주먹밥 내지는 김밥이기 때문이다. 무스비(むすび)는 주먹밥이라는 뜻의 일본어이므로 정확하게는 일본식 김초밥의 일종이라 할 수 있다.

원주민 음식도 아닌 일본계 음식 무스비는 어떻게 만들어졌을까? 하와이는 기본적으로 일본계를 비롯한 아시아 출신의 이민자들이 많이 사는 곳이다. 때문에 쌀밥이 전혀 낯설지 않고 또 일본식 초밥도 익숙하다.

2차 세계대전을 전후로 하와이에는 미국 해군 태평양 함대 사령부가 들어섰다. 또 일본의 기습으로 태평양전쟁의 도화선이 된 진주만을 포함해 곳곳에 해군 기지가 있다. 다시 말해 다수의 해군 장병이 머물러 있는 곳이다.

2차 세계대전이 일어나면서 하와이 역시 신선한 고기의 공급이 제한됐다. 장병들에게는 통조림 햄과 소시지 등 주로 가공식품이 보급됐다. 주민들 역시 마찬가지였다. 전쟁 중이었기에 바다로 나가서 마음 놓고 생선을 잡을

전쟁사에서 건진 별미들

수도 없었고, 미국 본토에서 공급되던 고기는 배급제도로
인해 마음대로 구할 수도 없었다.

그래서 하와이의 일본계 미국인들은 생선 대신 구운 햄
을 하얀 쌀밥에 얹어 떨어지지 않도록 김으로 감싸 먹었
다. 생선 초밥이 아닌 햄 초밥을 만든 것이다. 쌀밥에 잘
구운 햄을 얹어 먹으면 그 자체가 별미다. 더구나 일본계
가 아닌 하와이 주민들이나 하와이에 주둔 중인 장병들에
게는 먹기에 거북한 날 생선보다는 햄을 얹은 무스비가
훨씬 맛있었을 것이다.

때문에 전쟁이 끝나 배급제도가 해제된 후에도 하와이
에서는 값싸고 맛있는 통조림 햄을 얹은 무스비가 사라
지지 않았다. 오히려 김밥처럼 간편하게 먹을 수 있는 음
식으로 널리 퍼졌다. 중고등학교 시절을 하와이에서 보낸
오바마 대통령도 자연스럽게 무스비를 먹고 자랐으니 그
에게 하와이안 무스비는 고향을 떠올리게 만드는 소울푸
드였다. 대통령의 입맛까지 사로잡았으니 부대 고기도 어
찌 보면 출세를 한 셈이었다.

한편 일본 오키나와에는 찬푸루라는 음식이 있다. 채소
와 두부를 볶은 것으로, 옛날 오키나와가 일본에 병합되
기 전 독립국이었을 때인 유구국(琉球國) 시절에도 발달한

4장. 처절한 생존의 흔적

음식이었다니 역사가 무척 오래된 전통요리다.

섬나라인 유구국은 일본과 중국, 동남아와 조선을 잇는 교통 요지에 위치한 해상 왕국이었다. 또 무역을 중시하는 나라였기에 음식에도 주변국 요리의 특징이 고루 반영되어 있다. '찬푸루'라는 이름 자체도 '섞다'는 뜻에서 비롯됐다. 그런데 현대 들어 여기에 한 가지가 더 섞였다. 아시아 각국의 영향에 미국의 영향이 더해져 퓨전 음식으로 발전한 것인데, 이렇게 발달한 이유 역시 부대 고기와 관련이 있다.

오키나와는 태평양전쟁이 끝난 후 미군의 통치를 받았다. 그리고 태평양전쟁 최대의 격전지로 모든 것이 철저하게 파괴된 지역이었기에 미군의 보급품에 많이 의존했다. 이 무렵 미군 부대에서 나오는 부대 고기, 즉 햄과 소시지 등은 맛있고 귀한 동물성 단백질이었기에 현지인에게 인기를 끌었다. 그 결과 전통음식 찬푸루에 자연스럽게 녹아들었고, 이로써 두부 대신 햄을 넣은 찬푸루가 발전했다. 그리고 오키나와가 관광지로 각광받는 지금 찬푸루 역시 전통음식으로 조금씩 유명세를 타고 있으니 부대 고기가 또 한 번 출세한 셈이다.

한국, 이탈리아를 비롯한 세계인들이 많이 먹는 이탈리

아 파스타 카르보나라에도 비슷한 이야기가 숨어 있다. 보통 우유로 만든 생크림 소스에 햄과 베이컨, 계란과 치즈를 풀어 만드는 파스타로 조리도 비교적 간단하고 많은 사람들의 입맛에도 맞아서 인기가 높다. 이런 카르보나라는 어떻게 생겨난 요리일까?

사실 카르보나라가 처음 어떻게 만들어졌는지는 자세히 알려져 있지 않다. 유래에 관한 설이 너무 많기 때문이다. 유력한 것 중 하나는 탄광 노동자들이 만들어 먹던 이탈리아 막국수에서 비롯됐다는 설이다. 이름 자체도 이탈리아어로 숯을 뜻하는 카르보네에서 비롯됐으며, 로마 근교에서 숯을 만들어 팔던 일꾼들이 로마로 숯을 팔러 왔을 때 먹던 음식을 로마 사람들이 요리로 발전시켰다는 얘기다.

이탈리아가 통일되기 전, 나폴리를 점령했던 프랑스군에 저항하는 비밀결사단체의 이름에서 비롯됐다는 이야기도 있다. 카르보나리라는 비밀단체를 기념하기 위해 크림 파스타를 카르보나라라고 불렀다는 것인데, 신빙성은 떨어진다.

또 다른 그럴듯한 이야기는 2차 세계대전 때 미군 부대에서 흘러나온 부대 고기로 만들었다는 설이다. 1944년 미군은 이탈리아를 점령하고 있던 독일군으로부터 로마를 탈환했다. 식량난에 허덕이던 로마 시민들에게 미군들이 먹던 햄 통조림과 소시지, 치즈 가루와 계란 가루는 전쟁 중에 맛보지 못했던 귀한 식품들이었다. 그들은 미군 부대에서 흘러나온 이런 식품들로 크림소스를 만들어 먹었고, 이것이 카르보나라의 기원이라는 얘기다. 한국 의정부 부대찌개와 비슷한 유래다. 사실 카르보나라가 요리책에 처음 등장한 것은 2차 세계대전 이후다. 그리고 크림소스의 재료들이 당시 미군 부대에서 지천으로 흘러나온 계란 가루, 치즈 가루, 통조림 햄, 베이컨이었으니 이탈리아 부대찌개라는 설도 설득력 있게 들린다.

참고로 로마의 유명 레스토랑 '카르보나라'에서 개발한 음식이 세계적으로 퍼진 것이 카르보나라라는 설도 있다.

물론 이런 여러 음식 중에서도 가장 빼놓을 수 없는 것이 한국의 부대찌개다. 부대찌개는 한국전쟁이 끝난 후 한국에 주둔한 미군 부대에서 흘러나온 햄과 소시지를 기반으로 발달한 음식이다.

곰곰이 생각해보면 우리는 부대찌개에 대해 잘못 알고 있는 부분이 적지 않은 것 같다. 부대찌개는 어렵던 시절에 먹었던 음식은 아니었다. 그 시절 햄과 소시지를 넣은

전쟁사에서 건진 별미들

부대찌개를 먹은 사람이 있었다면 그 사람은 일종의 특권층이었을 것이다. 미군 PX 물품인 햄이나 소시지, 베이컨은 경제적으로 상당히 여유가 있는 사람이거나 암거래상이 아니면 미군 부대 주변에서나 먹을 수 있었다. 양담배 한 갑 얻으면 몰래 자랑하고 아껴 피우던 시절이었으니 햄이나 소시지를 구하기는 더욱 힘든 일이었다.

돌이켜보면 부대찌개가 널리 유행한 것은 1980년대부터다. 한국 경제가 한창 발전하기 시작할 때였고, 그래서 사람들이 더 이상 미군 PX에서 빼내 온 물건을 탐내지 않던 시기였다.

사실 이전까지는 부대찌개라는 이름조차 입 밖에 내기 어려웠다. 실체는 있었지만 이름은 특별히 없었고, 그렇다고 미군 PX에서 몰래 빼내 오는 고기로 만든 음식이라고 공공연하게 말할 수도 없었기 때문이다. 미제 물건에 대한 단속이 엄중해서 부대 고기로 끓인 찌개라는 사실이 드러나 적발되는 순간 고기도 압수당하고 벌금도 물어야 했다. 그러니 부대찌개라는 이름이 쓰이기 시작한 것은 역설적으로 찌개에 국산 햄과 소시지가 들어가기 시작한 1980년대 이후다. 이 무렵에는 국산 햄과 소시지의 질도 좋아졌고 시장이 연평균 25% 이상 성장할 정도로 육가공

4장. 처절한 생존의 흔적

산업이 발달했다.

　물론 부대찌개의 기원은 우리가 알고 있는 것과 같다. 전쟁 후 미군 부대에서 흘러나온 햄이나 소시지를 한국식으로 김치찌개에 넣은 음식이다. 이 음식은 본래 '존슨탕'이라고 불렸으며 부대 고기도 여기에 포함되었다. 존슨탕이라는 이름은 당시 미국 대통령이었던 존슨에서 딴 것이다. 또 존슨 대통령의 재임 기간이 1963~1969년이고, 한국을 방문한 해가 1967년이므로 존슨탕이라는 이름도 그 무렵에 만들어졌을 것으로 생각된다. 미군 부대 주변에서 부대 고기로 만든 찌개가 퍼진 것을 1960년대로 보는 이유다.

　이런 부대찌개는 미군 부대에서 몰래 빼낸 고기로 만든 음식이었기에 어찌 보면 자존심 상하는 음식일 수도 있다. 그래서 부대찌개라는 이름을 쓰지 말자는 의견도 있다. 하지만 엄밀히 따져보면 그 이름 자체에는 정반대의 생각이 내재되어 있는 것은 아닌가 싶다. 어려운 시절을 딛고 일어선 사람들이 느끼는 자부심일 수도 있고, 훗날 여유를 가지게 된 사람들이 고생할 때 먹었던 음식에 대한 향수일 수도 있다.

　부대찌개는 우리의 아픈 역사에서 비롯됐으니 이제 이

전쟁사에서 건진 별미들

름을 바꾸자고 주장하는 사람도 있다. 그런데 부대찌개가
과연 부끄러운 역사일까? 사실 부대찌개가 유행한 것은
전쟁 직후가 아닌 1970~1980년대다. 한국 경제가 고도
로 성장하고 국내 육가공 산업이 발달하면서 질 좋은 국
산 햄과 소시지가 생산되기 시작했을 때다. 그러니 부대
찌개에는 자랑스러운 측면도 많이 있다고 볼 수 있다.

4장. 처절한 생존의 흔적

남북전쟁이 만든
새해 음식 호핑 존

2차 세계대전 당시의 네덜란드 주민들에게는 하늘에서 빵이 떨어지는 기적 같은 일이 벌어졌다. 그러나 대부분의 사람들에게 그런 기적은 일어나지 않았다. 아무리 고통스러워도 그저 풀뿌리라도 뜯어 먹으며 살아남았을 뿐이다. 지금 세계 각국 사람들이 먹는 요리 중에는 그런 음식이 적지 않다. 지금은 특별한 날에 먹는 별미지만 본래는 처절한 생존의 흔적이었던 음식들이다.

새해가 되면 지구촌 곳곳에서는 맛있는 음식을 먹으며 한 해 소원이 이뤄지기를 기도한다. 이런 풍속은 동양과 서양이 서로 다르지 않다. 한국에서는 떡국, 중국에서는 만두를 먹는다. 서양도 마찬가지여서 스페인에서는 포도를, 독일에서는 족발을 먹는다. 떡국과 만두에는 한 해 동안 건강하고 여유롭게 살게 해달라는 소망이 담겨 있다. 독일의 족발 역시 운수대통의 의미가 있고 스페인 사람은 새해 처음 먹는 포도 맛으로 한 해 운세를 점친다고 한다. 포도 맛이 달면 달콤한 한 해를 보내고 시면 힘든 한 해를 보내게 된다고 믿는다.

미국에도 이런 풍습이 있다. 미국 사람들은 새해 첫날 콩으로 만든 음식을 먹는다. 대표적인 것이 호핑 존(Hopping John)이다. 쉽게 말해 미국식 콩밥으로, 콩과 쌀을 순무 이파리나 양배추 등의 채소, 그리고 베이컨, 햄 등의 돼지고기와 섞어서 요리한 것이다. 그들은 새해에 이 호핑 존을 먹으면 운수가 대통한다고 믿는다. 새해 첫날 콩과 채소, 돼지고기를 먹으면 어떻게 운수가 트인다는 것일까?

일단 부자가 될 수 있다. 콩이 동전을 상징하기 때문이다. 새해 첫날 최소 365개를 먹는 것이 좋다고 한다. 1년 내내 돈이 마르지 않고 들어오라는 뜻이다. 순무 잎사귀나 양배추 같은 채소는 지폐를 상징한다. 미국 달러는 그린 백(Greenback)이라고도 불린다. 지폐 뒷면이 녹색이기 때문이다. 그래서 푸른 채소를 먹는다는 것은 곧 달러가 들어오라는 주문이다.

돼지는 전통적으로 미국뿐 아니라 세계 여러 나라에서 부를 상징하는 동물이다. 특히 독일을 비롯한 북유럽 쪽에서 이런 믿음이 강하다. 또 주둥이로 땅을 파헤치며 먹이를 찾아 먹기 때문에 적극적으로 부를 찾아 나선다는 의미도 있다.

그런데 사실 미국 사람들 대부분은 새해에 호핑 존을 먹지도 않을뿐더러 호핑 존이라는 음식 자체도 모른다. 그러니 호핑 존을 먹으며 새해 소원을 비는 풍속은 더더욱 알지 못한다. 호핑 존이 미국인 전체가 먹는 새해 음식이 아니기 때문이다. 미국에서도 남부, 그것도 조지아와 사우스캐롤라이나 주의 토박이들 사이에서만 전해 내려오고 있을 뿐이다. 게다가 재료도 콩, 순무 잎사귀, 양배추 같은 것들이다. 새해 첫날 먹으며 운이 트이기를 바라는 음식의 재료라기에는 초라하기 짝이 없다.

사실 호핑 존은 전쟁이 만들어낸 음식이자 풍속이다. 그것도 남북전쟁 당시 북군을 이끌었던 윌리엄 셔먼 장군이 전개했던 초토화 작전의 산물이다. '바다로 가는 행군'이라 불린 초토화 작전의 핵심은 남부 연맹의 중심지였던 조지아 주에서 사우스캐롤라이나 주 바닷가에 이르기까

전쟁사에서 건진 별미들

지 모든 지역을 철저하게 파괴하는 것이었다. 적이 가진 모든 것을 파괴해 전투 수행 능력을 없애는 것은 물론, 민간인들이 갖고 있는 것까지 빼앗아 전의를 꺾어 싸울 엄두를 내지 못하게 만드는 것이었다.

작전을 시작하면서 셔먼 장군은 휘하의 북군 부대에도 한 달치 식량만 주고 진격 명령을 내렸다. 그 결과 북군이 조지아 주의 수도 애틀랜타에 도착했을 때는 식량이 완전히 바닥났다. 북군은 이때부터 양식을 현지 조달, 즉 약탈로 얻었다. 저항하는 주민은 사살하고 집과 농경지는 철저하게 불태웠다. 영화 〈바람과 함께 사라지다〉를 봤다면 북군의 약탈 장면을 기억할 수도 있을 것이다. 영화에서는 북군이 집을 뒤져 먹을 것을 빼앗고 닭을 잡아가는 장면으로 처리했지만, 실제로는 곡식 한 톨 남기지 않고 쓸어 갔다. 남부 연맹의 산업과 군수품 조달 중심지이며 철도의 요충지였던 애틀랜타를 점령한 북군은 주민을 교외로 소개시킨 후 도시를 불태워 시가의 90%를 파괴했다고 한다. 남부의 중심지를 완전히 잿더미로 만든 것이다. 그들은 조지아 주를 지나갈 때는 철도를 파괴하면서 아예 다시 사용하지 못하도록 레일을 엿가락처럼 구부려놓고 떠났다. 그만큼 악랄한 약탈과 파괴를 자행했기에 남부

지역 주민들은 셔먼 장군을 악마라 부르며 치를 떨었다고
한다.

셔먼 장군은 "전쟁은 지옥이다(war is hell)"라고 했는데, 그
말대로 전쟁터는 물론 민간인의 터전까지 초토화시킴으
로써 전쟁을 진짜 지옥으로 만들어버렸다. 그의 생각은
분명했다. 전쟁은 잔인한 것이고 그 잔인함은 변하지 않
는 것이기에 "잔인할수록 빨리 끝난다(The crueler it is, the sooner
it will be over)"는 것이었다.

하지만 메뚜기 떼처럼 남부를 휩쓸고 간 북군도 남겨둔
것이 있었다. 콩이었다. 콩 중에서도 완두콩이나 강낭콩은
빼앗아 갔지만 동부 콩 만큼은 빼앗지 않았다. 동부 콩이
자라는 밭도 태워 없애지 않았다. 동부 콩은 한국에서는
묵을 만들거나 밥을 지을 때, 혹은 메주를 만들 때 주로
쓴다. 반면 남북전쟁 당시 미국인들은 동부 콩을 먹지 않
았다. 동부 콩은 가축 사료로 쓰이거나 흑인 노예들이 주
로 먹는 작물이었다. 북군이 굳이 손대지 않았던 것도 사
람이 먹는 곡물이 아니라고 여겼기 때문이다.

사실 콩을 우습게 알았던 것은 동양도 마찬가지였다.
우리 역시 감옥 간다는 뜻으로 "콩밥 먹는다"는 말을 한
다. 예전에 죄수들에게 콩밥을 먹여서 생긴 말이다. 중국

에서 항우와 유방이 싸울 때에도 항우가 병사들이 콩밥을 먹고 지낸다는 보고를 받고 곧바로 철수를 했을 정도다. 콩밥을 먹어야 할 만큼 군량이 바닥났다면 병사들의 사기도 땅에 떨어져 패배가 불 보듯 뻔했기 때문이다.

남부 주민들은 이런 동부 콩으로 끼니를 때우며 전쟁을 견뎌야 했다. 비록 가축 사료로 여겼지만 영양만큼은 풍부한 작물이었다.

그마저 불타고 난 밭에는 순무 잎사귀가 남아 있었다. 앞서 말했듯 순무도 19세기에는 주로 동물 사료로 쓰였다. 하물며 순무 잎사귀는 더더욱 사람이 먹는 음식이 아니었기에 밭에 그대로 남아 있었다. 그들은 이런 순무 잎사귀를 가져다 먹었다. 그리고 새해 첫날에도 유일하게 구할 수 있는 콩과 순무 잎사귀를 먹으며 고통스러운 전쟁이 끝나기를 빌었을 것이다.

따지고 보면 전쟁에서 살아남는다는 것 자체가 행운이라고 할 수 있다. 아마 〈바람과 함께 사라지다〉의 주인공 비비안 리도 콩이 있었기에 "내일은 또 내일의 태양이 떠오른다"는 말과 함께 희망을 품을 수 있었을 것이다.

호핑 존을 먹으면 한 해 운수가 좋아진다고 믿는 풍속은 여기서 유래했다고 한다. 평범하게 하루를 살 수 있다

는 것이야말로 남북전쟁의 고통을 온몸으로 겪었던 남부
주민들만이 실감할 수 있는 행운이 아니었을까 싶다.

전쟁사에서 건진 별미들

케이준은 원래
요리가 아니었다?

전쟁 중에 군인도 아닌 민간인들이 살아남기 위해 먹어
야 했던 것에서 비롯된 요리가 또 있다. 이제는 한국 사람
들에게도 낯설지 않은 음식이다. 케이준 치킨, 케이준 샐
러드, 케이준 소스 등, 패스트푸드점이나 패밀리 레스토랑
메뉴에서 흔히 볼 수 있는 단어다. 이 케이준(cajun)은 대체
무엇일까?

단순히 말하면 양념 맛이 강한 아메리칸 스타일의 음식
이다. 후추, 마늘, 고추를 비롯해 다양한 향신료를 듬뿍 사
용하는 것이 특징이다.

케이준 스타일 요리는 전쟁에서 패한 나라의 국민들은

비참해질 수밖에 없다는 사실을 웅변해준다. 케이준이라는 단어는 지금은 조리 용어로 쓰이지만, 본래는 북아메리카에 살았던 프랑스계 이민자의 후손을 가리키는 말이었다. 그들은 주로 캐나다 동부 노바스코샤(Nova Scotia) 지방에 살았다. 지도를 보면 노바스코샤는 미국 북동부 메인 주 바로 위쪽에 있다. 미국 메인 주에 위치한 아카디아 국립공원에서 캐나다 북부의 퀘벡까지 포함하는 광대한 지역이다. 이곳은 유럽인들이 아메리카 대륙을 개척할 때 프랑스인들이 처음에 도착해 개척했던 땅이다. 케이준이라는 말은 지상 낙원을 뜻하는 아카디아라는 미크맥 인디언의 말을 프랑스어로 부른 데서 비롯됐다고 한다.

케이준이 음식 이름이 된 것은 그들의 주거지였던 지상 낙원 아카디아가 지상 지옥으로 전락했기 때문이다. 18세기 중반, 캐나다를 포함한 북아메리카에 살던 영국계 이민자들과 프랑스계 이민자들 사이에 전쟁이 일어났다. 배후에는 각각 모국인 영국과 프랑스가 있었다. 이 전쟁을 미국에서는 '프랑스 인디언 전쟁'이라고 한다. 프랑스와 인디언 각 부족이 연합해 영국과 대항해 싸웠던 전쟁이어서 생긴 이름이다. 중립적으로는 '7년 전쟁'이라고 한다. 추억의 영화 〈모히칸족의 최후〉의 배경이 된 전쟁이다.

프랑스와 인디언 연합군이 여기서 패배한 뒤 많은 변화가 일어났다. 먼저 용맹스러운 인디언 부족 모히칸이 역사에서 사라졌다. 그리고 노바스코샤 지역의 소유권이 프랑스에서 영국으로 넘어갔다. 그런데 노바스코샤 지역에 살던 프랑스계 이민자 후손들은 새로운 지배자가 된 영국 정부에 대한 충성을 거부하고 게릴라전을 벌이며 저항을 계속했다. 그러자 영국 정부는 1만 2,000명에 이르는 그들을 강제 추방했다. 쫓겨난 그들이 당도한 곳은 미국 남부의 루이지애나 지방이었다.

재즈의 본고장인 뉴올리언스로 유명한 루이지애나 지방은 주인이 여러 차례 바뀐 땅이다. 뉴올리언스는 처음 프랑스 탐험가가 개척해 프랑스 식민지가 되었고, 후에 스페인에 양도되었다가 다시 프랑스에 돌아갔다. 그리고 나폴레옹이 토마스 제퍼슨 대통령 때 미국에 최종적으로 뉴올리언스를 넘겨주면서 미국 땅이 되었다.

그런 이유로 뉴올리언스를 포함한 루이지애나는 문화적인 복잡성을 띠고 있다. 프랑스, 스페인, 아프리카에서 노예로 끌려온 흑인 문화, 그리고 아메리카 원주민의 문화가 복합적으로 얽혀 있다. 케이준 요리는 이런 배경에서 발달했다.

캐나다에서 삶의 터전을 잃고 쫓겨난 프랑스계 이민자의 후손 케이준이 도착한 루이지애나는 황량한 늪지대였다. 당시 기존의 주민들은 쫓겨 온 난민들을 보호하거나 반겨주지 않았다. 먼저 도착한 개척민들이 개간한 땅에서 이들이 정착할 곳은 없었다. 그들은 버려진 땅, 낯설고 황량한 벌판과 늪지대에서 새롭게 땅을 일구며 가난하고 고달픈 삶을 살아야 했다. 당연히 음식도 변변치 못했다.

소고기, 돼지고기, 닭고기 같은 것은 구할 수 없었다. 어쩌다 사냥으로 야생동물을 잡거나 죽은 동물을 발견하면 가져다 재료로 썼다. 곡물 역시 구할 수 있는 재료는 모두 구해다 넣었다. 다행히 뉴올리언스를 포함한 루이지애나 남부에는 늪지대가 많아 해산물은 풍부했다. 케이준 요리에 해산물이 많이 들어가는 이유다. 그러나 조개, 새우, 게 등의 갑각류와 풍부한 가재들도 늪지대에서 구한 것인 만큼 갯냄새가 많이 났다.

이렇게 죽은 동물, 늪지 해산물, 거친 곡식을 넣고 조리를 했으니 그대로는 도저히 먹을 수 없었다. 거친 맛을 없애기 위해 강한 향신료를 듬뿍 넣어야 했다. 값비싼 향신료는 구할 수 없어 들판에서 자라는 각종 야생 허브를 따다 넣었다. 그렇게 썩은 맛을 지우고 야생의 냄새를 제거해야 간신히 먹을 수 있었다. 케이준 스타일 음식이 양념 맛이 강하고 매운 까닭이다.

이렇듯 케이준 스타일을 간단히 말하면 '북미에서 추방당한 프랑스 난민의 음식'이다. 그러나 문화적으로는 훨씬 다양하고 복잡한 요소가 스며들어 있다. 우리는 케이준 하면 케이준 치킨이나 케이준 샐러드, 케이준 소스를 떠올리지만 사실 가장 대표적인 요리는 잠발라야(jambalaya)와 검보(gumbo)다.

'잠발라야'는 노래 제목으로도 유명하다. 중년 이상에 속하는 사람들은 대부분 기억하는 노래고, 그렇지 않더라도 멜로디는 누구나 한 번쯤 들어봤다 싶을 정도로 크게 유행했다.

"잠발라야, 다정하게 나누면서 밀려오는 파도에 꿈을 실어 머나먼 수평선 저 너머로 어기여차 모두 다 달려가자."

많은 사람들이 노래 제목으로 알고 있는 잠발라야는 사실 케이준 스타일의 미국식 볶음밥 이름이다. 고기를 끓인 육수나 버터에 쌀을 넣고 익힌 후 닭고기, 쇠고기, 혹은 각종 해산물을 넣고 또 야채와 향신료를 넣은 요리다. 이탈리아의 리조또나 스페인의 빠에야와 비슷하다. 잠발

4장. 처절한 생존의 흔적

라야는 이런 역사 속에서 만들어졌다. 스페인 이민자들은 고향에서 먹던 빠에야를 이곳에서도 만들어 먹었는데, 여기에 인디언이 먹던 야생 고기, 생선, 채소가 더해졌다. 여기에 프랑스 스타일 요리법이 덧붙고, 이후 강한 향신료를 쓰는 케이준 방식에 아프리카에서 노예로 끌려온 흑인들의 요리법까지 복합되어 만들어진 요리가 바로 잠발라야다.

검보는 걸쭉하게 끓인 수프 형태의 요리다. 닭고기 등의 새 종류 혹은 고기나 햄, 소시지와 조개, 새우, 게와 같은 갑각류에 양파, 고추, 토마토, 그리고 오크라(okra)라는 아프리카 채소를 넣어 끓인 음식이다. 검보라는 이름 또한 오크라를 뜻하는 아프리카어에서 비롯되었다.

정통 케이준 요리로 가재 파이도 유명하다. 가재는 1급수에만 사는 갑각류로, 미국 남부 지방의 늪지대에서 흔히 잡혔었다. 잠발라야, 검보, 가재 파이 모두 루이지애나 지방에서 발달한 대표적인 케이준 스타일 요리인데, 이들 음식이 발달하게 된 역사에는 이렇게 특별하면서 아픈 사연이 담겨 있다.

케이준 스타일 하면 고급스럽고 세련되며 멋진 느낌이 들고, 지금은 한국에서도 매콤하고 자극적인 맛으로 인기

전쟁사에서 건진 별미들

가 높다. 그러나 그 근본은 200년 전 고향을 잃고 쫓겨난 프랑스계 난민들의 눈물이 깃든 음식이었다. 전쟁에서 패하면 가족과 국민이 비참해진다는 사실을 케이준 스타일은 역사적으로 증명하고 있다.

가난의 상징에서
명물 요리로, 아귀찜

한국인 모두가 즐겨 먹는
아귀찜 또한 고난을 이겨
낸 인간 승리의 훈장과
같은 음식이다. 2014년 관객몰이를 했던 영화 〈국제시
장〉은 흥남철수를 배경으로 시작한다. 1950년 12월 말,
중공군의 반격에 밀려 철수하는 미군과 국군은 수송선에
실은 장비와 물자를 버리고 피란민을 태웠다. 수송선 갑
판 위에 시루 속의 콩나물처럼 빽빽하게 채워진 피란민
들. 실제 상황은 영화 장면보다 심했다고 전해진다. 그 대
표적인 예가 '기적의 배'라 불리는 메러디스 빅토리아호

다. 60명 정원의 화물선에 화물 대신 피란민 1만 4,000
명을 태웠다. 누울 자리조차 없을 정도로 비좁아 일부는
앉은 채로, 또 일부는 선 채로 28시간 동안 항해해 거제
도에 도착했다.

이렇게 흥남을 떠난 피란민이 10만 명이었다. 전쟁의
기적이고 감동의 철수작전이다. 그러나 집 떠난 피란민이
나 이들을 맞은 지역 주민들이나 곧 현실적인 어려움을
겪었다. 이때 피란민 대부분은 일단 거제도로 들어갔고,
거제 주민들은 주먹밥과 잠자리를 제공하며 이들을 따뜻
하게 맞았다.

당시 거제도 인구는 약 10만 명이었다. 여기에 이와 맞
먹는 수의 피란민이 한꺼번에 밀려들자 지역 인구가 급
증했다. 게다가 기존의 피란민까지 합하면 피란민 숫자는
모두 15만 명에 이르렀다.

군에서 관리하는 거제 포로수용소의 포로는 제외하더
라도 좁은 섬의 인구가 졸지에 두 배 이상으로 늘어난 것
이다. 하루 이틀이면 몰라도 좁은 땅에 갑자기 사람들이
두 배로 늘었는데 이들은 도대체 무엇을 먹으며 그 긴 전
쟁을 견뎌냈을까?

임시 수도이자 최대 피란지 부산도 마찬가지였다. 전

쟁이 일어나기 전해인 1949년의 부산 인구는 약 47만 명이었다. 그러던 것이 전쟁 이듬해인 1951년에는 약 84만 명, 1952년에는 약 85만 명이 되었다. 부산시에서 발표한 공식 통계에 의한 것으로, 유동인구와 집계되지 않은 인원을 포함하면 훨씬 많았을 것이다. 인구가 1년 만에 최소 2~3배로 늘어난 셈이다. 그 사람들은 무엇을 먹고 살았을까?

남측 입장에서는 기습을 받았으니 이 전쟁은 준비된 전쟁이 아니었다. 그러니 피란민을 포함한 민간인까지 고려한 비축물량이 있을 리 없었다. 미국을 비롯한 외국에서 원조를 받았다고 하지만 갑자기 늘어난 사람들이 모두 먹기에는 턱없이 부족했다.

사실 준비된 상태에서도 전쟁 중에는 식량이 부족하기 마련이다. 2차 세계대전 당시 미국도 식량을 통제했다. 미국 본토는 전쟁의 참화를 겪지 않았지만 생산되는 음식은 전선의 군인들에게 보내야 했다. 2차 세계대전 때 소고기나 돼지고기와 같은 육류에는 모두 배급제가 시행됐다.

고기는 무엇보다 먼저 일선의 군인에게 보급됐다. 때문에 민간인들은 충분한 양의 고기를 배급받지 못했다. 대신 미국 정부는 해산물로 홍합 먹기를 장려했다. 문제는

전쟁사에서 건진 별미들

당시 상당수의 미국인들이 홍합을 그다지 즐겨 먹지 않았다는 것이다.

홍합은 나라에 따라 호불호가 엇갈리는 해산물이다. 유럽에서도 프랑스나 이탈리아처럼 지중해 연안 국가에서는 홍합을 즐겨 먹지만, 영국이나 독일 등 중부 유럽에서는 홍합이 인기 해산물이 아니다. 이민자의 나라 미국 역시 출신 지역에 따라 다르지만 유럽의 영향과 지역적 특성이 반영되어 홍합이 선호 해산물은 아니었다.

하지만 전쟁 중이라도 부족한 단백질은 보충해야 했다. 미국 정부는 자연산 홍합의 채취를 장려했고 홍합을 통조림으로 만들어 보급했다. 익숙하지 않은 해산물 홍보를 위해 다양한 홍합 요리 레시피를 소개했고 관련 이벤트의 스폰서를 맡았다. 2차 세계대전이 지속되는 동안 적지 않은 미국인이 '오늘 저녁은 홍합 요리'라는 말을 자주 들었다고 한다. 때문에 미국의 전쟁 세대에게는 홍합이 힘들었던 시절의 음식으로 기억된다.

한국전쟁 당시 한국의 상황도 2차 세계대전 때의 미국보다 낫지 않았다. 사람들은 살아남기 위해 먹을 수 없는 것까지도 먹었다. 미군 부대에서 버린 음식물 찌꺼기로 끓인 꿀꿀이죽이 그것이다. 오직 생존을 위해 먹었던 이 음식은 전쟁이 끝난 후 생활 형편이 조금 나아지자 곧 사라졌다. 그런가 하면 예전에는 웬만하면 거들떠보지 않던 재료까지도 먹었다. 그중에는 미처 그 가치를 알지 못했다가 전쟁 통에 어려움을 이겨내는 과정에서 새로운 가치를 발견하게 된 것도 있다. 그런 음식들은 나중에 국민 음식으로 발전하게 되었다. 아귀찜도 그중 하나였다.

아귀찜이 널리 알려진 것은 1970년대 무렵이다. 마산 아귀찜이 전국적으로 유행한 것이 계기였다. 아귀찜의 원조에 대해서는 여러 얘기가 있다. 대체로는 마산에서 아귀를 북어찜처럼 콩나물과 미나리, 마늘, 고춧가루 등의 양념과 함께 찜으로 요리한 것이 시초라고 알려져 있다. 마산에서 아귀가 찜의 형태로 만들어진 것은 1960년대 중반, 유행한 것은 1970년대 이후이므로 사실 한국전쟁이 끝난 지 한참 후의 일이다.

하지만 많은 사람들이 아귀라는 생선에 익숙해지고 아귀를 음식으로 먹기 시작한 계기는 한국전쟁이었다. 사실 전쟁 전까지만 해도 아귀는 한국에서 그다지 즐겨 먹는 생선이 아니었다. 사람들이 얼마나 하찮게 여겼는지는 아귀의 또 다른 이름인 '물텀벙이'에서 짐작할 수 있다.

어부들은 아귀가 그물에 잡히면 재수가 없다면서 바다

에 던져 버렸다. 이때 아귀가 물에 떨어지는 소리가 '텀벙'하고 들린다 해서 물텀벙이라는 이름이 지어졌다고 한다. 사실 여부를 떠나서 흉측하고 못생긴 생선인 만큼 맛도 제대로 평가하지 않았던 것 같다.

따지고 보면 우리가 아귀를 제대로 먹지도 않고 구박만 했던 역사는 꽤 깊다. 200년 전 조선 후기 정조 때의 문인 이학규가 영남지방을 여행하며 남해안 지방의 음식을 소개한 기록에서도 그 역사를 찾아볼 수 있다.

그는 남쪽 지방 마을에서는 별 괴상한 생선을 다 먹는다면서 몇몇 종류의 물고기를 적어놓았는데, 여기에 아귀도 들어 있다. '커다란 입이 바로 몸뚱이에 붙어 있는 물고기로 이름은 아귀어(餓鬼魚)이고 현지 사람들은 물꿩(水雉)이라 부른다'는 것이었다. 지금도 부산 사투리로 아귀를 '물꽁'이라고 한다. 이는 물꿩에서 비롯된 말이라고 한다. 그는 이를 두고 먹는 음식치고는 참 구차하다고 했다. 아귀를 썩 바람직하지 못한 생선으로 취급했음을 알 수 있는 대목이다.

그래서인지 이 생선은 이름도 아귀다. 몸통에 붙은 커다란 입이 아귀를 닮았다는 얘기다. 여기서 아귀는 굶주린 귀신이라는 뜻이다. 불교에 따르면 아귀는 지나치게 욕심을 부리다 지옥에 떨어졌는데, 배는 산더미처럼 불룩하고 크지만 목구멍은 바늘구멍만 해서 음식을 제대로 삼킬 수가 없었다. 때문에 언제나 배가 고파 괴로워하며 지내야 하는 벌을 받았다.

아귀는 다른 나라에서도 맛을 떠나 생김새 때문에 구박받았다. 서양도 마찬가지여서 예전 영국에서는 '가난한 사람들이 먹는 바다가재'(the poor man's lobster)라고 했다. 맛은 바다가재와 비슷하지만 부자들은 먹지 않는 생선이라는 뜻이다. 입맛이 떨어질 정도로 볼품없이 생겼기 때문이다. 그래서 부자들은 먹지 않고 돈 없는 서민들만 주로 먹곤 했다.

동서양을 불문하고 천덕꾸러기 취급을 받던 아귀가 한국에서는 한국전쟁 때 피란민들의 배고픔을 달래주던 고마운 생선으로 바뀌었다. 당시 인구가 졸지에 늘어난 부산에서는 먹거리가 귀해졌다. 그래서 예전에는 거의 버리다시피 했던 아귀도 먹어야 했다. 당시 부산 자갈치 시장에서 물꽁이라고 불리던 아귀는 생선 중에서도 가장 저렴했다. 가진 것 없는 피란민들이 그나마 구해 먹을 수 있는 것 중 하나였다. 그들은 아귀를 손질해 무와 파를 넣고 시원하게 아귀탕을 끓이거나, 아귀를 삶은 수육을 양념장에 찍어 먹으며 전쟁의 고통과 피란살이의 시름을 달랬다.

이렇게 간단하게 간을 해 먹던 아귀의 담백한 맛에 익숙해질 무렵인 1970년대를 전후해 콩나물과 함께 갖은 양념을 한 후 쪄낸 마산 아귀찜이 유행했다. 그리고 그 결과 옛날에는 어부조차 버리던 아귀가 지금은 값이 만만치 않은 어종으로 바뀌었다.

그러고 보면 영국도 상황이 비슷하다. 가난한 사람들이나 먹는 생선이라며 구박했던 아귀도 2차 세계대전 당시 생선이 귀해지면서 많은 사람들이 먹기 시작했다. 그 후 간단하게 소금만 뿌려 구운 아귀 소금구이는 영국의 명물 음식으로 떠올랐고 바다가재보다도 귀하게 대접받았다.

개천에서 용 난 것처럼 아귀가 지옥에서 천국으로 승천한 셈이다. 전쟁으로 인해 버리던 음식에서 귀한 요리로 변신한 것이다. 평소 별 생각 없이 먹던 아귀찜이 발달한 과정에도 전쟁의 아픔과 상처를 이겨낸 사람들의 삶이 녹아 있다.

총알보다
무서운 굶주림

성탄절을 앞둔 1944년 12월 16일, 독일과 벨기에 국경 지대의 아르덴 숲에서 첨단 무기로 무장한 대규모 독일군 이 연합군을 기습했다. 영화 〈발지 대전투〉로 유명한 독일 군의 대반격 작전이다.

'히틀러 최후의 도박'이라는 별명에 걸맞게 온갖 전쟁 물자를 총동원해 치른 전투였다. 그러나 독일군은 여기서 최후의 예비전력을 모두 소진하고 패했다. 그 결과 2차 세 계대전 종전이 앞당겨졌다는 평가도 있다.

발지 전투는 주로 미군의 시각으로 독일군의 기습과 미 군의 방어에 초점이 맞춰져 알려져 있다. 하지만 독일군 입장에서, 또 보급이라는 측면에서 보면 전투의 또 다른 양상을 알 수 있다. 전투에 참가했던 독일군 보병 352사단 병사들이 기록으로 남긴 당시 상황에 그 양상이 드러나 있다.

독일군은 미군과의 전투보다 굶주림과의 전쟁을 더 힘들어했다. 그들에겐 따뜻한 수프 한 그릇 마시는 것이 소원이었다. 전쟁 물자를 총동원해 최신 무기로 무장하고 감행한 기습인데 왜 이런 일이 벌어져야 했을까?

발지 전투에 참가한 독일군 352사단은 노르망디에 배치됐던 부대다. 이 부대는 상륙작전 때 타격을 받고 독일까지 후퇴해 전열을 재정비했다. 기존 고참 병사에 독일 해병대와 타격을 입은 공군에서 육군으로 전입한 병사들을 보충하는 한편 프랑스, 폴란드 등 점령지에서 징집한 이민족 병사들을 들여와 사단을 새롭게 구성했다.

전투 장비 역시 신형으로 보급받았다. 발지 전투에서 독일군은 최신 장비를 동원했다. 공격형 타이거 2형 탱크와 세계 최초의 제트 전투기 메서슈미트 ME-262도 투입됐다. 개인 화기 역시 특별히 신형이 보급됐고 피복 또한 눈 많은 아르덴 지역에 어울리는 따뜻한 신형 겨울 위장 전투복이 지급됐다.

장비는 뛰어났지만 문제는 급식이었다. 장병들의 전투 의지는 비효율적인 독일군의 보급 체계 때문에 꺾일 수밖에 없었다. 아무리 훌륭한 병사라도 며칠을 굶다 보면 제대로 전투를 할 수 없기 때문이다.

당시 야전에서 독일군의 식사는 대대 혹은 중대 단위로 추진됐다. 다시 말해 대대나 중대 단위로 매일 야전 주방에서 따뜻한 음식을 만들어 최전방의 부대원에게 보급하는 식이다. 그들은 가능한 모든 방법을 동원해 중대 단위 이상에서 조리한 음식을 일선 소대나 분대까지 실어 날랐다. 트럭, 소나 말이 끄는 달구지, 그마저 없으면 직접 걸어서 가져가기도 했다.

평소라면 별 문제가 없었겠지만 교전 중에는 상황이 달랐다. 부대가 공격을 위해 이동하면 야전 주방에서 최전방까지 이동 거리가 그만큼 길어져 제때 식사를 보급하지 못했다. 또 부대가 어디로 이동했는지 찾아 헤매는 동안 음식은 차갑게 식었다. 그래서 독일군 352사단 병사들은 종일 배가 고픈 상태에서 싸워야 했다. 어쩌다 가져 온 음식도 온기라고는 없는 얼어붙은 것들이 전부였다.

개인 전투식량도 마찬가지였다. 독일군 역시 질은 떨어져도 미군의 C-레이션과 같은 전투식량이 있었지만 대대,

전쟁사에서 건진 별미들

중대, 소대로 이어지는 보급 체계 속에서 필요할 때 제대로 전달되지 못했다. 결국 독일군의 보급 체계는 전투력을 유지하는 데 걸림돌이 됐다.

발지 전투가 시작된 지 한 달이 지나 1월로 접어들자 독일군은 보급을 제대로 받지 못해 굶주림에 시달렸다. 게다가 예년과 다른 혹독한 추위가 겹쳐 벌벌 떨면서 음식을 찾아 헤매야 했다. 독일군 352사단 병사의 회고가 당시 상황을 잘 보여준다.

"어쩌다 지급받은 보급품은 너무 형편없었다. 얼어붙은 차가운 군용 빵에 상하고 부패한 마가린과 인공 잼을 발라 먹었다. 피란 떠난 민간인 집을 뒤져 음식을 찾았지만 남은 것은 아무것도 없었다. 그나마 미군에게서 빼앗은 C-레이션을 데워 먹으려고 불을 피울 수도 없었다. 불이나 난로를 피우는 순간 포탄이 날아왔기 때문이다. 허기도 달래고 추위도 녹일 수 있도록 따끈따끈한 수프 한 숟가락 떠먹는 것이 소원이었다."

전투가 치열해지는 상황에서 352사단 병사의 회고는 계속 이어진다. "열흘에 한 번꼴로 간신히 따뜻한 음식을 먹었다. 빈 집에서 돼지비계 덩어리를 발견해 모처럼 돼지기름이 둥둥 뜬 수프를 맛있게 먹었다. 하지만 덕분에

4장. 처절한 생존의 흔적

며칠 동안 설사에 시달리며 아픈 배를 움켜쥐고 다녀야
했다."

　무엇보다 힘들었던 것은 식수였다고 한다. 오염된 물을
마셨다가 설사를 하기 일쑤였고, 물 대신 민가에서 구해
온 언 사과를 먹으며 배고픔과 목마름을 달랬다가 역시
설사에 시달렸다는 것이다.

　발지 전투는 결국 독일의 패배로 끝났지만 연합군이 입
은 타격도 만만치 않았다. 미 육군이 발표한 공식 사상자
수는 10만 8,000명, 독일군 최고사령부가 발표한 독일군
전상자는 8만 4,834명이었다.

　그러나 독일군은 최신 무기를 가지고도 따뜻한 수프 한
그릇을 그리워하며 추위와 굶주림에 시달렸다. 불합리한
보급 체계로 인해 막판에는 적군이 아닌 음식과의 전투를
벌였다는 것이 참전했던 독일군 병사의 회고다.

　한편 소시지 때문에 승패가 갈린 전쟁도 있다. 작은 음
식 하나가 전투는 물론이고 전쟁의 결과까지도 바꾸는 단
초가 된 것이다. 개그 코너의 소재 같기도 하지만 실제로
있었던 일이다. 이름 하여 '소시지 전쟁'(the Sausage War)으로,
북유럽의 작은 나라 핀란드와 옛 소련 사이의 겨울전쟁
때 벌어졌던 일이다.

겨울전쟁은 1939년 11월 30일 소련의 120만 대군이 핀란드를 공격하면서 시작되었고, 이듬해인 1940년 3월 13일 끝났다. 겨울 동안 벌인 전쟁이어서 겨울전쟁이라고도 하고, 핀란드의 20만 오합지졸 군대가 소련의 대군을 물리쳤음에도 2차 세계대전의 다른 전쟁에 파묻혀 주목을 받지 못했기에 잊힌 전쟁이라고도 한다.

전쟁 초기에는 소련이 1주일 내에 간단히 핀란드를 점령할 것이라고 점쳐졌다. 하지만 전쟁은 3개월이나 계속됐다. 결국 소련은 최소 12만 명에서 25만 명으로 추정되는 전사자를 낸 채 약간의 영토만을 양도받고 핀란드와 휴전했다. 소련 측 사상자 수가 정확하지 않은 것은 당국에서 발표한 적이 없기 때문이다. 반면 핀란드군 전사자는 2만 5,000명에 지나지 않았다. 이 전쟁으로 핀란드는 소련과의 합병을 면하고 독립을 유지할 수 있었다.

핀란드가 승기를 잡은 계기는 1939년 12월 12일의 톨바야르비 전투다. 소수의 핀란드 스키부대가 2개 연대 병력의 소련군을 물리친 전투다. 지형지물에 익숙한 핀란드군이 현지 실정을 무시하고 제대로 된 준비 없이 전쟁을 시작한 소련군에 맞서는 전법을 일깨워준 전투로 유명하다. 오합지졸로 평가받던 핀란드군이 소련을 상대로 싸워

이길 수 있다는 자신감을 심어준 첫 번째 승리였다.

소시지 전쟁이 바로 이 톨바야르비 전투의 시작이었다. 12월 10일 핀란드 군은 최초로 소련군과의 전투에서 승리를 거두었다. 그날 밤, 소련군 1개 대대가 빽빽한 숲을 뚫고 핀란드 군에 발각되지 않은 채 전선을 돌파했다. 그리고 후방의 핀란드 보급 부대를 발견하고 기습공격을 펼쳤다. 소련군의 공격이 시작되자 핀란드 병사들이 혼비백산해 도망치기 바빴는데 소련군은 이상하게도 갑자기 추격을 멈췄다.

핀란드 보급 부대에 쌓인 엄청난 양의 식량을 본 것이었다. 마침 막사 안에는 대형 솥에 소시지가 뜨겁게 데워져 있었다. 막사에 뛰어든 붉은 군대 병사들은 먹음직스러운 소시지를 보는 순간 도망치는 핀란드군을 버려둔 채 그 앞으로 달려들었다.

당시 소련군은 핀란드의 혹독한 추위에 시달리는 동시에 보급을 제대로 받지 못해 뜨거운 음식은커녕 며칠째 아무것도 못 먹고 있었다. 먹을 것을 본 소련군은 장교와 병사 가릴 것 없이 적군을 쫓을 생각도 하지 않고 소시지를 입에 넣었다.

잠시 도망치던 핀란드 병사들은 재정비할 시간을 얻어

바로 역습에 나섰다. 약 100명의 병사들이 정신없이 소시지를 먹고 있는 소련군을 공격했다. 얼마나 배가 고팠던지 소련군은 역습을 당하는 순간에도 소시지를 씹고 있었다고 전해진다. 며칠을 굶은 소련 병사들은 총알보다 배고픔이 더 두려웠던 것이다.

또 다른 소시지 전쟁도 있다. 소시지가 전쟁의 승패를 좌우하는 데 결정적 역할을 한 것은 아니었지만, 병사들의 사기에 적잖은 영향을 미친 경우다. 1차 세계대전 중 독일 병사들이 겪었던 일이다.

독일은 소시지의 나라다. 하지만 독일 병사들은 전쟁 중 좋아하는 음식을 먹을 수가 없었다. 원료인 소 창자가 부족해서였다. 당시 독일은 본국은 물론 점령지인 오스트리아, 폴란드, 프랑스 북부에서도 아예 소시지를 먹지 못하게 했다.

엉뚱하지만 이유는 비행선 때문이었다. 비행선의 역사는 1차 세계대전이 일어나기 4년 전인 1910년부터 시작된다. 첫 상업 비행은 독일에서 시작됐는데, 이런 비행선을 전쟁 무기로 처음 이용한 나라는 이탈리아였다. 그리고 1차 세계대전이 일어나자 독일은 전쟁 중 모두 115대의 비행선을 만들어 폭격기와 정찰기로 전선에 투입했다.

비행선은 공기보다 가벼운 수소를 채워 하늘을 날기 때문에 무엇보다 자체 무게가 가벼워야 한다. 때문에 골조에는 당시 갓 개발된 알루미늄 합금을 썼다. 문제는 수소를 담는 가스통이었다. 이 역시 무게가 초경량이어야 했기에 금속 대신 소 창자를 이용했다. 금을 두드려 얇게 펴서 금박을 만드는 것처럼 소 창자를 두드려 얇게 편 후, 여기에 수소 가스를 채워 비행선에 싣고 하늘을 날았던 것이다.

당시 비행선은 최첨단 무기였지만 1차 세계대전 동안의 활약상은 미미했다. 반면 비행선의 가스통을 만드는 데 들어간 소 창자는 무려 소 25만 마리 분량이었다. 때문에 독일이 장악한 지역에서 소 창자가 자취를 감췄고, 주민은 물론 병사들의 식탁에서도 소시지가 사라졌다. 사소한 것 하나가 승패를 좌우하고 사기를 결정짓는다는 것을 소시지가 보여준 것이다.

포탄 대신 떨어진
초콜릿 사랑

장진호 전투는 1950년 겨울 함경남도 개마고원의 장진호에서 당시 북한의 임시 수도인 강계를 점령하려다가 오히려 중공군 7개 사단에 포위된 미국 제1해병사단이 함흥까지 퇴각한 전투다. 이때 생존한 장병들은 1983년 '초신 퓨'라는 모임을 만들었다. 초신(Chosin)은 장진호의 일본식 표기, 퓨(Few)는 생존자가 많지 않았다는 의미다.

이 모임에는 특이한 점이 있다. 모임이 있을 때마다 투시 롤(toosie rolls)이라는 상표의 초콜릿 사탕을 준비한다. 단순히 노병들의 군것질거리가 아니다. 미국 해병대 박물관에도, 해병대의 역사, 특히 장진호 전투를 이야기할 때도

275

그 이야기가 등장한다. 장진호 전투와 참전 노병들, 그리고 초콜릿 사탕에 무슨 관계가 있는 것일까?

장진호 전투 당시 벌어진 황당한 사건이 그 해답이다. 중공군에게 포위되어 고전 중이던 미국 해병대 제1사단에 성탄절 선물도 아닌데 뜬금없이 초콜릿 사탕이 공수됐다. 수송기가 날아와 초콜릿 사탕을 잔뜩 투하하고 돌아간 것이다. 때 아닌 초콜릿이 공중 보급된 데는 웃지 못할 사연이 있었다.

"지금 투시 롤이 바닥나기 직전이다. 더 이상 남은 초콜릿 사탕이 없다. 긴급 지원 바란다."

중공군과 치열하게 교전 중인 제1해병사단 예하의 박격포 부대 통신병이 다급한 목소리로 무전을 쳤다. 숨넘어가는 소리로 긴급하게 초콜릿을 지원해달라고 소리를 질러대는 것이었다.

무전을 받은 후방 통신부대는 어이가 없었다. 중공군에 포위되어 악전고투하는 상황에서 긴급하게 요청한 것이 지원 폭격이나 탄약, 의약품도 아닌 초콜릿 사탕이었기 때문이다. 하지만 황당하다며 이유를 따져 물을 상황이 아니었다. 다급한 무전이 들어왔으니 일단 전투 현장의 요구를 그대로 전달했다. 공군 수송기들이 수백 상자

전쟁사에서 건진 별미들

의 초콜릿 사탕을 싣고 출격했고, 장진호 주변을 에워싼 중공군의 대공사격을 피해 낙하산으로 초콜릿 사탕을 투하했다.

이제나 저제나 보급품이 오기만을 기다리던 박격포 부대원들이 서둘러 낙하산으로 투하한 보급품을 수거하러 나섰다. 상자를 여는 순간 해병대원들 역시 기가 막혀 입을 다물지 못했다. 뜬금없이 상자 속에 초콜릿 사탕이 잔뜩 들어 있었기 때문이다.

투시 롤, 다시 말해 초콜릿 사탕을 보내달라고 해서 요구대로 수백 상자를 보내주었는데 박격포 부대원들이 투덜거렸던 이유가 무엇일까?

사실 그들의 의사소통에는 문제가 있었다. 박격포 부대 통신병이 요청한 것은 분명 투시 롤이라는 특정 상표의 초콜릿 사탕이었다. 하지만 기다란 생김새가 포탄을 닮았기 때문이었는지 투시 롤은 해병대 대원들 사이에서 박격포 포탄이라는 뜻의 은어로도 쓰였다. 그러니까 통신병이 요청한 것은 진짜 초콜릿 사탕이 아니라 박격포 포탄이었다. 중공군에게 포위된 상태에서 탄약이 떨어졌다는 사실을 적군에게 도청당할까 우려한 무전병이 은어를 쓴 것이다. 하지만 무전을 받은 후방부대 통신병은 신참이어서

4장. 처절한 생존의 흔적

였는지, 혹은 해병대원이 아니어서였는지 이 은어를 알지 못했다. 때문에 무전을 곧이곧대로 듣고 다량의 초콜릿 사탕을 공수하게 된 것이다.

이 이야기는 만화에나 나올 법하지만, 장진호 전투에 참가했던 해병대원의 증언을 통해 널리 알려졌다. 또 해병대 박물관을 비롯한 여러 문서에 에피소드로 기록되어 있다.

하지만 제1해병사단 박격포 부대원들은 이때까지만 해도 상상조차 하지 못했다. 엉뚱하게 보급받은 초콜릿 사탕이 단순한 군것질거리가 아니라 포탄보다도 유용하게 쓰일 것이고, 실제로 중공군의 포위에서 해병대를 구하는 데 일조를 하게 될 것이라고는.

실제로 함경남도 개마고원에 위치한 장진호의 지역적 특성 때문에 투시 롤은 예상치 못한 활약을 펼치게 되었다. 장진호 전투는 1950년 11월 27일부터 12월 11일까지 약 2주에 걸쳐 벌어졌다. 장진호가 위치한 개마고원은 한국에서 가장 추운 곳 중 하나로, 한국전쟁이 일어났던 1950년에는 유독 강추위가 몰아쳤다. 밤이면 영하 30도 이하로 떨어지는 기온도 기온이지만, 해발 2,000미터의 산이 이어지는 고지대에서 40킬로미터에 달하는 협곡으로 불어오는 바람은 살인적이었다. 때문에 해병대원들은 혹독한 추위와도 싸워야 했다. 전사에서는 2차 세계대전 때 동유럽의 모스크바 전투, 서유럽의 벌지 전투와 함께 장진호 전투를 현대전에서 가장 처절했던 3대 동계작전으로 꼽는다.

장진호 전투에서 추위는 적군보다 무서운 존재였다. 전투에 얽힌 일화 하나하나가 장진호의 추위가 얼마나 심했는지 보여준다. 기관총은 그대로 놓아두면 얼어붙어 쏠 수 없었기 때문에 적군이 있건 없건 주기적으로 사격을 해야 했다. 부대 위치가 그대로 노출되는 위험마저 감수해야 했다. 소총은 제대로 손질조차 할 수 없었다. 손질할 때 쓰는 기름이 얼어붙었기 때문이다.

땅도 깊숙이 얼어 있어 참호를 파는 것 자체가 중노동이었다. 전투를 하거나 참호를 파느라 땀을 흘리면 바로 동상에 걸렸다. 미군이나 중공군 모두 절반 이상이 심한 동상에 걸려 고생했다. 공중 투하 보급품도 문제가 생겼다. 낙하산으로 떨어트린 보급품이 얼어붙은 땅에 부딪치면서 깨지는 바람에 탄약과 식료품 모두 25% 정도만 사용 가능했다.

극심한 추위에 잠도 제대로 못 자고 제대로 먹을 수도

4장. 처절한 생존의 흔적

없었다. 해병대원들은 주로 C-레이션 통조림을 먹었다. 하지만 수시로 이동해야 했을 뿐 아니라 중공군의 기습공격 탓에 전투식량을 일일이 녹여 먹을 수도 없었다. 제대로 녹이지 못한 음식은 곧 다시 얼었고, 녹인다고 녹여도 겉만 녹을 뿐 속은 얼음 그대로였다. 제대로 조리되지 않은 식량과 얼어붙은 음식을 먹느라 전투기간 내내 장병들은 심한 장염과 설사에 시달렸다.

이런 상황에서 적군에게 포위된 해병대원들은 죽을힘을 다해 버티고 있었다. 그런데 때 아니게 초콜릿 사탕이 공수되자 해병대원들은 장진호에서 철수할 때까지 하루 세끼를 초콜릿 사탕으로 때웠다. 한 참전용사는 한국이 통일된 후 북한 땅이 된 장진호 주변을 파보면 엄청난 숫자의 초콜릿 사탕 포장지가 묻혀 있을 것이라고 말할 정도였다.

미군을 비롯한 여러 나라의 군대에서는 초콜릿을 전투식량으로 지급한다. 고열량 식품인 만큼 작전 중의 병사에게 빠르고 간편하게 에너지를 공급하기 때문이다. 초콜릿은 사기가 진작된다는 것과 고열량 에너지원이 된다는 장점이 있지만 문제점도 있다. 맛있기 때문에 순식간에 다 먹어치운다는 점이다. 다시 말해 위급한 상황에서 생존을 위해 아껴 먹어야 할 생존식량으로는 어울리지 않는다. 하지만 투시 롤은 조금 달랐다. 캐러멜 사탕에 초콜릿을 입혔기 때문에 장진호의 혹독한 추위에서는 딱딱하게 얼어붙어 급하게 먹을 수도 없었다. 입에서 천천히 녹여 먹어야 했다.

미군이 투시 롤을 전투식량으로 지급한 것은 2차 세계 대전 때부터다. 비상시 에너지원이 되기도 하지만 다양한 기후에도 쉽게 변하지 않기 때문이었다. 사막의 더운 날씨에도 녹지 않고, 꽁꽁 얼어붙는 추운 날씨에도 입에 넣으면 쉽게 녹여 먹을 수 있다. 이런 투시 롤은 장진호 전투에서도 전투식량으로서의 위력을 유감없이 발휘했다.

초콜릿 사탕의 역할은 여기서 그치지 않았다. 무엇이든지 꽁꽁 얼어버리는 추위 때문에 평상시에 유용한 물건도 장진호에서는 무용지물이 되는 경우가 많았다. 예를 들어 연료통이 총알에 맞아 구멍이 생겨도 쉽게 메울 수가 없었다. 이럴 때 초콜릿 사탕을 입으로 녹여 구멍을 틀어막으면 바로 얼어붙었기에 용접 이상의 효과를 발휘했다는 것이다.

장진호 전투의 초콜릿 사탕은 어찌 보면 액면 그대로 믿기 힘들 정도로 어이없는 해프닝이다. 하지만 이런 사

4장. 처절한 생존의 흔적

소한 이야기 속에도 나라를 위해 싸웠던 이름 없는 영웅들의 무용담이 녹아 있다. 미국 해병대가 에피소드를 발굴해 소개하는 이유일 것이다.

음식에 깃든 국난극복 의지

FOOD AND WAR

전사자에게 생강을

약 1,000년 전, 고려는 북방 거란으로부터 자주 침략을 당했다. 급기야 현종은 고려 역사상 처음으로 수도 개경을 버리고 전남 나주까지 피란을 갔다. 또 북방 전선에서는 전사자가 많이 생겼다. 나라를 위해 목숨을 바쳤으니 그들에게 국가가 보상을 해주는 것은 예나 지금이나 당연하다. 『고려사(高麗史)』에 따르면 1018년 8월 현종은 다음과 같은 교시를 내려 전사자에 대한 보상을 지시했다.

"을묘년(1015년) 이래 북방에서 전사한 장병들의 부모와 처자식에게 계급에 따라 차와 생강, 베를 하사하라(八月教自 乙卯年以來, 北鄙戰亡將卒父母妻子, 賜茶·薑·布物, 有差)."

이게 무슨 뜬금없는 소리였을까? 전쟁터에서 나라를 위해 싸우다 전사한 전몰장병에게 기호품에 지나지 않는 차와 양념에 불과한 생강, 그리고 무명 조각으로 보상을 하다니. 금은보화는 아니더라도 쌀과 고기, 비단을 내려주며 크게 위로해야 하는 것 아닌가 싶을지도 모르겠다. 나라가 장병들의 목숨 값을 너무 가볍게 여겼기에 국경 방비가 소홀해져 외적으로부터 자주 침략을 당했던 것은 아닐까 의심할 수도 있다.

하지만 오히려 반대였다. 현종이 전몰장병에게 하사한 생강, 차, 베가 당시 어느 정도 값어치였는지는 정확하게 파악할 수 없지만, 적어도 기대 이상의 수준이었던 것만큼은 틀림없다. 고려부터 조선시대까지 각종 문헌에 보이는 세 물품의 가치를 참고하면 특히 차와 생강이 어느 정도 값어치가 나가는지 짐작할 수 있다.

차는 한국에서 많이 재배하지 않았다. 때문에 좋은 차는 주로 중국에서 수입해 왔다. 최남선의 『조선상식문답』에도 차가 송나라에서 고려로 보내는 예물에 반드시 포함되어야 하는 품목이라고 적혀 있다. 고려에서 차가 얼마나 귀하게 여겨졌을지 어렵지 않게 짐작할 수 있는 대목이다. 1,000년의 수입품이었으니 아마 고려에서는 상류층

전쟁사에서 건진 별미들

만 마실 수 있는 귀중한 기호품이었을 것이다.

생강도 우리의 상상 이상으로 귀중한 식품이었다. 지금은 생강이 주로 김치를 담글 때, 혹은 요리할 때 들어가는 양념에 지나지 않지만 옛날에는 달랐다. 생강은 엄청나게 귀한 향신료였고 양념보다 주로 약재로 사용됐다. 계급에 따라 전몰장병에게 하사품을 차등 지급한다고 했으므로 생강은 특히 계급이 높은 장수나 크게 전공을 세우고 전사한 장병들에게 지급됐을 것이다.

고려시대에만 해도 인삼보다는 생강을 훨씬 귀하게 여겼다. 조선시대에도 마찬가지였다. 불과 130여 년 전인 고종 27년의 기록 『승정원일기』에서도 생강에 대한 평가가 지금과 같지 않았음을 엿볼 수 있다. 조선에 온 청나라 사신을 맞아 손님맞이 연회상이 차려졌다. 전례에 따라 차를 준비했는데 임금의 다례로는 연한 생강차가, 사신의 다례상에는 인삼차가 놓였다. 영조 때도 비슷한 기록이 있다. 임금이 사돈이자 원로대신인 홍봉한에게 차를 대접했다. 도승지가 홍봉한에게 인삼차를 올리겠다고 하니, 영조가 인삼차 대신 생강차를 준비하라고 지시했다. 임금이 마시는 차와 청나라 사신, 그리고 정승인 신하가 마시는 차가 격식을 달리했던 것이니 생강차가 인삼차보다 오히려 한 단계 격이 높았음을 알 수 있다. 조선시대에도 생강이 지금처럼 흔한 양념이 아니라 귀한 약재로 여겨졌기 때문이다.

생강에 대한 옛 사람들의 인식은 불로초에 가깝다. 먹으면 영원히 살 수 있다는 신선의 식품까지는 아니어도 생강을 먹으면 늙지 않는다고 여겼다. 생강에는 양기가 가득 차 있어 몸을 따뜻하게 해줄 뿐 아니라 정력에도 좋다고 했다. 또 물에 담갔다가 말리면 묘한 작용을 해서 풍증이 사라지고 위와 장이 편안해지며, 달여 먹으면 관절통도 거뜬히 나아 부축을 받지 않아도 된다고 여겼다. 죽은 사람을 살리는 묘약까지는 아니어도 거의 만병통치약에 가까운 대접을 받았던 셈이다.

역대 조선 임금의 치적을 모아서 기록한 책으로 『국조보감(國朝寶鑑)』이 있다. 여기에 인종이 조선 제12대 임금으로 즉위하면서 신하들에게 즉위를 자축하는 의미에서 생강을 하사했다는 내용이 나온다. 그는 생강을 하사하면서 이렇게 말했다고 한다.

"생강 먹기를 그치지 않는 것은 하늘과 통하기 위한 것이고 더럽고 나쁜 것을 제거하려는 것이다. 여러 군자들이 언제나 공자를 사모해 작은 음식도 모범으로 삼고자

전쟁사에서 건진 별미들

하는데 이에 따라 생강을 하사하니 서로 전하여 그 뜻을 새기도록 하라."

공자가 생강을 즐겨 먹었기에 선비들이 공자를 본받아 생강 먹기를 즐기는 것을 염두에 두고 한 말이다.『논어』에는 공자가 "식사할 때 생강을 빼놓으면 안 되는데 많이 먹지는 않는다"고 말한 것으로 나온다. 공자의 이 말에 주자가 주석을 달았다. 생강은 신명(神明)과 통하는 음식으로 더럽고 불결한 것을 제거하기 때문에 식사를 할 때 없어서는 안 된다는 것이다. 공자에 주자까지 이렇게 해석했으니 유교를 받들었던 조선의 군주와 양반들은 생강을 고귀함, 강직, 정결의 상징으로 여겼던 것이다.

생강을 하늘과 통하는 식품으로 여긴 것은 세계 공통의 현상이었다. 유럽에야 생강이 워낙 늦게 전해졌기에 말할 필요도 없고, 생강을 귀하게 여겼던 것은 아랍 세계에서도 마찬가지였다. 이슬람 경전『코란』에는 알라가 천국의 축제에서 생강을 제공한다고 나온다. '알라가 말씀하시기를 생강을 넣은 음료수가 그들에게 주어질 것이며' '뜨거운 생강 음료수가 담긴 잔을 받은 자' '알라에게 가장 가까이 다가선 자는 언제든지 그 잔을 마실 수 있으며' 등의 대목이 그것이다. 이슬람 세계에서 생강은 하늘과 통하는 식품이고, 생강차는 천국의 음료다.

옛 사람들은 생강을 왜 이렇게 귀히 여겼을까? 같은 크기의 금값과 맞먹었다는 후추에 버금가는 향신료였던 데다 열대성 작물이기도 하여 당시에는 재배가 쉽지 않았기 때문일 것이다. 그 값어치로 말하면 조선의 인종이 임금 즉위 선물로 생강을 하사할 정도였다. 그러니 그보다 훨씬 전인 현종이 전몰장병에게 생강을 하사했다는 것은 그만큼 후한 보상을 했다는 뜻이다.

고려 제8대 왕 현종은 고려 왕조의 기틀을 다지는 데 크게 기여한 군주다. 대내적으로는 호족세력이 나누어 가졌던 정치권력을 청산하고 국왕을 정점으로 한 강력한 중앙집권체제를 확립했다. 또 대외적으로는 강력한 북진정책의 실천으로 북방민족에 대한 국방의 기틀을 다졌다.

993년 거란의 1차 침입 때 고려는 서희의 외교 담판으로 오히려 압록강 동쪽의 강동 6주를 얻었다. 이어 현종이 왕위에 오른 1010년 거란이 2차로 침입해 왔다. 이때 수도인 개경이 함락되고 현종은 나주까지 피신해야 했다. 그러다 왕이 직접 거란에 찾아가 인사하는 친조(親朝)를 조건으로 거란군이 물러났다. 하지만 현종은 병을 핑계로 친조를 거절했다. 그러자 1014년과 1016년 다시 거란이 침입해 왔으나 고려군이 이를 물리쳤다. 『고려사』에 기록된 전사자는 이 무렵 거란과의 전투에서 전사한 장병들을 말한다.

그리고 이후 유명한 귀주대첩을 통해 고려군은 거란군을 전멸시켰다. 1018년 12월, 거란 장수 소배압이 10만 대군을 이끌고 다시 고려를 침공했다. 고려는 이때 거란의 재침공을 예상하고 20만의 군대를 준비하고 있다가 거란에 맞섰다. 그러다 거란군은 귀주에서 강감찬 장군의 공격을 받고 대패했는데 10만 대군 중 살아 돌아간 거란군은 불과 2,000명이었다.

귀주대첩의 승리 요인은 유비무환의 자세와 강감찬 장군의 전략 때문이었다. 하지만 그 배경에는 전투에 나가 싸우다 죽으면 나라에서 책임진다는 병사들의 믿음이 있었을 것이다. 전사하면 남은 가족들이 평소에는 구경도 하기 힘든 당시의 귀중품으로 보상받는다는 신뢰가 있었기에 용감해질 수 있었던 것이 아닐까 싶다.

사마천의 『사기』 중 「자객열전」에 "여인은 자기를 기쁘게 해주는 자를 위해 꾸미고 선비는 자기를 알아주는 사람을 위해 죽는다(士爲知己者死 女爲悅己者容)"는 구절이 있다. 이처럼 『고려사』에 수록된 단 한 줄 "북방 전선에서 전사한 장

병들의 부모처자에게 차와 생강, 베를 하사한다"는 말은
귀주대첩을 승리로 이끈 가장 중요한 원동력이 되었을지
도 모른다.

전쟁사에서 건진 별미들

✗
FOOD AND WAR

남한산성을 지켜준
녹두죽

1636년 12월 9일, 청나라 대군이 얼어붙은 압록강을 건너 조선을 침입했다. 병자호란이다. 그리고 불과 6일 뒤 한양의 외곽인 지금의 서울 은평구 녹번동 근처까지 밀고 내려왔다. 적군이 바로 코앞까지 왔다는 급보를 받은 인조는 황급히 피란길을 떠나 저녁 무렵 부랴부랴 남한산성으로 들어갔다. 다음 날 남한산성은 청나라 군대에 완전히 포위됐다.

병자호란 때 조선을 침입한 청나라 군사는 약 14만 명이다. 반면 남한산성으로 들어가 농성에 들어간 조선군의 숫자는 약 1만 4,000명이다. 청나라 군대가 모두 남한산

293

5장. 음식에 깃든 국난극복 의지

성으로 집결해 성을 포위한 것은 아니었다. 그러나 조선 임금이 농성 중인 남한산성에 주력부대가 집결해 있었을 것을 감안하면 청나라 군대에 비해 조선군의 숫자는 절대적인 열세였다.

남한산성에서 조선군은 청나라 군대와 어떻게 맞서 싸웠을까? 청나라 대군이 압록강을 건넌 지 1주일도 되지 않는 짧은 기간에 도성인 한양까지 내주고 남한산성으로 쫓겨 들어갔음에도 말이다.

얼핏 보면 이런 오합지졸 군대가 따로 없다. 제대로 저항 한 번 하지 못하고 도성을 송두리째 내주고 말았다. 하지만 남한산성에 들어가서는 1636년 12월 15일부터 이듬해 1월 30일까지 무려 45일을 버텼다.

결국 인조는 음력 1637년 1월 30일 지금의 송파구인 삼전도에서 삼고구배(三叩九拜)의 예를 올리며 청 태종 홍타이지에게 항복했다. 병자호란은 분명 우리에게 치욕의 역사다. 그리고 청과 명 사이에서 등거리 외교를 펼치며 교묘하게 국제정세를 활용했던 광해군과 달리 명분과 명나라에 대한 사대에만 집착해 병자호란을 자초했던 인조의 실정은 분명 비판받아야 할 대목이다. 그러니 후손들에게 미움받아 마땅할 수도 있다.

하지만 그렇다고 인조에게 불필요하게 가학적일 필요
는 없다. 이를테면 드라마나 인터넷에 묘사되는 인조의
항복 장면이 그런 예다. 땅에 머리를 세 번 찧고 아홉 번
절을 하는 과정에서 이마에서는 피가 줄줄 흐르고 상투는
풀어져 산발이 된다.

삼고구배란 이마를 세 번 땅에 대고 아홉 번 허리를 굽
혀 절하는 인사법이다. 신하가 임금에게, 왕이 황제에게
하는 인사법으로 최고의 예를 갖추는 것이다. 스스로 땅
에 이마를 부딪쳐 피가 줄줄 흐를 정도는 아니다. 옛날이
나 지금이나 항복 문서에 조인을 할 때는 승자라도 패장
에게 예의를 갖춘다. 인조는 항복하면서 신하의 예를 갖
췄을 뿐이고 『인조실록』과 『승정원일기』를 보면 청 태종
역시 신하가 된 패전국 왕을 예를 갖추어 대했다.

또 하나, 병자호란은 분명 조선이 청나라에 패한 전쟁
이다. 하지만 남한산성 전투까지 청나라에 포위된 채 굶
주림에 시달리며 처참하게 항복한 전투는 아니다. 흔히
'임금을 비롯한 조정의 중신들과 군사, 백성들이 갑자기
남한산성으로 피신을 했기에 성안의 사람과 짐승들이 굶
주림에 시달리고 추위에 시달리며 빈 가마니를 쓰고 버티
다 제대로 싸워보지도 못하고 얼어 죽었다'고 하지만 사

실은 그렇지 않았다. 병자호란이라는 전쟁에는 졌지만 남한산성 전투는 오히려 훌륭하게 버텼던 항전의 역사였다. 한겨울 엄동설한에 무려 45일 동안 버티며 저항했던 것에서도 남한산성 전투가 만만치 않았음을 짐작할 수 있다.

결국 항복을 하기는 했지만 그것은 장기간 포위된 상태에서 전의를 상실했기 때문이 아니었다. 강화도가 함락되고 구원병 역시 도착할 기미가 없는 상황에서 더 이상 버틴다는 것이 의미가 없었기 때문이다.

그런데 나라의 절반을 그렇게 손쉽게 내준 조선군이 남한산성에서는 장기간 버틸 수 있었던 배경은 무엇일까? 『조선왕조실록』과 『승정원일기』의 기록에서 그 이유를 찾아볼 수 있다.

남한산성으로 들어간 조선군은 청나라 군대와 대규모 공성전을 벌였던 적이 없다. 간헐적인 소규모 전투만 있었을 뿐이다. 성문 밖으로 나가 싸우다 여덟 명이 전사하고 다수의 사상자가 발생한 적은 있다. 그러나 청군 20명의 목을 베고 돌아오다 아군 세 명이 부상을 당했다는 기록처럼 조선군이 일방적으로 밀리기만 한 것도 아니다.

남한산성에서 치열한 공방전이 벌어지지 않았던 까닭은 남한산성이 그만큼 험난한 요새였기 때문이다. 따라서

전쟁사에서 건진 별미들

청나라 군대도 총공격을 펴지 못했고, 남한산성을 철저하게 고립시킨 채 사방에서 임금을 지원하기 위해 오는 근왕병을 패퇴시키는 고립 전략을 써야 했다.

또 다른 이유는 일반적으로 알고 있는 것과는 달리 남한산성에는 넉넉지 않으나마 충분한 식량이 있었다.『조선왕조실록』에는 남한산성이 포위됐을 때 성내에 쌀과 콩이 1만 8,000석, 겉곡식이 5,800석, 된장이 200여 동이가 있는데 군병의 숫자는 1만 4,000명이니 50일치의 식량은 된다는 기록이 있다. 물론 피란 온 민간인까지 합하면 넉넉한 양은 아니었겠지만, 그래도 굶주림에 시달릴 정도는 아니었다.

『조선왕조실록』과『승정원일기』곳곳에는 수시로 비축된 군량을 점검했다는 내용이 있다. 농성 열흘이 지났을 때까지도 비축량은 아직 여유가 있었다고 적혀 있고, 항복을 논의하는 농성 말기까지도 식량이 부족해 굶주리고 있었다는 기록은 보이지 않는다. 남한산성은 공격하기 쉽지 않은 요새인 데다 비축된 식량도 있었으니 쉽게 함락될 가능성은 높지 않았다.

여기에 또 한 가지 이유를 들자면 조선군의 전투 의지였다. 병자호란 초반에 무너졌던 오합지졸 군대였다면 병

297

졸들 사이에 탈영병이 속출했겠지만 그렇지 않았다. 조선 군은 싸움에 나선 병사를 먼저 돌보고 먹이며 사기를 돋 웠다. 사실 남한산성 병사들이 가장 고통을 겪었던 것은 식량 부족이 아니라 한겨울 산꼭대기의 혹독한 추위였다. 『조선왕조실록』과 『승정원일기』에도 굶주렸다는 기록은 없지만 추위 때문에 얼어 죽은 병사가 생겼다는 기록은 있다. 동사까지는 아니어도 솜옷을 입지 못한 상태에서 성벽에서 보초를 서면 며칠 만에 동상이 걸려 손발을 잘 라내야 할 정도가 됐다. 그런 이유로 간헐적인 전투로 인 한 부상병과 동상 환자가 속출했다.

『승정원일기』에는 고통에 시달리는 부상병의 치료에 관한 기록이 실려 있다. 부상병들이 괴로움을 잊기 위해 술을 요구하자 의관이 술은 안 된다며 부상병을 따뜻한 민가로 데려갔다. 그리고 당시 의료책임자였고 훗날 병조 참판을 지낸 허계(許啓)가 인조에게 부상병에게 녹두죽을 끓여 먹일 것이니 윤허해달라고 요청한다. 참고로 허계는 항복을 반대하고 끝까지 싸울 것을 주장하다 청나라에 잡 혀 간 다섯 충신(五忠臣) 중 한 명이다.

그런데 그는 부상병에게 왜 하필 녹두죽을 끓여 먹일 생각을 했을까? 그리고 녹두죽을 끓이는데 왜 임금에게

전쟁사에서 건진 별미들

허락을 받아야 했을까? 옛날에는 녹두가 지금처럼 흔하지 않았다. 또 임금도 아플 때는 녹두죽을 먹었다. 실제 영조가 승하했을 때 정조가 며칠 동안 식음을 전폐하고 슬퍼하자 어의들이 건강을 해치지 않으려면 녹두죽을 먹어야 한다고 간청한 적도 있다.

왜 하필 녹두죽이었는지는 어의가 정조에게 권했던 말에서 이유를 찾을 수 있다. "슬픔이 극에 달해 속이 타는 것처럼 마음을 가누지 못할 때는 녹두죽을 들어야 한다"는 것이다. 허계도 외상이나 동상 등으로 인해 열이 날 때 해열제로 녹두의 효능이 탁월하다고 믿었다. 양식이 부족한 와중에도 부상병에게 최고의 치료 음식을 제공했던 것이다.

또 남한산성의 병사들은 수시로 고기를 먹었다. 남한산성은 산속에 있기 때문에 평야 지대와 달리 군마의 필요성이 크지 않았다. 때문에 일정 숫자의 말을 잡아 그 고기를 우선적으로 병사들에게 먹여 사기를 높였다는 기록이 『조선왕조실록』에 남아 있다.

병자호란의 원인과 승패에 대해서는 다양한 분석이 가능하다. 그중에서도 당시 국제정세에 대한 오판과 전략 부재로 인해 패한 전쟁이라는 인식이 일반적이다. 하지만

5장. 음식에 깃든 국난극복 의지

남한산성 농성만큼은 패배한 전투라고 할 수 없다. 그 배경은 구할 수 있는 최고의 치료제로 부상병을 돌보고 병사들을 아꼈던 단합의 힘이 아니었을까 싶다. 녹두죽 한 그릇이 단합의 교훈을 보여준 예라 할 수 있겠다.

소족발로 보는
리더십의 타이밍

"옛날에 김종서 장군이 있었다면 근래에는 이순신 장군이 있었다." 정약용은 『경세유표』에서 조선시대 최고의 장군을 꼽아 평가했다. 조선 후기 최고의 지성으로 꼽히는 정약용이 조선 역사를 통틀어 임진왜란 때 왜적으로부터 나라를 구한 이순신 장군과 버금가는 위대한 인물로 꼽았던 사람은 6진 (六鎭)을 개척한 김종서 장군이다.

『징비록』의 저자로 임진왜란을 이끌었던 서애 류성룡 역시 조선 최고의 장군으로 단연 김종서 장군을 꼽았다.

5장. 음식에 깃든 국난극복 의지

류성룡은 이순신 장군과 같은 시대를 살았을 뿐 아니라 상관으로서 충무공을 발탁한 사람이니 당대 인물을 조선 최고로 평가하기란 쉽지 않았을 것이다. 그러니 이런 저런 연유로 김종서 장군을 최고의 장군으로 꼽았던 것이다. 그 역시 북방에 6진을 설치한 공로를 평가했다.

"조선의 유명한 재상들이 이룬 성대한 공적 가운데 6진을 설치한 것보다 더 나은 것이 없다. 장군의 기획한 바가 원대하고 의논한 바가 넓디넓으니 작은 지혜와 얕은 생각으로 말만 잘하여 집안과 나랏일을 망치는 세상의 용렬한 자와 풋내기들이 보면 기운이 다하여 감히 그 입을 놀리지 못하게 될 것이다. 한 시대를 풍미한 뛰어난 인재라고 할 수 있겠는데 실로 세종 임금께서 잘 임명하여 이룬 업적이다."

6진은 두만강 하류에 위치한 종성, 온성, 회령, 경원, 경흥, 부령을 말한다. 고려 예종 때 윤관 장군을 대원수로 삼고 17만 명의 병력을 동원해 여진족 마을을 격파하고 국경을 정했다. 훗날 여진족이 강성해지면서 땅을 빼앗겼다가 태조 이성계가 다시 북쪽 변경을 평정했다. 이후 다시 침범해 온 여진족에게 점령당했다가 세종 16년 김종서를 함길도 도절제사로 임명하면서 옛 땅을 수복했다.

김종서 장군의 6진 설치는 압록강과 두만강을 경계로 하는 조선의 영토가 확정됐을 뿐 아니라 조선 왕실이 뿌리를 되찾았다는 데 의의가 있다. 태조 이성계의 고향 땅을 여진족에게 빼앗겼다가 되찾은 것이니 왕실 입장에서는 영토 회복 이상의 의미가 있었던 것이다.

6진 개척을 명령한 세종대왕도 "비록 내가 있어도 만일 김종서가 없으면 이 일을 해내지 못했을 것이요, 비록 김종서가 있어도 내가 없으면 이 일을 주장하지 못했을 것이다"라며 6진 개척의 의미와 장군의 공로를 평가했다.

김종서 장군은 성품이 호랑이 같았다. 장군이 남긴 자작시에서도 호방함을 짐작할 수 있다. "삭풍은 나무 끝에 불고 명월은 눈 속에 찬데 만리변성에 일장검 짚고 서서 긴파람 큰 한 소리에 거칠 것이 없어라."

맹장이었던 만큼 6진을 개척할 때 장병들을 엄하게 다스리며 군기를 확실하게 잡았던 모양이다. 관리는 물론이고 군사들도 괴롭게 여겼다. 암살 시도도 숱하게 겪었다. 여진족의 음모였는지 지나친 훈련과 엄격함에 대한 반발인지는 알 수 없지만, 밥하는 사람인 선부(膳夫)도 수차례 장군이 먹는 음식에 독을 넣었다. 또 하루는 잔치를 열었는데 어디에선가 화살이 날아와 술동이에 꽂혔다. 하지만 김종서 장군은 얼굴빛 하나 바꾸지 않고 "간사한 것들이 나를 시험하지만 저들이 감히 나를 어떻게 할 수 있겠는가?"라고 했다. 조선 후기 문집 『임하필기』에 기록된 내용이다. 그러나 엄격한 군기와 용맹함만으로 부하들을 통솔하고 6진 개척이라는 과업을 달성하는 것이 가능했을까?

그의 리더십에는 특별한 무엇이 있었다고 하는데, 그 사례 역시 『임하필기』에 있다. 그는 혹독한 훈련과 엄한 규율로 여진족을 몰아낸 후 장병들과 함께 6진을 수비하면서 가끔씩 잔치를 열어 장병들을 위로했다. 그런데 한 번 잔치를 열면 휘하 간부들인 비장(裨將) 100명에게 모두 소족발을 하나씩 베풀 정도로 푸짐하게 음식을 차렸다. 단순히 계산하면 한 번 잔치를 열 때마다 소 25마리를 잡았다는 이야기다. 그러니 간부인 비장은 물론 병졸들도 배불리 먹었을 것이다. 일각에서 장군이 물자를 아끼지 않고 지나치게 낭비한다는 항의가 일었다. 그러자 장군이 이렇게 대답했다.

"북쪽 변방은 태조가 나라를 일으킨 땅이다. 선대 임금들이 잃었던 땅을 회복하고자 했으나 이루지 못했다가 이제 다행히 영토를 개척했다. 장병들이 10년 동안이나 변방에서 전투를 했는데 이렇게 하지 않으면 위로할 방법이 없다. 베풀 때는 야박하게 굴어서는 안 된다. 지금은 여유가 있어 비록 한 사람이 소다리를 하나씩 먹을 수 있지만 앞으로 10년이 지나면 닭다리 하나도 넉넉지 못할 수도 있다. 절약한다고 야박하게 굴어 장병들이 모두 집으로 돌아가기만을 노래한다면 누구와 더불어 변방을 굳게 지키겠는가?"

앞서 말했듯 『손자병법』에는 군대의 사기에도 주기가 있다고 되어 있다. 성과에 따른 적절한 보상도 중요하지만 타이밍을 맞춰 병사들의 기세를 올리면 조직의 전력은 급상승할 수 있다. 여진족과 싸우기 직전에는 혹독한 훈련과 엄격한 규율로 군기를 확립했다가 전투에 승리한 후에는 최대한 베푸는 것이 그만의 '족발 리더십'이었다. 그랬기에 장병들이 장군을 믿고 따랐을 것이다.

그런데 이 소족발에는 푸짐하다는 것 외에 또 다른 상징적 의미가 있다. 지금도 많은 사람들이 족발을 좋아하지만 족발은 옛날부터 대표적인 산해진미로 꼽히던 음식이다. 그러니 잔치에 족발을 올린다는 것은 산해진미를 푸짐하게 차렸다는 이야기다. 왜 족발이 산해진미일까?

사람들이 족발을 좋아하는 이유는 맛도 있지만 족발에 특별한 의미를 부여했기 때문이다. 옛날 사람들은 동물은

5장. 음식에 깃든 국난극복 의지

네 발로 걷기 때문에 모든 정기가 발바닥으로 몰린다고 믿었다. 대부분 족발이 해당된다.

고대에 천하제일의 진미로 꼽았던 것이 곰발바닥이다. 점잖은 맹자도 입맛을 다셨을 정도다. "물고기도 먹고 싶고 곰발바닥도 먹고 싶지만 둘 다 먹을 수 없다면 곰발바닥을 먹겠다." 딱히 식도락을 즐겨서 한 말은 아니다. 핵심은 다음 구절에 있다. "사는 것도 중요하고 의로운 것도 중요하니 모두 할 수 없다면 목숨을 버리고 의로움을 택하겠다." 정기가 모여 있는 곰발바닥을 유교의 핵심가치인 '의'(義)의 상징으로 표현한 것이다.

옛날에는 돼지족발을 곰발바닥에 버금가는 맛으로 여겼다. 돼지족발 역시 육중한 몸을 지탱하는 강인함을 자랑하고, 아무리 추워도 돼지발이 동상에 걸렸다는 말은 없으니 돼지의 정기가 족발에 집중됐다고 믿었다. 좋은 음식은 하늘에 제사를 지낼 때 쓰는데 돼지족발 역시 마찬가지였다. 하지만 아무리 산해진미라도 찔끔찔끔 놓으면 세상이 흉을 보기 마련이다.

춘추전국시대 제나라에서 있었던 일이다. 초나라가 대군을 보내 국경을 침범하자 놀란 제나라 왕이 재상 순우곤을 파견해 이웃 조나라에 구원병을 요청하기로 했다.

전쟁사에서 건진 별미들

그러면서 황금 100근과 말 4필이 끄는 마차 10대를 예물로 준비했다.

그러자 순우곤이 고개를 젖혀 크게 웃다가 그만 모자 끈이 끊어졌다. 왕이 까닭을 묻자 순우곤이 이유를 말했다. "오늘 아침 어느 백성이 제단에 돼지족발 하나와 술 한 잔을 올려놓고 하늘에 소원 비는 소리를 들었습니다. '고지대의 밭에서는 바구니 가득 차도록 수확하게 해주시고 저지대 밭 곡물로는 수레를 채워주시며 부디 오곡이 풍성하게 익어 창고에 가득 차도록 해주십시오.' 신이 보기에 제물은 달랑 돼지족발 하나로 많지 않은데 바라는 것은 너무 많았던 것이 떠올라 웃은 것입니다."

이 말을 들은 제왕이 예물을 늘려 황금 1,000근과 백옥 10쌍, 마차 100대를 준비했다. 순우곤이 예물을 가지고 조나라에 원병을 청하자 조왕이 정예병 10만과 전차 1,000대를 파견하니 초나라가 놀라 밤새 군사를 철수시켰다. 초라한 음식이라는 뜻의 사자성어 돈제우주(豚蹄盂酒)의 유래로, 『사기』의 「골계열전」에 나오는 이야기다. 김종서 장군과 순우곤의 철학은 상당히 닮아 있다. 베풀 때는 상대방이 감동하고 감격하도록 아낌없이 베푸는 자세가 중요하다는 점이다.

거북선과 과메기

이순신 장군의 리더십에 대한 관심이 높다. "살고자 하면 죽을 것이요, 죽고자 하면 살 것이다(必生卽死, 必死卽生)"라는 말로 두려움을 극복한 용기와 지도력이 화제다. "신에게는 아직 12척의 배가 남아 있습니다"는 말과 함께 적선 133척을 무찌른 전술도 감탄스럽다. "충(忠)은 백성을 향하는 것이어야 한다"는 명량해전을 소재로 한 영화 〈명량〉의 대사도 감동적이다.

원균이 이끈 조선 수군이 일본 수군에게 대패한 후 남

은 12척의 배로 133척의 적선을 물리친 명량해전, 학익진으로 적에게 치명타를 입힌 한산대첩, 자신의 마지막 전투 노량해전까지, 이순신 장군이 자신이 지휘한 25차례의 해전에서 모두 빛나는 전공을 세웠다는 사실은 한국인이라면 누구나 다 안다. 하지만 이순신 장군이 얼마나 훌륭한 전략가였는지 그 진면목은 해전의 승리만으로 충분히 설명되지 않는다.

근래 들어 충무공의 인간적인 면모까지 재조명되고 있지만 아직까지 잘 알려지지 않은 부분도 있다. 바로 병참이다. 이순신 장군이 이끄는 조선 수군이 7년간 계속된 임진왜란 동안 무엇을 먹고 싸웠는지를 말해주는 부분이다. 눈부신 승리에 가려져 있지만 병사들이 먹는 문제는 매우 중요하다. '금강산도 식후경'이라는 말은 전쟁에도 해당되기 때문이다. 며칠 정도의 일시적인 전투는 몰라도 지속적인 전쟁을 굶으면서 할 수는 없다. 제대로 먹지 못하는 군대는 전쟁에서 패할 수밖에 없다.

이순신 장군이 해전에서 모두 승전을 거둘 수 있었던 것은 거북선과 판옥선 같은 무기, 뛰어난 전략과 지도력 때문만은 아니었을 것이다. 병사들의 사기도 한몫했을 것이다. 그런데 굶주린 병사에게는 사기가 있을 수 없다. 적

5장. 음식에 깃든 국난극복 의지

어도 주린 배를 안고 싸우지는 않았기에 전투 의지도 높았을 것이다. 그들은 과연 무엇을 먹고 싸웠을까?

임진왜란 때 조선의 식량 사정은 최악에 가까웠다. 기본적으로 준비가 되지 않은 상태에서 치른 전쟁이기 때문이다. 족병족식(足兵足食). 전쟁에서 승리하려면 병사도 충분해야 하고 식량도 넉넉해야 한다는 뜻이다.

임진왜란 9년 전인 1583년, 지금의 국방장관에 해당하는 병조판서 이율곡이 선조에게 외침에 대비해 국력을 키울 것을 건의했다. 널리 알려진 10만 양병설이다.

"오랜 세월 나라가 태평성대를 누렸으니 무사안일주의가 널리 퍼져 있고, 군대와 식량이 모두 부족해 하찮은 오랑캐가 국경만 넘어도 나라가 놀라 술렁일 정도입니다. 이럴 때 혹시 큰 적이 침입하면 어떤 지혜로도 극복하기 어렵고, 속수무책으로 당할 도리밖에 없습니다."

그러니 10만 군사를 미리 키워 전쟁에 대비하자는 것이었다. 10만 군사를 키우려면 단순히 군인의 숫자만 늘리는 것이 아니라 그들이 먹을 군량미도 비축해야 하고, 무기도 늘리고 갑옷도 준비하는 등 종합적인 군수지원체제를 갖춰야 한다.

하지만 선조는 율곡의 건의를 받아들이지 않았다. 결국

전쟁사에서 건진 별미들

1592년, 왜군이 쳐들어왔을 때 조선에는 아무런 대비책이 없었다. 대책을 세울 기반도 갖춰져 있지 않았다. 임진왜란 7년 동안 여러 문제가 있었지만 가장 심각했던 것이 군량이었다. 임진왜란은 국제전이었다. 한반도에서 조선군과 지원군인 명나라 군대, 침략자인 왜군이 싸웠다. 문제는 세 나라 군대가 모두 조선 현지에서 식량을 조달했다는 것이다. 특히 전쟁이 중반 이후로 치달으면서 전시에 재배한 얼마 되지 않는 농산물을 놓고 세 나라 군대가 쟁탈전을 벌였다.

조선을 침략한 왜군 숫자는 약 16만 명으로 추산된다. 전쟁 초기에는 도요토미 히데요시가 점령지에서의 식량 징발을 엄격하게 금지했다. 그리고 일본에서 직접 왜군들이 먹을 양식을 실어 왔다. 조선 민중의 저항을 최소화하려는 의도였다. 하지만 전쟁이 장기화되고 일본에서 조선까지 식량을 운반하는 데 한 달 이상이 걸리면서 작전이 현지 조달로 바뀌었다. 다시 말해 약탈이다. 특히 이순신 장군이 방어했던 곡창지대인 전라도 침략에 실패했기에 다른 지역에서의 약탈이 극심했다.

명나라 군대도 조선에서 식량을 조달했다. 임진왜란 도중 명나라는 두 차례 지원군을 보냈다. 1차 4만 8,000명,

2차 정유재란 때는 약 10만 명 규모로 추산된다. 처음에는 명나라 군대도 식량은 중국에서 가져왔다. 야사의 기록에 의하면 그들은 약 100만 석의 군량미를 가져왔다. 하지만 중국 내에서 식량 조달 문제가 생기자 은을 지급하고 조선 현지에서 구매하는 것으로 전략을 바꿨다. 그러나 장군들이 은을 개인적인 용도로 사용하고 대신 조선 조정에 식량 지원을 요구했다. 군량미를 보급해주지 않으면 안 싸우겠다고 버팀에 따라 결국 명나라 군대의 양식도 조정에서 책임을 졌다.

조선군은 당연히 이 땅에서 양식을 조달했다. 조선군 숫자 역시 의병을 포함해 대략 17만 명 수준이었던 것으로 추산된다. 그중 의병이 2만 명 조금 넘었다. 전쟁 초기, 의병은 자체적으로 양식을 조달했지만 전쟁이 길어지고 의병 활동도 성과를 거두면서 의병의 군량미도 조정에서 맡았다.

하지만 정작 임진왜란 승리의 주역이었던 조선 수군은 나라에서 군량을 제대로 지원받지 못했다. 조정은 육군과 의병에게는 군량미를 제공했지만 수군에게는 보급을 하지 않았다. 정규 정부군임에도 조정에서 식량을 받지 못하고 자체적으로 양식을 마련해야 했다. 의병마저 조정에서 군량을 지급받았는데 수군은 왜 자급자족을 해야 했을까?

전쟁 중인 한반도에서, 그것도 왜군에게 점령당한 지역을 제외한 땅에서 재배한 농작물로 조선 관군과 의병은 물론 명나라 군대까지 먹었다. 때문에 조선 수군에게는 군량을 지급하지 못했던 것이다. 수군이 특별히 미워서가 아니라 자체 조달이 가능했기 때문이다. 제해권을 장악했으니 해당 지역에서는 농사지을 여유가 있었고, 또 전반적인 군량도 부족했으니 우선순위에서 밀렸던 것이다.

뒤집어 말해 이순신 장군이 수군에 자급 체제를 갖추어 놓았기에 수군도 든든히 먹으며 싸울 수 있었고 육군, 의병, 지원군에 대한 병참 지원도 이뤄질 수 있었던 것이다. 그렇다면 그는 어떻게 군량미를 조달했으며, 조선 수군은 주로 무엇을 먹고 전투에 나섰을까?

조선 수군의 숫자가 몇 명이었는지는 정확하게 파악되지 않는다. 조선시대 법전인 『경국대전』의 규정대로라면 대략 5만 명 수준이어야 하지만, 규정은 규정일 뿐이다. 실제로는 그 몇 분의 일 정도였을 것으로 짐작된다.

그럼에도 최소 1~2만 명이 넘는 수군과 관할 백성을 먹이기는 쉽지 않았을 것이다. 이들을 먹여 살릴 식량을 직접 조달해야 했기 때문에 『난중일기』에는 이순신 장군이 장병들과 백성들의 양식을 어떻게 마련할지를 놓고 고심하는 장면이 곳곳에 보인다.

그는 우선 직접 농사를 지어 식량을 조달했다. 기본적으로 조선은 군대에서 필요한 양식은 군인이 직접 농사를 지어 조달하는 둔전제(屯田制)였다. 장군은 식량 확보를 위해 왜군이 침범하지 못한 호남평야와 조선 수군이 제해권을 장악한 섬의 농지를 개간해 농사를 지었다. 덕분에 피란민을 결집하고 군량도 확보하며 적군에게 곡창지대를 내주지 않는 일석삼조의 효과를 거둘 수 있었다.

그래도 양식이 부족하면 소금을 만들어 팔아 곡식을 샀다. 일부 연구에 따르면 조선 수군이 필요로 했던 하루 식량은 쌀 100가마가 넘었다. 전시에 둔전에서 거둔 곡식만으로는 충분하지 않은 양이었다.

『난중일기』에는 소금 생산을 위해 가마솥을 만들었다는 기록이 여러 차례 나온다. 소금을 만들어 자체적으로 쓰고 일부는 팔아서 곡식을 마련했다. 지금과 달리 조선 중기에는 소금 값이 비쌌기 때문에 그 정도로도 상당한 양의 곡식을 사들일 수 있었다.

조선 수군이 든든히 먹으며 충분한 전투력을 발휘할 수

있었던 또 다른 배경은 생선이었다. 그중에서도 청어가 큰 역할을 했다. 전투가 없을 때 수군은 어부처럼 청어를 잡아 양식으로 삼았고, 일부는 말려서 보관했다가 지금의 과메기처럼 만들어 전투식량으로 사용했다. 예전 바닷가 마을에서 청어는 식량 대용품이었다. 농사지을 땅이 부족해 곡식이 넉넉지 못했던 어부들은 살이 많고 기름진 청어로 죽을 끓여 청어죽으로 식사를 대신했다.

조선시대에는 청어가 무척이나 흔한 생선이었다. 얼마나 많이 잡혔는지 전기가 없었던 옛날에는 청어로 기름을 짜서 등잔불을 밝힐 정도였다. 청어 떼가 지나가면 배가 물고기에 걸려 앞으로 나아가지 못했다. '물 반 고기 반'이라는 말이 괜히 생겨난 것이 아니었다.

하지만 임진왜란 때는 그 많던 청어도 난리가 난 줄 알고 피했는지 어획량이 크게 줄었다. 그럼에도 『난중일기』를 보면 그 양이 만만치 않았다. 조선 수군은 전쟁 기간 중에 청어를 잡아 군량으로 삼았고 청어를 팔아 곡식과 바꾸기도 했다. 임진왜란이 일어난 첫해인 1592년 11월 21일자 일기에는 청어 1만 3,240두름을 곡식과 바꾸기 위해 배에 싣고 나갔다고 쓰여 있다. 또 같은 해 12월 4일자 일기에는 청어 7,000두름을 곡식 사러 가는 배에 실었

5장. 음식에 깃든 국난극복 의지

다는 내용이 있다. 생선 20마리를 새끼줄로 엮은 것이 한 두름이다. 그러니 이틀에 걸쳐 팔러 가지고 간 청어가 처음 26만 4,800마리, 두 번째 14만 마리다.

곡식과 바꾸려고 내다 판 것만 이 정도니 말린 과메기나 청어로 끓인 어죽은 충분했을 것이다. 조선 수군이 조정의 직접적인 군량 보급을 받지 못하면서도 연전연승을 거둔 배경에는 이순신 장군의 병참 전략과 함께 청어와 과메기의 공로가 있었다.

"군대는 먹어야 진군한다"는 나폴레옹의 명언을 200년 먼저 실천으로 보여준 명장이 바로 이순신 장군이었다. 탁월한 전술은 물론 뛰어난 경영 능력도 승전의 원동력이었다 할 수 있다.

전쟁사에서 건진 별미들

FOOD AND WAR

쌀 100만 석과
16세기 쇄빙선

지금은 한강에 얼음이 생기는 일도 많지 않지만, 수십 년 전까지만 해도 겨울이면 한강이 꽁꽁 얼어붙어 썰매를 탔다. 한강을 건너는 다리도 많지 않았을 때이니 겨울에는 아예 얼어붙은 한강을 걸어서 건넜다. 지금부터 약 420년 전인 임진왜란 때는 마포와 용산이 모두 강변 포구였다. 쌀을 운반하는 조운선과 같은 커다란 배가 용산까지 들어와 화물을 내리고 실었으니 강물이 꽤나 깊었다. 하지만 용산에 배가 들어오는 것은 봄, 여름, 가을까지고 겨울에는 이야기가 달랐다. 지금보다 훨씬 추웠기에 강물이 꽁꽁 얼어 선박은 일체 다닐 수가 없었다.

317

5장. 음식에 깃든 국난극복 의지

임진왜란 때 이런 한강에서 한국전쟁 당시의 흥남철수 작전과 비슷한 기적의 수송 작전이 벌어졌다. 약 100만 석의 군량미를 50여 척의 선박에 나누어 싣고 얼어붙은 한강을 거슬러 용산 포구에 도착한 것이다. 국군, 유엔군 그리고 피란민 약 20만 명이 130여 척의 수송선에 나누어 타고 남쪽으로 떠난 흥남철수 작전과 흡사했다. 이른바 동계 한강의 군량미 100만 석 수송 작전이다.

쌀 1석은 지금 단위로 치면 약 1.8가마에 해당하니 어마어마한 양의 곡식이다. 이런 막대한 양의 군량미를 어떻게 빙판의 한강에서 배로 실어 나를 수 있었을까? 그때는 지금처럼 얼음을 깨고 다니는 쇄빙선이 있었던 것도 아니다. 조선 후기의 실학자 이긍익의『연려실기술』과 1926년 강효석이 조선시대 인물들의 일화를 엮은『대동기문(大東奇聞)』에 그 전말이 자세히 실려 있다.

임진왜란은 배고픈 전쟁이었다. 힘없는 백성들은 말할 나위도 없고 군인들조차 제대로 먹을 수 없었다. 조선군은 물론 명나라와 왜군도 사정은 비슷했다. 이유는 임진왜란의 특징 때문이다. 1592년부터 1598년까지 계속된 장기전이었으니 아무리 전선이 교착 상태에 빠졌다 해도 자유롭게 농사를 짓지는 못했다. 그러니 식량난을 겪을 수밖에 없었다. 더욱이 앞서 언급했듯 조선의 백성과 조선군은 물론이고 명과 왜의 군대 역시 조선에서 식량을 조달했다. 그런 상황이었던 만큼 식량 확보가 급선무가 되었다.

『조선왕조실록』 곳곳에도 식량 확보에 대한 고민의 흔적이 기록되어 있다. 임진왜란 첫해, 조선군은 속절없이 왜군에게 패했다. 나라가 망할 위기에 놓이면서 급하게 명나라에 구원병을 요청하면서도 군량미 조달이 어렵다며 걱정이 태산이었다. 1592년 10월 16일자 「선조실록」에 고민의 일단이 드러나 있다.

"명나라 군사의 숫자는 모두 합쳐 4만 8,585명으로 여기에 장교는 포함되어 있지 않습니다. 장교를 제외하고라도 이들이 먹는 양을 계산하면 군량이 하루에 대략 쌀 720석이 들어가니 두 달이면 쌀 4만 3,700석이 필요합니다. 그리고 말 2만 6,700필에게 먹일 먹이는 하루에 대략 콩 800석이 들어가니 두 달에 콩 4만 8,060석이 들어갑니다. 그런데 의주에서 평양까지 열여섯 고을의 곡식을 조사해보니 쌀과 좁쌀이 모두 5만 1,488석이고 콩은 3만 3,127석이 있습니다. 이리저리 꿰맞추면 대략 50일은 지탱할 수 있는 군량을 확보할 수는 있겠지만 말을 먹일 콩

5장. 음식에 깃든 국난극복 의지

은 한참 부족할 것 같습니다."

백성이 먹을 양식을 모조리 거두어도 군량미 비축분이 겨우 두 달 분량밖에 되지 않았다. 전쟁 수행에 필수인 말에게 먹일 콩은 한참 부족했다. 명나라 참전군의 숫자가 늘면서 민간의 고통도 참을 수 없는 지경에 이르렀다. 급기야 조선에서는 명나라에 군량 지원도 함께 요청했다. 『조선왕조실록』에는 군량을 지원하지 않으면 조선의 식량만으로는 지탱이 어렵다면서 원군이 올 때 군량을 함께 가져오도록 요구했다고 되어 있다.

결국 초기 명나라는 조선의 사정을 고려해 군대를 파병하면서 군량미도 함께 보냈다. 이때 보낸 양이 100만 석이었다. 『조선왕조실록』 같은 정사에는 나오지 않는 숫자다. 『연려실기술』에는 수백만 석, 『대동기문』에는 100만 석이라고 기록되어 있다. 물론 진짜 100만 석인지 혹은 굉장히 많다는 뜻인지는 분명하지 않다.

명나라는 서해를 사이에 두고 한반도와 마주보고 있는 산동성에서 곡식 100만 석을 마련해 조선으로 보냈다. 하지만 바다 건너 한양으로 직접 보낸 것이 아니라 왜군으로부터 멀리 떨어진 지금의 평안북도 선천과 철산에 군량미를 모두 풀어놓았다. 왜군에게 빼앗길 것을 염려했는지,

엄청난 양의 군량미를 운송 도중에 바다에 빠트릴 것을 걱정했는지는 알 수 없었다. 그들은 평안북도에서 한양까지 운반하는 것은 전적으로 조선에서 책임지라고 했다.

때는 이미 늦가을로 접어들 무렵이었다. 바람이 거세지면서 파도가 높아져 조금만 지체하면 바닷길이 막히는 상황이었다. 그렇다고 100만 석이나 되는 군량미를 육로로 운송한다는 것은 더더욱 큰일이었다.

이때 이 군량미를 운반할 작전 책임자로 임명된 사람이 형조참판을 지냈던 유근(柳根)이었다. 선조가 직접 운향검찰사(運餉檢察使)라는 벼슬을 내려 책임자로 임명했는데, 운향검찰사란 곡식 운반 책임자라는 뜻이다. 지금의 차관에 해당하는 참판을 운송 책임자로 지정했으니 얼마나 막중한 임무였는지 짐작할 수 있다.

그런데 유근은 하루라도 빨리 군량미를 운송할 생각을 하지 않고 엉뚱한 일을 벌였다. 쌀을 실어 나를 수송선에다 두꺼운 널판을 덧붙이라고 지시하면서 시간을 낭비한 것이었다. 그러자 이를 지켜보던 사람들이 그렇게 널판을 대어 배를 무겁게 만들면 운항이 어려울 것이라며 비웃었다. 더군다나 바다는 몰라도 한강이 얼어붙으면 바닥이 너무 두꺼워 배가 얼음에 갇혀 오도 가도 못 하게 될 것이라고 걱정했다. 조정에서도 군량미가 제때 도착하지 못할까 걱정이 태산이었다. 하지만 그는 오히려 태평이었다. 겨울이 시작되자 그는 드디어 배를 띄웠다. 50여 척의 선박에 100만 석의 곡식을 나누어 싣고 일제히 출발했다. 이미 겨울이 시작됐기에 한강은 얼어붙었다. 그리고 서해 바다를 항해 한 수송선단이 드디어 얼어붙은 한강에 도착했다.

이때 예상 밖의 일이 벌어졌다. 예상과 달리 선박이 얼음에 부딪쳐도 배가 깨지지 않았다. 오히려 50여 척의 배가 동시에 얼음을 부수면서 한강을 거슬러 차례차례 목적지 용산에 도착한 것이다. 군량미 수송 작전은 이렇게 성공했다. 뱃머리에 덧댄 두꺼운 널판 덕분이었다.

현대식 쇄빙선이 등장한 것은 19세기 후반 무렵이다. 하지만 16세기 말 유근이 개조한 배가 벌써 한강의 얼음을 깨며 운항했으니 이른바 조선시대의 쇄빙선이라 할 수 있다. 거북선에 이어 조선이 만든 또 하나의 작품이었고 조선의 선박건조 기술이 거둔 성과였다.

전쟁사에서 건진 별미들

일본 경제를 되살린
상추 한 포기

치열한 전투 후 막사로 돌아왔을 때 따뜻한 물로 샤워를 하고 미리 준비된 따뜻하고 맛있는 음식을 먹을 수 있는 군대는 사기가 높아지지 않을 수 없다. 그것도 집에서 먹는 것처럼 신선한 고기와 싱싱한 채소로 맛깔나게 조리한 식사라면 더욱 그렇다.

지금은, 그리고 평시에는 온수 목욕과 조리된 식사가 당연하다고 생각될지 모른다. 그러나 시계바늘을 조금만 거꾸로 돌리면 사정은 달라진다. 전쟁 중에 신선한 재료로 갓 요리한 음식을 먹는다는 것은 후방이라면 모를까 최전선에서는 엄청난 사치였다. 일선 병사들은 주로 깡통 통조림을 먹으며 싸웠다.

한국전쟁은 그런 군대 급식에 중요한 전환점이 되었다. 전선의 병사가 처음으로 깡통 음식에서 벗어났기 때문이다. 그들은 통조림과 건조식품이 아닌 집 밥처럼 신선한 재료로 만든 식사를 할 수 있었다. 물론 한국전쟁이 계기가 됐지만 주로 UN군에 해당되는 말이었으니 남의 이야기이긴 하다.

전선의 음식은 오랜 세월에 걸쳐 변했다. 19세기 나폴레옹 이전까지 일선에서 먹는 음식은 형편없었다. 야전의 병사에게 지급되는 고기는 상했고 곡물은 부패했다. 신선한 채소는 현지 조달이 아닌 한 엄두도 내지 못했다. 부패한 음식을 먹은 병사들은 괴혈병에 걸렸다. 그러자 나폴레옹은 1만 2,000프랑의 거액을 상금으로 내걸고 프랑스군이 먹을 음식을 보관할 아이디어를 공모했다. 이때 통조림이 발명됐다.

1, 2차 세계대전 당시 병사들은 통조림과 건조분말 식품을 먹으며 싸웠다. 미군의 경우 통조림 햄, 분말계란과 우유, 분말주스를 받았다. 그들은 하루 세끼 매일 통조림을 먹다 보니 신선한 음식을 몹시 그리워했다. 그런데 한국전쟁을 계기로 UN군은 통조림이나 말린 육포가 아닌

전쟁사에서 건진 별미들

냉동 소고기, 돼지고기, 닭고기를 직접 조리해 먹을 수 있게 되었다. 여기에 신선한 상추, 오이, 양배추 등으로 샐러드도 만들어 먹을 수 있었다. 물론 전투에 참가한 다수의 병사들은 여전히 C-레이션과 통조림, 건조식품으로 이뤄진 B-레이션을 먹었지만 한국전쟁을 계기로 미군의 병참 체제는 변화를 맞았다.

미국은 어떻게 전선의 병사들에게 신선한 고기와 채소를 보급할 수 있었을까? 통조림이 아닌 냉동육의 공급은 1950년대 냉동선의 발달 덕분이었다. 하지만 그보다 어려운 것은 싱싱한 채소 공급이다. 그중에서도 가장 상하기 쉬운 것이 상추다. 배추, 토마토, 오이와 달리 상온에서는 이틀을 넘기지 못한다.

그래도 병사들은 아삭아삭 씹히는 신선한 상추를 먹고 싶어 했다. 상추는 사실 서양 역사에서 군대와 관련이 깊다. 정열과 치유의 채소이기 때문이다. 상추는 고대로부터 다산의 신에게 바치던 제물이었다. 이집트 신화에서 상추는 풍요와 다산의 신 민(Min)에게 바치는 제물이었다. 정력을 높이는 데 효과가 있다고 믿었기 때문이다. 로마 시대에는 상추가 진통제로 쓰였다. 서기 1세기, 네로 황제 시대에 활동했던 그리스 의사 디오스코리데스는 로마 군인

을 수술할 때 상추에서 나오는 액체를 진통제로 사용했다
고 한다. 서양의학의 아버지 히포크라테스 역시 '상추의
즙은 아편처럼 진통효과가 있다'고 했으니 고대 로마군에
서는 야전병원의 필수 품목이었다.

　서양의 식탁에서도 상추는 빼놓을 수 없는 재료다. 샐
러드를 만들 때 주로 들어간다. 하지만 전쟁이 한창인 한
반도에서 상추를 대량으로 재배해 보급할 수는 없었다.
미국 본토에서 직접 실어올 수도 없고, 일본에서 구매하
기도 어려웠다. 위생 문제 때문이었다. 당시 일본도 우리
처럼 분뇨를 비료로 사용했기에 미군의 위생 기준에 맞지
않았다.

　이때 도입한 기술이 수경재배 농법이다. 상추, 오이, 토
마토, 양배추 등 필요한 채소를 흙이 아닌 필요 영양분
이 녹아 있는 배양액으로 재배하는 것이다. 미군은 도쿄
와 교토에 대규모 수경재배 농장을 만들어 상추를 재배,
1950년에 100만 킬로그램, 이듬해에는 158만 킬로그램
을 생산해 한국 전선에 공급했다. 수확한 상추는 세척과
포장을 끝낸 후 도쿄와 교토의 공군기지를 출발해 다음
날 아침 한국에 도착, 트럭으로 일선의 병영까지 배달돼
병사들의 식탁에 올랐다.

패전으로 침체됐던 일본 경제가 부활할 수 있었던 배경이다. 빙산의 일각에 불과하지만 상추를 비롯한 채소 공급조차도 일본의 기술과 노동력을 활용했기 때문이었다.

야전 병사들의 식탁에 상추 한 포기가 올라오는 것은 사기에 큰 영향을 미친다. 단지 집에서처럼 신선한 음식을 먹는 것만으로도 전쟁터에 고립돼 있다는 느낌, 잊힌 존재가 되었다는 느낌은 줄어들 수 있다. 집과 나라에서 언제나 나를 지켜주고 있다는 느낌도 들 수 있다. 야전의 병사에게 통조림이 아닌 신선한 식사를 제공하겠다는 작은 관심과 노력이 미군이 최강의 군대가 된 비결이 아닐까 싶다.

얼음 공수 작전, 소소한 것이 승패를 가른다

신선한 상추처럼 전투의 승패는 가장 기본적이고 소소한 데서 결정될 수도 있다. 대표적인 것이 물이다. 평소에는 언제든 구할 수 있어 별로 중요하게 여기지 않는 물도 공급이 원활치 않은 상황에서는 전황을 좌우하는 치명적 요소가 된다.

한국전쟁 때도 그랬다. 참전용사의 증언과 전사를 종합해보면 굶주림과 갈증의 고통은 상상 이상이다. 굶주림은 영양 결핍에 따른 체력의 한계로 전투력 약화를 초래하지만 갈증은 상황 판단 능력 자체를 마비시킨다.

한국전쟁 당시 우리는 물 부족 국가가 아니었다. 우물과 계곡을 포함해 어디서나 쉽게 마실 물을 구할 수 있었다. 하지만 전투가 치열한 고지에서는 상황이 달랐다.

한국전쟁 초기, 낙동강 최후의 방어선이었던 다부동 전투는 한여름인 8월에 시작됐다. 더운 날씨에 조금만 움직여도 목이 마를 때다. 식량도 그랬지만 특히 물이 부족해 병사들이 고생이 많았다. 그들은 갈증을 참지 못해 탄통을 들고 산 아래로 내려가 논물을 퍼 담아 마셨다. 이 과정에서 적군의 저격에 희생되기도 했다. 혓바닥이 마를 정도로 목이 탄 병사는 바위틈에 고인 핏물을 떠 마시기도 했다. 국방부 전사편찬위원회가 펴낸 다부동 전투에 관한 기록에 나오는 내용이다.

물로 인한 고통은 장비와 보급이 상대적으로 나은 미군도 마찬가지였다. 당시 미군들에게는 식수용 정화제 할라존(halazon)이 지급됐다. 문제는 이 정화제가 5년 전인 2차 세계대전 때 제조된 것이어서 제대로 기능하지 못하는 경우가 많았다는 것이다. 다음은 참전 미군 병사가 쓴 '미군의 생활'(American Soldiers' Lives)라는 부제가 붙은 『한국전쟁』이라는 책에 나오는 기록이다.

"한국의 7월과 8월은 참을 수 없을 정도로 더웠다. 고지마다 물이 부족했다. 심한 갈증으로 고통받는 병사들은 논의 물을 깡통에 담아 그대로 마셨다. 인분이 널려 있는 논물이다. 오염된 물을 마시고 부대 전체가 설사에 시달리기도 했다."

그런가 하면 물 때문에 부대가 전멸당할 뻔했다가 물 덕분에 위기를 극복하고 전과를 올린 사례도 있다. 영국군 제27여단 예하 어느 중대의 이야기다. 영국군 제27여단은 당시 미군 제1기병사단의 작전 지휘를 받고 있었다. 따라서 보급도 미군이 지원했다. 다음은 미군 병참사령부에 기록으로 남아 있는 당시 병참 장교 마커스 쿠퍼 중령의 회고다. 전투 시기와 지역은 자세히 밝혀져 있지 않지만 낙동강 방어선의 현풍 전투 관련 기록으로 추정된다.

영국군 제27여단 예하의 한 중대가 적에게 포위되는 상황이 발생했다. 이 중대는 적에게 완전히 포위되어 고립된 상태에서 며칠 동안을 싸웠다. 탄약과 식량은 항공기를 이용해 공중에서 보급했지만 가장 곤란하면서 시급히 해결해야 할 문제는 식수였다.

적에게 포위된 상태에서 산꼭대기에서는 마실 물을 구할 수가 없었다. 중대원 전체가 목이 타들어갈 지경이었다. 전투력은 급속히 떨어졌고 전투 의지마저 상실할 지경이었다.

보급을 담당한 미군이 탄약, 식량과 함께 공중에서 물을 투하했지만 무용지물이었다. 물을 자루에 담아 공중에서 투하하는 순간, 자루가 찢어지면서 물이 사방으로 흩뿌려졌기 때문이다. 플라스틱 상자에도 담아보고 드럼통에도 담아봤지만 별무소용이었다. 드럼통조차 물의 무게와 낙하 속도, 투하 높이를 견디지 못하고 땅에 떨어지는 순간 산산조각 났기 때문이다.

고심하던 끝에 아이디어가 나왔다. 물 대신 얼음을 투하하자는 것이었다. 마침 미8군이 대구에 있는 제빙공장을 인수해 미군을 비롯한 참전 UN군에게 매일 얼음을 공급하기 시작할 때였다. 이 얼음을 가져다 용기에 담아 포위된 중대에게 공중에서 투하하자는 것이었다. 땅에 떨어지는 순간 얼음 용기가 깨지더라도 흩어진 얼음을 주워 담으면 음료로 마실 수 있으니 그만큼 성공 가능성이 높았다. 작전은 예상대로 성공했다. 용기가 깨지지도 않았을

뿐더러 얼음은 물처럼 유동적이지 않아 비교적 정확하게 투하할 수 있었다. 영국군 중대는 마침내 충분한 식수를 공급받으며 싸우다 아군의 지원을 받아 적군을 물리칠 수 있었다.

이 작전은 평소에는 느끼지 못하지만 전투 중에는 가장 기초적인 보급품인 물이 얼마나 중요한지 보여주는 사례다. 동시에 아군 지원에 대한 신뢰가 전투에 어떤 영향을 미치는지 보여주는 사례로 꼽힌다. 포위된 상태에서 마실 물조차 떨어졌지만 아군의 공중 보급력을 믿을 수 있었기에 전의를 잃지 않고 싸울 수 있었다.

얼음 공수 작전을 기록한 병참 장교는 이렇게 말했다. "병사들의 먹거리를 가볍게 여기는 사람도 있지만, 아무리 사소한 것이라도 병사들의 음식을 개선해준다면 그들은 전선에서 자신의 역량을 최대한 발휘한다."

스위스를 지켜낸
단합의 퐁뒤

전쟁에 이기려면, 그래서 살아남으려면 젖 먹던 힘까지 다해야 한다. 강한 자가 살아남는 것이 아니라 살아남는 자가 강한 자라고 하는데, 우리가 먹는 음식도 마찬가지다. 살기 위해, 이기기 위해 안간힘을 썼던 흔적은 지금 우리가 맛있게 먹고 있는 음식에 간직되어 있다. 낭만적이고 고급스러운 스위스의 정취가 물씬 풍기는 퐁뒤도 그중 하나다.

퐁뒤는 녹인 치즈에 빵을 찍어 먹는 요리로, 알프스에서 소를 키우던 스위스 목동들이 즐겨 먹었다는 전통 요리다. 요즘은 한국에서도 자주 접할 수 있다. 물론 스위스 전통 퐁뒤가 아니라 다양하게 변형된 형태다. 청소년에게는 초콜릿 퐁뒤가 인기다. 과일이나 과자를 뜨겁게 데운 초콜릿에 찍어 먹는 것이다. 한국과 스위스 음식을 합친 퓨전 퐁뒤도 나왔다. 이른바 주꾸미 퐁뒤다. 매콤하게 양념한 주꾸미를 녹인 치즈에 담아 치즈를 묻혀 먹는 방식이다. 매콤한 맛과 치즈 맛이 어우러져 새로운 맛을 창조했다는 평가다. 패스트푸드 식당에서는 퐁뒤 햄버거도 선보였다. 햄버거에 녹인 치즈를 묻혀 먹도록 만든 메뉴가 퐁뒤 햄버거다.

스위스 전통 요리 퐁뒤가 치즈를 녹여서 찍어 먹는 음식의 대명사가 된 셈이다. 한국과는 별 관계가 없는 알프스 산골의 음식이 한국에 퍼진 것은 그만큼 세계적으로 유행하고 있다는 증거이기도 하다. 알프스 목동의 요리 퐁뒤가 어떻게 스위스의 대표 전통 요리를 넘어 세계적인 인기 요리가 됐을까?

엉뚱하지만 2차 세계대전과 관련이 없지 않다. 유럽을 휩쓴 전쟁의 참화 속에서 영세 중립국 스위스를 지켜내고 국민을 단결시키는 데 일조했기 때문이다. 덕분에 퐁뒤는 스위스 단합의 상징이 됐고, 관광 대국 스위스를 통해 세계로 퍼져 나갈 수 있었다.

스위스는 알려진 것처럼 영세 중립국이다. 국제법상으로도 근거가 있다. 1815년 비엔나 회의에서 유럽 열강들로부터 불가침을 보장받으면서 200년 동안 무력분쟁에 휩쓸리지 않고 중립국의 지위를 유지한 것이다.

하지만 중립국 지위는 선언을 했다고 해서, 또 조약을 맺었다고 해서 지켜지는 것은 아니다. 누군가 조약을 깨면 끝이다. 중립국 지위를 스스로 유지하려면 자신을 지켜낼 만큼의 군사력을 포함한 국력이 있어야 한다.

2차 세계대전 당시 스위스 역시 나치 독일의 침략을 받아 전쟁에 휩쓸릴 뻔했다. 오스트리아를 합병한 독일은 같은 독일어를 사용하는 스위스를 병합하려 했다. 이후에도 스위스는 몇 차례 나치 독일의 전면적인 공격을 받을 뻔했지만 결국 침략당하지 않고 중립을 지켜냈다.

유일하게 스위스만 중립을 유지할 수 있었던 배경에는 여러 가지가 있다. 정치, 경제, 군사 등의 요인 중에서도 가장 핵심은 독일이 침략해 오면 맞서 싸우겠다는 스위스 국민들의 결연한 의지였다.

전쟁이 시작되자 스위스군 총사령관이었던 앙리 기장 (Henri Guisan) 장군은 독일 침공에 대비해 국민 총동원령을 선포했다. 전쟁 전까지 스위스는 제대로 된 정규군 없이 평소에는 직장에서 일을 하다 유사시에 군대로 소집되는 민병대 형태로 군대를 운영했다. 하지만 국민 동원령이 내려지자 1주일 만에 40만 병력이 소집에 응했다. 징집 대상자 거의 전부가 자발적으로 군인으로 등록한 것이다.

독일과 충돌할 위기도 몇 차례 겪었다. 독일 공군기가 스위스 국경을 침범하자 스위스는 전쟁이 전면전으로 발전할 가능성을 무릅쓰고 가차 없이 격추했다. 독일이 스위스 철도를 이용해 동맹국 이탈리아로 무기를 보냈을 때는 독일 열차를 세워 무기를 압수했다.

이런 일련의 사건을 빌미로 독일은 스위스 침략 계획을 세웠다. 하지만 스위스는 독일이 공격해 오면 40만 민병대 병력을 동원해 총력 방어전을 펼치겠다고 맞받아쳤다. 스위스의 모든 교량과 터널, 철도 시스템은 물론 금융 등 기간산업 일체를 파괴한 후, 40만 병력이 알프스 산악 지역으로 후퇴하여 게릴라전을 펼치며 끝까지 저항한다는 전략이었다. 앙리 기장 장군은 이와 관련해 스위스 국민들에게 유명한 말을 남겼다.

"탄약이 떨어질 때까지 싸워라. 총알이 떨어지면 총검으로 싸워라. 절대로 항복은 없다. 죽을 때까지 싸워라."

그리고 결사항전을 외치면서 뒤로는 독일과 협상을 했

5장. 음식에 깃든 국난극복 의지

다. 그는 베른 인근 시골 마을 레스토랑에서 나치 친위대의 최고 간부와 극비리에 만났다. 스위스 쪽에는 남아 있는 기록이 없지만 독일이 남긴 기록에 따르면 당시 기장 장군은 "독일이 선제공격을 하지 않으면 우리도 민병대 동원령을 내리지 않겠다"면서 독일을 구슬렸다.

스위스는 작은 나라였지만 독일 입장에서는 침략하기가 쉽지 않았다. 점령이 어려웠던 것은 아니다. 2차 세계대전이 한창일 때 스위스는 독일과 이탈리아 추축국에게 국경이 완전히 포위되어 있었기에 40만 민병대 병력으로 국경을 방어할 능력조차 없었다.

하지만 독일 입장에서는 스위스 군대와 국민의 대대적인 저항, 그리고 독일도 이용하고 있었던 스위스 금융과 교통 시스템의 파괴를 감수하면서 스위스를 점령하기에는 부담이 컸다. 결국 이런 저런 배경으로 인해 히틀러는 공격 명령을 내리지 못했고, 스위스는 중립국의 지위를 유지할 수 있었다.

그런데 나치 독일이라는 엄청난 군사력에 맞서 그들은 어떻게 단결하여 위협을 이겨나갈 수 있었을까? 그 바탕에는 2차 세계대전 훨씬 전부터 시작된 스위스의 자위 정신(Spiritual Defense)이 있다. 히틀러가 정권을 잡은 후 독일과 오스트리아는 나치의 통제에 들어갔고 독일어로 나치를 비판할 수 있는 나라는 오직 스위스뿐이었다. 자위 정신은 유럽에 퍼져가는 나치즘과 파시즘에 대항해 스위스의 독립과 민주질서를 유지해온 강력하고도 광범위한 정치 운동이다.

이 과정에서 퐁뒤가 스위스의 국민 음식으로 자리를 잡게 됐다. 스위스 치즈 생산업자들의 모임인 '스위스 치즈 연맹'에서 스스로 나라를 지키자는 자위 정신 캠페인의 일환으로 치즈를 이용해 퐁뒤를 만들어 먹는 레시피를 만들어 보급했다. 낙농업이 발달한 스위스에서 풍부하게 생산되는 치즈를 이용해 언제 어디서나 만들어 먹을 수 있는 요리법을 제시한 것이다. 이는 민속 음식을 적극 활용해 전쟁에 대비한 일종의 전시 비상음식 레시피이기도 했다.

퐁뒤는 스위스의 자위 정신 캠페인에도 어울리는 식품이었다. 알프스의 목동들이 추운 겨울에 맞서 퐁뒤를 먹으며 힘을 합쳐 젖소를 키웠듯, 스위스 국민들 역시 전통 음식 퐁뒤를 먹으며 나치를 비롯한 외세에 맞서 나라를 지키자는 의미였다.

퐁뒤는 스위스가 지독하게 가난한 나라였던 옛날, 목동

들이 알프스의 산골짜기에서 겨울을 나기 위해 먹었던 음식에서 발달한 요리다. 가난했던 시절 스위스 목동의 겨울나기는 만만치 않았다. 돈이 넉넉지 않았으니 겨울을 보낼 의복은 물론 음식도 충분히 장만하지 못했다. 관광객들에게는 스위스의 한겨울이 낭만적으로 보일지도 모른다. 그러나 그들이 겨울에 먹을 양식이라고는 가을에 수확한 포도로 담근 와인, 젖소에게서 짠 우유로 만들어 저장한 치즈, 딱딱하게 굳은 빵 덩어리가 전부였다.

목동들은 배고픔과 추위를 이겨내기 위해 포도주를 끓이고 여기에 치즈를 녹인 후 딱딱하게 굳은 빵을 찍어 먹으며 겨울을 보냈다. 굳은 빵에 녹은 치즈를 묻히면 빵이 부드러워져 한결 먹기가 쉬워진다. 따뜻한 치즈 덕분에 찬바람에 언 몸도 녹일 수 있다. 눈에 쌓여 고립된 알프스 산골짜기 마을에서 목동들은 이렇게 겨울을 보냈고, 겨울철에 퐁뒤를 함께 먹으며 힘을 합쳐 젖소를 돌봤다. 스위스 사람들이 퐁뒤를 자신들의 소울푸드라고 하는 이유다. 이처럼 상징성이 강한 퐁뒤는 국민 단합의 음식으로 안성맞춤이었다.

때문에 스위스 치즈 연맹에서는 자위 정신 운동의 일환으로 퐁뒤 레시피를 널리 보급했고, 스위스 군대에도 퐁뒤를 공급했다. 나치 독일의 침공에 대비해 소집된 병사들도 옛날 목동들처럼 뜨겁게 끓인 치즈에 빵을 찍어 먹으며 추위도 달래고 나라도 지키겠다는 의지를 다졌을 것이다.

5장. 음식에 깃든 국난극복 의지

2차 세계대전 당시 독일은 영국 도시를 무차별로 폭격했다. 이른바 영국 대공습(The Blitz)이다. 1940년 9월 7일부터 이듬해 5월 21일까지 267일 동안 런던과 리버풀, 버밍엄 등 16개 주요 도시에 엄청난 양의 폭탄을 쏟아 부은 것이었다.

가장 심하게 폭격을 당했던 곳은 런던이다. 모두 71차례의 공습이 있었고, 가장 심할 때는 57일 동안 하루도 빠짐없이 폭격이 이어졌다. 한 번은 폭격을 당해야 그날 밤 안심하고 잠을 이룰 수 있다고 할 정도였다.

독일 공군은 공습 초기의 한 달 동안은 목표물이 선명

하게 보이는 대낮에 폭격을 감행했다. 하지만 폭격기 역시 노출돼 격추당하는 숫자가 적지 않았다. 때문에 10월 7일부터는 아무것도 보이지 않는 칠흑같은 밤에 나타나 폭탄을 떨구는 야간폭격으로 작전을 전환했다. 결과는 성공적이었다. 야간공습으로 바꾼 후 한 달 동안은 격추된 폭격기가 한 대도 없었다. 오직 대공포 사격으로 인한 인명 피해만 있었을 뿐이다.

영국 대공습이 야간폭격으로 바뀐 지 한 달 조금 넘은 1940년 11월 19일 밤, 영국은 최초로 버밍엄 상공에 나타난 독일 폭격기를 격추시키는 데 성공했다. 전공을 세운 주인공은 존 커닝햄 공군대위였다. 그는 깜깜한 밤, 검은색으로 도색해 형체를 식별하기 힘든 독일 폭격기를 포착한 후 정확하게 쫓아가 격추시켰다. 그리고 대공습이 끝날 때까지 모두 16대의 독일 폭격기를 격추시켜 영국 공군의 에이스로 등극했다. 그래서 얻은 별명이 캐츠 아이 (cat's eye), 즉 고양이 눈이다. 야행성 동물인 고양이처럼 한밤중에도 정확하게 적 폭격기를 구분해 쫓아가 격추시킨다고 얻은 별명이다.

그런데 어느 때부터인가 다른 영국 전투기들도 야간에 기습해 온 독일 폭격기를 격추시키는 일이 잦아졌다. 한

밤에 바다를 건너 은밀하게 침투해 온 독일 폭격기를 쉽게 찾아낸 후 마치 기다리고 있었다는 듯이 갑자기 나타나 공격을 퍼부었다. 별빛 하나 없는 캄캄한 밤이었음에도 대낮에 지켜보고 있었던 것처럼 정확하게 위치를 파악하고 추적해 쫓아갔다.

기습하러 갔다가 기습을 당하고 돌아오는 꼴이었으니 독일군 입장에서는 기가 막힐 노릇이었다. 영국 조종사들에게 갑자기 초능력이라도 생겨났는지 스파이를 풀어 정보 수집에 나섰다.

얻어낸 정보는 영국 공군의 야간전투 능력이 향상된 이유에 대한 소문이었다. 전투기 조종사들이 당근을 많이 먹으면서부터 야간시력이 크게 좋아졌다는 것이다. 조종사들이 출격 전에 당근 주스를 마시고 식사 때도 당근을 넣어 만든 요리를 주로 먹었더니 어두운 밤하늘에서도 평소보다 쉽게 물체를 식별할 수 있게 됐다는 것이다. 원인도 알아냈다. 당근에는 비타민 A가 특히 풍부하기 때문에 시력 향상에 도움이 된다는 것이다. 야간전투 능력 향상이 겨우 당근 때문이라니 믿기도 어렵고, 그렇다고 그저 흘려듣자니 특별히 다른 이유를 찾을 수도 없었다.

이때 영국 언론이 존 커닝햄 대위를 인터뷰했다. 대공

전쟁사에서 건진 별미들

습이 막바지로 치닫던 1941년 초반이다. 적 폭격기를 찾아내 격추시킬 당시의 무용담을 자랑하던 커닝햄 대위는 기자가 "특별히 다른 조종사보다 빨리 적기를 발견할 수 있는 비결이 무엇이냐"고 묻자 "당근을 좋아하기 때문일지도 모르겠다"고 대답했다. 어렸을 때부터 당근을 좋아했기에 식사 때마다 당근을 빠트리지 않았고, 지금도 출격할 때마다 당근 주스를 한 잔씩 마시고 전투기에 오른다는 것이있다.

스파이가 수집한 정보에 언론의 공식 인터뷰로 소문이 확인된 셈이었다. 그래서 독일은 영국 공군의 야간전투 능력 향상이 진짜 당근 덕분이라고 믿었던 모양이다. 더 이상 야간전투 능력과 관련해 심도 있는 정보 수집에 나서지 않았다.

사실 커닝햄 대위가 야간에 기습 공격하는 독일 폭격기를 격추할 수 있었던 것은 그 무렵 막 새롭게 실전 배치된 신형 레이더 덕분이었다. 성능이 개선된 레이더가 있었기에 깜깜한 밤에도 몰래 날아오는 독일 폭격기를 포착, 구름 속에 매복해 있다가 쫓아가 공격할 수 있었다.

하지만 독일군은 그때까지만 해도 영국이 신무기인 레이더를 실전 배치했다는 사실을 몰랐다. 영국도 레이더의

5장. 음식에 깃든 국난극복 의지

존재를 극비에 부쳐야 했기에 야간전투 능력이 마치 비타민 A가 풍부한 당근을 많이 먹었기 때문인 것처럼 역정보를 흘렸던 것이다.

커닝햄 대위의 인터뷰 역시 공군 당국의 허가를 받고 이루어진 것으로, 전쟁 중임에도 불구하고 검열도 받지 않았다. 당국은 국민들의 사기를 고려하는 차원에서 있는 그대로를 알린다는 핑계를 댔다. 덕분에 비밀이라면 비밀일 수도 있는 당근 관련 기사가 언론에 그대로 보도될 수 있었다.

영국군이 신무기 레이더 실전 배치를 독일에 들키지 않게 만들었던 일등 공신이 당근이었던 것이다. 그래도 독일 정보 당국에서 뜬금없이 '당근을 많이 먹었더니 야간 시력이 향상되더라'는 소문을 그대로 믿었다는 사실이 쉽게 납득이 가지는 않는다.

하지만 당시 상황에는 독일이 그렇게 믿을 수밖에 없었던 측면이 있었다. 먼저 당근에 풍부한 비타민 A가 시력에 좋다는 과학적 사실은 이미 알려져 있었다. 또 2차 세계대전이 시작되면서 영국 정부는 전 국민을 대상으로 전시 식량으로 당근을 먹으라고 적극 장려했다.

정부는 당근에는 비타민 A가 많고, 카로틴 성분이 풍부

전쟁사에서 건진 별미들

해 당근을 먹으면 시력이 좋아진다고 홍보했다. 특히 어두운 밤에도 물체를 식별할 수 있을 정도로 야간시력이 좋아진다는 것이다. 전쟁 기간 중 영국은 당연히 등화관제를 실시했다. 독일 공군의 야간 공습에 대비해 어둠이 내리면 일체의 불빛이 밖으로 새어나오지 못하도록 통제를 했다. 국민들은 밤만 되면 어둡게 지낼 수밖에 없었다. 그런데 당근을 먹으면 야간시력이 좋아진다니 그들 역시 열심히 당근을 먹었던 것이다. 영국인 스스로도 그렇게 믿었으니 독일 정보 당국 역시 믿지 않을 이유가 없었다. '적을 속이려면 아군부터 속여라'라는 병가의 격언처럼 당근 덕분에 영국 공군의 야간전투 능력이 향상된 것일 뿐, 새로운 레이더 때문일 것이라고는 더 이상 의심하지 않았다.

그렇다면 영국 정부에서는 왜 당근을 먹으라고 장려했으며, 또 어느 정도로 당근 식용을 독려했을까?

당근을 먹자는 캠페인은 1939년 10월, 2차 세계대전이 일어난 지 약 한 달이 지나면서 시작됐다. 부족한 식량을 보충하기 위해서였다.

2차 세계대전이 일어나기 전, 영국은 자국민이 먹는 식량의 70%를 수입에 의존했다. 고기는 50%, 치즈와 설탕

5장. 음식에 깃든 국난극복 의지

은 70%, 과일은 80%, 곡물은 70%, 버터는 90%를 외국에서 들여왔다.

나치 독일은 전쟁 시작과 함께 식량과 전쟁 물자를 싣고 영국으로 오는 선박을 잠수함 U-보트로 모두 침몰시켰다. 전쟁 발발 이듬해인 1940년에만 72만 8,000톤의 식량이 독일 잠수함의 공격으로 바다에 수장되었다.

전시에도 계속 식량을 수입에만 의존하면 전 국민이 굶주림에 시달릴 판이었다. 당시 영국 정부는 식량 자급이 절실했다. 때문에 밭 가꾸기 운동과 같은 캠페인을 적극적으로 펼쳤던 것이다. 단순히 식량 자급률을 높이는 차원에서만은 아니었다. 식량 자급률이 높아지면 식료품 수송과 호위에 필요한 병력과 전략을 무기와 탄약 등의 수송으로 전환할 수 있기 때문이었다.

그 일환으로 '승리를 위해 밭을 가꾸자'(Dig for Victory)라는 운동이 펼쳐졌다. 앞마당이나 뒤뜰에 잔디 대신 밭을 일궈 채소를 직접 키워 먹자는 운동이었다. 그중 적극적으로 심을 것을 권장했던 채소 중 하나가 당근이었다. 미국이 '승리의 정원'(Victory Garden) 캠페인을 통해 시금치 재배를 장려했던 것과 비슷하다.

채소를 직접 가꾸자는 운동과 함께 공영방송 BBC에서

전쟁사에서 건진 별미들

는 매일 아침 5분씩 요리 프로그램을 방영했다. 전쟁이 한창인데 뜬금없어 보일지도 모른다. 이 프로그램은 부족한 식료품을 가지고 맛있는 음식, 영양의 균형을 찾을 수 있는 음식을 먹자는 차원에서 만들어졌다. 시청률도 상당히 높았다.

전쟁이 치열해지면서 식료품 대부분은 배급제로 바뀌었고, 그나마도 식료품 부족으로 제대로 구할 수 없었다. 그래서 이용 가능한 재료로 그런대로 먹을 수 있는 음식을 만들 방법을 찾아야 했던 것이다.

방송에서도 당근을 이용한 다양한 요리를 선보였다. 그중 지금까지도 전해지고 있으며, 영국과 멀리 떨어진 한국에서도 즐겨 먹게 된 것이 있다. 당근과 양파를 넣고 만드는 카레다. 카레에 당근이 빠지면 서운한데, 바로 2차 세계대전 때 적극적으로 장려했던 요리법에서 비롯됐다고 한다. 영국 커리 소스와 한국 카레라이스는 요리법이 다르니 직접적으로 비교할 수는 없겠다. 하지만 당근과 양파를 듬뿍 넣고 카레를 만드는 것은 이때 널리 퍼진 요리법이라고 한다.

이외에도 다양한 당근 요리법이 등장했다. 생일용으로는 당근 케이크를 만들었다. 지금도 디저트로 즐겨 먹는

5장. 음식에 깃든 국난극복 의지

당근 케이크다. 아이들 간식 당근 쿠키와 당근 샌드위치에 당근 푸딩, 당근 크로켓과 에그 스크램블을 대신한 당근 스크램블, 당근 수프에 당근 찜과 당근 구이까지 모든 음식에 당근이 들어갔다.

심지어 술을 마시고 싶어 하는 주당들을 위해 당근 술도 나왔다. 당근을 잘게 썰어 당밀과 효모를 넣어 발효시키면 저렴하고 간단하게 술을 빚을 수 있었다.

1939년부터 1945년 2차 세계대전이 끝날 때까지 7년 동안 줄기차게 당근을 먹었으니 영국인들은 당근에 물리지 않았을까?

오히려 반대였다. 전쟁 발발 이듬해인 1940년부터 당근 수요가 꾸준히 늘었다. 당근 재배와 소비를 적극 장려한 정부의 캠페인, 식료품이 전반적으로 부족한 가운데 당근만큼은 풍부해 쉽게 구할 수 있었던 환경, 당근을 많이 먹어야 승리에 도움이 된다는 애국심, 그리고 당근을 많이 먹으면 실생활에도 도움이 된다는 믿음 덕분이었다.

이렇게 전쟁 중에 펼친 승리를 위한 밭 가꾸기, 당근 많이 먹기 캠페인 등의 결과로 1945년 전쟁이 끝날 무렵 영국은 국민이 먹을 식량의 75%를 자국에서 생산할 수 있게 됐다. 식량 수입 비중이 전쟁 전 70%에서 전쟁 말기에

는 25%까지 떨어졌다. 당근 많이 먹기 운동은 승리를 위
한 노력의 일환이었다.

승리의 정원에
심은 시금치

영국이 '승리를 위해 밭을 가꾸자'며 당근 심기를 적극 장려한 것처럼 미국은 '승리의 정원' 캠페인을 펼쳤다. 정원에 잔디와 꽃 대신 시금치를 심자는 것이었다.

'영국에 시금치를 보내자.' 2차 세계대전 초기, 미국이 일선 장병과 후방의 국민들에게 방영했던 만화영화 〈뽀빠이〉의 제목이다. 뽀빠이는 시금치 통조림만 먹으면 천하무적의 장사로 변신하는 캐릭터다. 대서양에서 무차별적으로 덤벼드는 나치의 잠수함, U보트를 모조리 물리치고 영국 런던의 수상관저가 있는 다우닝가로 시금치 통조림을 배달한다는 내용이다.

미국은 왜 하필 영국에 시금치를 보내자는 내용의 홍보 영화를 만들었을까? 첫째는 물론 전시 홍보다. 당시의 미키마우스나 지금의 뽀로로보다도 더 큰 인기를 누렸던 뽀빠이를 등장시켜 독일군을 우스꽝스럽게 만들려는 목적이었다. 재미도 있으면서 적군을 멍청하게 보이도록 하여 병사들의 사기를 높이려는 의도다. 둘째는 영국에 대한 전쟁 지원을 강조, 미국의 참전 당위성을 간접적으로 설명하면서 동시에 시금치 먹기를 장려하려는 의도였다. 시금치가 중요한 군수물자였기 때문이다. 실제로 2차 세계대전 동안 연합국에 제한 없이 보급됐던 식품이 햄 통조림 스팸과 시금치 통조림이었다.

전쟁 중 미국을 비롯한 연합국은 국민을 대상으로 승리의 정원 캠페인을 펼쳤다. 그리고 집 정원에 화초나 관상용 나무를 심는 대신 채소를 재배하거나 과일나무와 같은 유실수를 심도록 독려했다.

고기는 물론이고 신선한 채소를 비롯한 대부분의 식품은 전쟁 물자로 일선에 보내야 했기에 후방에서는 채소를 재배해 식량을 자급자족하자는 것이다. 전쟁에 동참한다는 자부심과 애국심으로 사기를 높이고, 후방에 남은 국민들의 식탁도 풍성하게 만들 수 있어서였다. 이때 재배를 적극 장려한 채소 중 하나가 시금치였다. 그 결과 2차 세계대전 동안 미국 캘리포니아 주의 시금치 생산량은 전쟁 전에 비해 34%나 증가했다.

그런데 수많은 채소 중에서 왜 이렇게까지 시금치 재배와 식용을 강조했던 것일까? 여러 이유가 있겠지만 가장 중요한 것은 무기질과 비타민이 풍부하기 때문이다. 20세기 초반까지만 해도 사람들은 시금치에 대해 오늘날보다 심한 환상을 품고 있었다.

1차 세계대전 때도 병사들에게 시금치가 지급됐다. 특히 프랑스에서는 부상을 당해 출혈이 심한 병사에게는 시금치 즙을 첨가한 포도주를 제공했다. 시금치에 혈액을 구성하는 철분을 비롯한 무기질과 비타민이 넘친다고 믿었기 때문이다.

따지고 보면 뽀빠이가 왜 하필 시금치 통조림을 먹으면 힘이 솟는지도 궁금해진다. 흔히 시금치 통조림 광고용 만화를 통해 뽀빠이가 유명해졌을 것이라고 짐작하지만, 상업적 목적과는 아무 관련이 없다.

뽀빠이는 1929년 처음 등장했는데 이때는 시금치가 아닌 담배를 피우며 힘을 냈다. 그것도 파이프 담배가 아닌 시가였는데, 이유가 재미있다. 원작자의 이름이 시가(Segar)

로, 자신의 이름과 발음이 비슷한 시가(Cigar)를 피우게 했던 것이다. 그러다 아이들 사이에서 뽀빠이의 인기가 높아지자 시금치를 먹으면 천하장사가 되는 설정으로 바뀌었다.

뽀빠이는 왜 시금치 통조림을 먹어야 힘이 솟는 것일까? 원작자가 왜 시금치를 택했는지는 알려진 바가 없다. 물론 뽀빠이는 만화에서 "시금치는 비타민 A의 보고이기 때문에 시금치를 먹으면 튼튼해지고 건강해진다"고 말한다. 하지만 비타민이 풍부한 채소가 시금치뿐만이 아니다. 그런데도 시금치를 먹는 이유는 예전 사람들이 시금치에 대해 갖고 있던 인식 때문이 아니었을까 싶다.

먼저 20세기 초반까지만 해도 시금치에는 철분이 엄청나게 많다고 믿었다. 1870년 에밀 폰 볼프라는 독일의 과학자가 시금치의 성분을 측정하면서 소수점 계산을 잘못 표기해 철분 함량을 10배나 높게 발표했기 때문이다. 이 논문의 오류는 1937년에야 밝혀졌기 때문에 당시 사람들은 시금치에 철분을 비롯한 무기질이 무척 풍부하다고 믿었다. 1차 세계대전 때 프랑스 육군에서 피를 많이 흘린 부상병에게 시금치 즙을 섞은 포도주를 먹였던 이유도 바로 이 때문이다.

5장. 음식에 깃든 국난극복 의지

시금치는 사실 동양에서도 아픈 병을 낫게 만드는 채소라고 믿었다. 조선시대 허균의 형인 허봉이 쓴 『해동야언』이라는 책에 "청주에 사는 경징이라는 사람이 부친이 위독한 병에 걸려 돌아가실 지경에 이르렀는데 한겨울에 얼음을 깨서 잉어를 잡아 올리고, 눈밭을 헤쳐서 시금치를 캐다가 드렸더니 아버님의 병이 씻은 듯이 나았다"는 이야기가 실려 있다. 정확하게 병이 나은 것이 잉어 때문인지 시금치의 힘이었는지 모르겠지만, 당시에도 시금치가 몸에 좋다고 믿어졌던 것은 틀림없다.

예전 중국에서도 시금치는 신선이 되려는 사람이 먹는 채소로 파사채(波斯菜)라고 했다. 페르시아의 채소라는 뜻이다. 그만큼 귀했으니 시금치에 대한 환상을 품는 것도 자연스러웠을 것이다.

베이컨 기름과
도토리 모으기 운동

잘 구운 베이컨은 돼지
고기를 그다지 좋아하
지 않는 사람도 맛있게
잘 먹을 수 있다. 잘게 썬 베이컨 조각과 김치를 함께 섞
어 볶은 김치볶음밥은 웬만한 한국인들은 모두 좋아한다.
밥이나 채소를 베이컨으로 감싼 베이컨 말이는 어렸을 적
별미였고, 휴양지 호텔에서 아침에 먹는 베이컨 구이와
계란 프라이는 작은 사치다. 한국인도 이렇게 베이컨을
좋아하는데 오랜 세월, 세대를 이어가며 베이컨을 먹어
온 서양 사람은 더하다. 미국에서는 심지어 베이컨을 넣

은 아이스크림, 베이컨 향기를 가미한 술과 비누, 심지어 치약까지 등장한 적이 있다. 베이컨 마니아가 그만큼 많다는 소리다. 우리의 '치느님'처럼 '베느님' 소리를 들었던 식품이 베이컨이다. 미국인들은 그만큼 베이컨을 많이 먹는다.

베이컨은 돼지고기를 가공한 식품이다. 돼지 뱃살 혹은 옆구리 살을 얇게 썰어 소금에 절인 후 연기로 훈제해 만든다. 바로 삼겹살을 만드는 부위다. 그러니 삼겹살 구울 때처럼 베이컨을 구울 때도 기름이 한 바가지는 나온다. 기름이 뚝뚝 떨어지다 못해 줄줄 흐른다. 이 기름을 어찌해야 좋을까?

요즘은 건강에 좋지 않은 기름이니 버리는 것이 일반적이다. 하지만 콜레스테롤이나 포화지방산 등 건강에 관한 관념이 지금과 달랐을 때의 미국에서는 베이컨 기름을 재활용하기도 했다. 대부분의 가정에서는 버렸지만, 일부에서는 샐러드드레싱을 만들거나 옥수수 빵을 구울 때 첨가하거나 그레이비소스를 만들기도 했다.

미국은 2차 세계대전에 본격적으로 뛰어든 1942년 엉뚱한 캠페인을 시작했다. 가정에서 베이컨을 요리할 때 생기는 기름을 그대로 버리지 말고 모아서 나라에 바치자는 운동이었다. 이를 위해 민간 주도로 조직까지 만들어졌다. 미국 동물성 지방 절약 위원회(The American Fat Salvage Committee)다. 베이컨 기름을 모아서 도대체 무엇에 쓰려는 것이었을까?

위원회가 내건 슬로건은 '베이컨으로 폭탄을 만들자'였다. '기름 한 바가지가 곧 작은 탄약 공장'이라는 표어도 있었다.

터무니없는 소리 같지만 의미 있는 캠페인이었다. 베이컨 기름을 포함한 동물성 기름은 글리세린 제조에 쓰인다. 그리고 글리세린은 폭탄을 비롯한 다양한 폭발물의 원료다. 그러니 가정에서 베이컨을 요리할 때 생기는 기름을 버리지 말고 모아서 폭탄을 제조하는 데 도움이 되도록 나라에 헌납하자는 것이었다.

전시에 기름 한 방울이라도 아껴서 폭탄 제조의 원료로 활용하자는 취지는 좋았다. 물론 가정집에서 베이컨 기름을 모아야 얼마나 모은다고 그런 번거롭고 쓸데없는 운동을 펼쳤을까 싶다. 그러나 그 효과는 만만치 않았다.

당시 미국에서 소비하는 베이컨은 연간 약 20억 파운드 이상이었다. 베이컨 기름 1파운드에는 1파운드의 폭발물을 만드는 데 충분한 글리세린이 포함되어 있다고 한다.

가정에서 1파운드의 베이컨을 구울 때 얼마만큼의 기름이 나오고, 또 어느 정도까지 수집할 수 있었는지 일일이 계량하기는 힘들다. 그래도 미국 전역에서 수집한 베이컨 기름을 모두 합하면 적은 양이 아니다.

어쨌거나 이론적으로는 그럴듯하게 들린다. 하지만 베이컨 기름으로 폭탄을 제조한다는 장난 같은 이야기가 어느 정도로 진지하게 진행됐을까?

위원회는 정부와 협력해 적극적으로 캠페인을 전개했다. 미국은 2차 세계대전 중 어린이와 어른 모두에게 인기를 끌었던 디즈니 만화영화 〈미키마우스〉를 통해 적극적으로 전쟁 수행을 홍보했다.

미키마우스가 등장하는 베이컨 기름 모으기 만화영화는 1942년 미국 전역에서 방영됐다. 그만큼 적극적이었다는 의미다. 실질적으로 베이컨 기름을 모으는 체제도 갖췄다. 집에서 요리할 때 나오는 동물성 기름을 깡통에 모아 정육점이나 지정 상점에 가져가면 여기서 기름을 모아 군수공장으로 보냈다. 이렇게 기름을 모아 가져가면 파운드당 4센트, 혹은 배급품을 받을 수 있는 점수 2점을 받았다.

전국적인 캠페인이 전개됐다. 하지만 과연 효과가 있

전쟁사에서 건진 별미들

었을까? 관점에 따라 평가가 다소 다르기는 하다. 실질적으로 폭탄 제조에 도움이 됐다는 평가도 있고 요란하기만 했지 크게 도움이 되지 않았다는 지적도 있다. 하지만 1942년부터 전쟁이 끝날 때까지 미국 가정에서 약 6억 7,000만 파운드의 동물성 지방을 절약했다. 미국 내 동물성 기름 생산량의 약 10%에 달하는 수치라는 것이다.

또 분명한 것은 물량 이상의 홍보에서는 분명한 효과를 거뒀다는 점이다. 전쟁터에서 멀리 떨어져 있는 미국 가정주부들의 경각심을 일깨우는 데 적지 않은 기여를 했다는 평가도 있다.

가정에서 요리하고 남은 베이컨 기름을 모아 폭탄을 만들자는 운동은 어떻게 보면 장난스럽게까지 느껴진다. 하지만 '호랑이도 토끼를 잡을 때는 최선을 다한다'는 말처럼 미국같은 물자가 풍부한 나라도 전쟁에 이기기 위해 먹고 남은 기름 한 방울까지도 아꼈다는 사실이 새삼 가슴에 와 닿는다.

비밀리에 도토리를
모은 까닭은?

영국에서도 비슷한 일이 있었다. 1차 세계대전이 한창이던 1917년 가을, 영국 초등학교와 중고등학교에 뜬금없는 공문 한 통이 날아들었다.

"선생님은 학생을 독려해 도토리를 수집할 것. 도토리는 전쟁을 승리로 이끌 긴급한 필수 군수품이니 최대한 많이 도토리를 주울 것."

밑도 끝도 없었다. 도토리가 왜 필요하다는 것인지, 도토리로 어떻게 독일군을 물리치고 전쟁을 승리로 이끌 수 있다는 것인지 일언반구도 없었다. 무조건 학생들을 동원해 도토리를 긁어모아달라는 요구였다.

도토리를 모아다 주면 약간의 보답이 주어지기도 했지만, 그보다는 적군을 물리치는 데 쓰인다기에 선생님과 학생들은 열심히 도토리를 모았다. 얼마나 많이 모았는지 화물열차로 수송하지 못할 정도로 기차역마다 도토리가 쌓였다. 정부에서 목표로 했던 3,000톤의 도토리가 단기간에 채워졌다.

영국은 도토리묵이나 도토리 떡처럼 도토리를 식용으로 삼는 나라가 아니다. 그런데 전쟁이 한창일 때 도토리를 모아서 도대체 어디에 쓰려고 했던 것일까?

사정이 있었다. 영국 정부에서 도토리 수집에 열을 올리기 2년 전인 1915년, 영국군과 독일군이 대치하고 있던 서부 전선에 황당한 명령이 떨어졌다. 참호에서 치열한 포격을 주고받던 영국군에게 하루 네 발 이상의 포 사격을 하지 말라는 지시가 내려왔다. 포탄뿐 아니라 소총 사격도 엄격하게 제한되었다.

이처럼 터무니없는 지시가 내려진 데는 물론 이유가 있었다. 탄약이 떨어졌기 때문이다. 일선의 일부 부대가 탄약 공급을 받지 못한 것이 아니라, 영국군은 물론 연합군 전체의 탄약 비축량이 바닥을 드러낸 것이다. 전사에 기록된 1915년의 탄약위기(Shell Crisis)다.

1차 세계대전 초기 영국군은 독일군 참호를 향해 빗발치듯 포탄을 퍼부었다. 아끼지 않고 적에게 쏟아 부었던 것이다. 문제는 전쟁이 터진 지 약 1년이 지나면서부터 비축해둔 탄약이 바닥나기 시작한 것이다.

영국 본토가 직접적으로 폭격을 당해 폐허가 된 것도 아니니 탄약이야 공장에서 생산하면 될 것 같지만 문제가 있었다. 제조에 필수적인 한 가지 재료가 부족했기 때문에 원활하게 탄약 생산을 할 수가 없었다. 아세톤이라는

5장. 음식에 깃든 국난극복 의지

화학물질이었다.

이때까지만 해도 아세톤은 박달나무, 밤나무, 단풍나무와 같은 목재를 건조 증류시켜 만들었다. 나무를 밀폐된 용기에 넣고 열을 가할 때 나오는 증기에서 아세톤을 얻었다. 때문에 아세톤을 대량생산하려면 매우 많은 목재가 필요했다. 전쟁 전 영국은 독일에서 아세톤을 완제품으로 직접 수입했다. 혹은 미국을 비롯한 해외에서 목재를 들여와 아세톤을 자체 생산했다.

전쟁과 함께 독일에서 수입하던 아세톤은 공급이 끊겼다. 뿐만 아니라 U-보트가 연합국 수송선을 무차별로 공격하면서 목재 수입에도 차질이 빚어졌다.

전선에 공급할 포탄과 총알을 만들려면 3만 톤 이상의 아세톤이 필요한데, 영국에 남은 물량은 최저 3,000톤에 지나지 않았다. 탄약이 떨어져 대포는 물론 소총에 이르기까지 모든 무기가 무용지물이 될 판이었다. 하루 네 발 이상의 포탄을 쏘지 말라는 명령이 내려진 배경이다.

하루 속히 목재 이외의 다른 물질에서 아세톤 만드는 방법을 찾아야 했다. 이때 그 문제를 해결한 사람이 유태인이며 맨체스터 대학 화학교수였던 체임 와이즈만(Chaim Weizmann) 박사였다.

전쟁사에서 건진 별미들

1910년, 와이즈만 박사는 인조 고무를 만드는 실험을 하던 중 우연히 설탕을 분해해서 순수 아세톤을 만드는 박테리아를 발견했다. 영국은 설탕의 원료인 사탕수수나 사탕무를 직접 생산하는 나라가 아니었기 때문에 감자, 귀리, 밀 등의 작물을 이용해서 아세톤을 생산했지만 양이 많지 않았다.

그러다 전쟁으로 아세톤 품귀 사태가 벌어졌을 무렵, 와이즈만 박사가 새롭게 옥수수 전분을 이용해서 다량의 아세톤을 얻는 방법을 개발했다. 영국군은 물론 프랑스를 비롯한 연합국 공장에서 필요로 하는 양을 충당할 수 있을 만큼 아세톤을 생산할 수 있게 된 것이다. 한숨 돌렸다 싶었는데 또 다른 문제가 발생했다.

전쟁이 길어진 데다 독일 U-보트의 해안봉쇄로 식량 부족 현상이 심각해졌다. 화약을 만드는 것도 중요하지만 그보다 군인과 국민에게 지급할 양식을 확보하는 것이 더 시급했다. 아세톤 생산에 쓰려고 비축해두었던 옥수수를 비롯해 감자 등의 전분까지도 모두 식량 배급으로 돌려야 했다.

이때 대체품으로 생각해낸 것이 도토리였다. 옥수수 대신 도토리 전분을 이용해 아세톤을 생산한다는 계획이 마

5장. 음식에 깃든 국난극복 의지

련됐다. 이에 따라 영국 전역에서 학생들을 총동원해 도토리 줍기 운동을 벌였던 것이다.

도토리를 모으면서 전쟁에 필요한 물자라고만 했을 뿐 구체적인 용도를 밝히지 않았던 데는 두 가지 이유가 있다. 전시의 수급 상황 자체가 기밀이기도 했고, 당시 독일 역시 화약을 만드는 데 필요한 아세톤 부족 현상을 겪고 있었기 때문이었다. 그래서 영국은 도토리를 이용해서 아세톤을 만들 수도 있다는 제조 비밀이 새나갈 것을 우려한 것이다.

그리고 와이즈만 박사가 이때 영국 정치 지도자들과 쌓은 친분은 훗날 유태인들이 모여 독립국가 이스라엘을 건국하는 데 큰 도움이 됐다. 와이즈만은 1949년 이스라엘의 초대 대통령으로 선출됐다. 영국의 1차 세계대전 승리와 이스라엘 건국 배경에 엉뚱한 공통점이 생긴 셈이다.

6장

식탁에
남겨진
전쟁

FOOD AND WAR

'애국 음식'에서
'쓰레기 메일'로

식탁 위에 놓인 요리에도 인류 갈등의 흔적이 짙게 남아 있다는 사실이 때로는 놀랍다. 무심코 먹는 음식이지만 전혀 생각지도 못했던 곳, 구석구석에서 전쟁의 상처를 찾아볼 수 있다. 맛있고 평화롭게 먹는 음식에서 우리는 인류의 절망과 고통, 그리고 고난을 극복한 역사의 흔적을 발견하곤 한다.

햄 통조림도 그중 하나다. 어른 아이 가릴 것 없이 많은 사람들이 햄을 좋아한다. 불고기처럼 구워서 따뜻한 밥과 함께 먹어도 맛있고, 햄과 소시지를 넣고 끓인 부대찌개에도 군침이 돈다. 채소나 감자를 채 썰어 햄과 함께 볶은 햄야채볶음도 훌륭하다.

전쟁 중에는 식량 공급이 제한됐을 것이니 제대로 먹지 못했을 것 같지만 아니다. 햄만큼은 실컷 먹을 수 있었다. 정확하게 말하자면 햄이 아니라 햄 통조림이었다.

전쟁이 일어나면 음식도 마음대로 먹지 못한다. 전쟁터가 아닌 후방도 마찬가지다. 모든 물자는 우선적으로 전시 물자에 동원되기 때문에 민간인에게 공급되는 양은 제한된다. 당연한 이야기라고 말할 수도 있겠지만 머릿속으로 아는 것과 실제 경험하는 것은 다르다.

예를 들어 2차 세계대전 때 런던 시민들은 2주일에 겨우 달걀 한 개를 먹었다. 고기는 1주에 500그램을 구입할 수 있었으니 형편이 조금 나았고, 치즈는 1주일에 30그램을 살 수 있었다. 암시장에서 부정한 방법으로 비싼 값을 주고 물건을 사지 않는 한, 아무리 부자라도 정해진 수량 이상의 물건을 살 수는 없었다. 배급제 때문이었다.

2차 세계대전은 1939년 9월 독일이 폴란드를 침공하면서 시작됐다. 독일의 침략에 반발해 영국과 프랑스가 독일에 선전포고를 했고, 독일은 U-보트를 동원해 섬나라 영국으로 통하는 해상운송로를 봉쇄했다. 무기와 식량 등 각종 군수 물자를 싣고 영국으로 항해하는 수송선이 무차별로 격침되면서 영국은 심각한 식량난에 시달리게 됐다. 그리하여 전쟁이 터진 지 약 4개월 후인 1940년 1월 8일 단계적으로 배급제를 실시했다.

지금처럼 다양한 제품을 한곳에 모아놓고 파는 대형 슈퍼마켓이 없었던 당시, 식료품을 사려면 해당 식품을 파는 상점에 각각 들러야 했다. 고기를 사려면 정육점으로, 야채는 채소가게로, 빵은 제과점으로. 배급제가 실시되면서 주민들은 자신들이 거주하는 지역의 지정된 식품점에 모두 등록을 해야 했다. 그리고 식품을 살 때마다 현금과 함께 지급 받은 배급통장을 가져가 통장에 도장을 찍었다. 예컨대 달걀은 2주에 한 개씩 할당됐으니 계란 도장을 찍으면 2주일이 지나기 전까지는 다시 달걀을 살 수 없었다.

배급제는 처음 베이컨, 버터, 설탕에서 시작해 3월에는 고기, 7월에는 차, 식용유, 잼, 치즈로 확대되면서 전면적으로 실시됐다. 2차 세계대전이 끝난 것은 1945년이지만 영국은 전쟁과 함께 시작한 배급제도를 1954년이 되어서야 완전히 해제했다.

전쟁 중 배급제를 시행했다고 해서 모든 식료품을 배급한 것은 아니다. 자유롭게 구입할 수 있는 식료품도 많았다. 이를테면 감자나 생선은 자유롭게 살 수 있었고 햄은

6장. 식탁에 남겨진 전쟁

물량이 제한됐지만 햄 통조림인 스팸은 마음대로 무한정 구입할 수 있었다.

스팸 덕분에 영국인들은 군인이건 민간인이건 신선하게 저장한 수제햄은 아니더라도 햄과 비슷한 맛과 식감을 느끼며 전쟁의 고통을 잊을 수 있었다. 때문에 당시 영국인들은 스팸을 포함한 햄 통조림을 애국 식품이라고 불렀을 정도다.

햄 통조림이 애국 식량이 된 것은 미국에서 대량생산한 가공식품이었기 때문이다. 엄밀하게 햄은 돼지고기 뒷다리를 소금에 절이거나 훈제한 것을 말한다. 이른바 수제 햄이라고 부르는 이런 전통 햄은 수량이 제한적이다.

그런데 1927년, 미국 미네소타 주의 식품회사 호멜 사에서 햄 통조림을 만들었다. 돼지고기 넓적다리살로 만든 통조림이다. 그런데 넓적다리살로 햄 통조림을 만들다 보니 문제가 생겼다. 부산물로 다리 살을 제외한 어깨살이 엄청나게 나왔다. 이 어깨살은 값도 싸고 사람들이 즐겨 먹지 않는 부위였다.

호멜 사에서는 돼지 어깨살 처리 방법을 지속적으로 연구한 끝에 어깨살을 갈아서 다진 후, 여기에 뒷다리살인 햄을 섞은 다음 소금과 전분을 첨가해 햄과 비슷한 맛을 낼 수 있는 새로운 통조림을 만들어냈다. 전쟁이 일어나기 전인 1937년의 일이었다. 호멜사에서는 새로운 통조림 상표를 스팸(SPAM)이라고 지어 시장에 내놓았다. 상표 자체가 돼지고기 어깨살과 햄(Shoulder of Pork And Ham)으로 만들었다는 뜻이다. 햄 통조림 스팸은 시장에서 점유율 18%를 차지할 정도로 소비자들에게 인기를 끌었다.

2차 세계대전이 발발하면서 스팸의 인기는 치솟았다. 전쟁으로 모든 물자의 생산과 유통이 제약을 받는 상황에서 햄 통조림은 대량생산이 가능한 식품이었다. 값싸고 풍부한 돼지 어깨살에다 소량의 뒷다리살인 오리지널 햄을 섞으면 만들 수 있는 데다, 전분을 첨가하기 때문에 거의 필요한 만큼 생산할 수 있었다.

이때 미군이 스팸에 주목했다. 멀리 떨어진 전쟁터에 제때 필요한 만큼의 신선한 고기를 공급하는 것은 불가능했다. 하지만 햄 통조림은 병사들에게 햄에 버금가는 맛이 나는 양질의 단백질로 손색이 없었다. 뿐만 아니라 염분으로 가공한 통조림이기 때문에 냉동저장을 할 필요가 없었으니 군용식량으로 공급하기에는 안성맞춤이었다. 그리하여 미군은 햄 통조림을 K-레이션으로 채택하고 전선에 나가 있는 미국 군대에 야전식량으로 보급했다. 또 영국과 러시아를 비롯한 연합국 병사들에게도 이 햄 통조림을 공급했다.

동시에 영국 시민들에게도 무한정 공급했다. 원조물자로 또 수출식품으로 다량을 보냈기 때문에 그렇지 않아도 심각한 물자 부족에 시달리던 영국 정부는 햄 통조림만큼은 배급품목에서 제외할 수 있었다.

그런데 아무리 맛있는 것도 지나치게 먹으면 질리기 마련이다. 하물며 진짜 햄도 아니고 햄 통조림이다. 전쟁 기간 내내 햄 통조림을 먹었으니 물릴 만도 한데, 1945년 전쟁이 끝난 후에도 햄 통조림이 계속 공급됐다.

전쟁이 끝났다고 돼지 숫자가 갑자기 크게 늘어나는 것도 아니고, 햄을 만들려면 소금에 절이거나 훈제를 해야 하니 1년 이상의 시간이 걸린다. 때문에 햄은 종전 후에도 배급제에서 풀리지 않았다. 거기에 햄 통조림으로 인해 또 다른 문제가 생겼다. 엄청난 물량의 값싼 햄 통조림이 지속적으로 들어오다 보니 전쟁 후 회복되어야 할 영국의 양돈 산업이 회복될 기미를 보이지 않았다. 그러니 신선한 돼지고기의 공급이 줄어 값이 비싸지고, 그러니 값싼 햄 통조림을 계속 찾게 되는 악순환이 벌어졌다.

영국인들도 이제는 스팸에 질리기 시작했다. 당시 영국

인들이 햄 통조림을 얼마나 지겨워했는지는 방송에도 반영되었다. 1970년대 초반 인기를 끌었던 영국 BBC 방송 코미디 프로그램도 스팸이 등장했다. 런던의 '스팸 스케치'라는 카페를 무대로 한 〈몬티 파이슨(Monty Python)의 코미디〉라는 인기 TV 시리즈였다. 이 식당은 모든 음식 재료가 스팸이다. 메뉴에 적힌 음식들은 모두 달걀과 스팸, 베이컨과 스팸, 달걀과 베이컨 소시지와 스팸, 스팸 베이컨 소시지와 스팸 등 스팸 요리뿐이다.

어떤 음식을 주문하더라도 스팸을 넣지 않고는 만들 수 없으니 손님은 스팸 소리가 듣기 싫어 절망에 빠진다. 이런 상황에서 코러스가 등장해 합창으로 "스팸, 스팸, 스팸"이라는 노래를 부른다. 그러니 당시 영국 사람들이 얼마나 물려 있었는지 짐작할 만도 하다. 이 코미디 시리즈를 계기로 스팸은 '쓸모없이 넘쳐나는 물건'을 가리키는 속어로 쓰이기 시작했다.

1980년대 말 인터넷 시대가 열리기에 앞서 먼저 전화선으로 연결하는 PC통신 시대가 시작됐다. 어느 악성 누리꾼이 PC통신 화면에 BBC 방송의 코미디 프로그램에 나왔던 스팸 관련 대사를 무차별적으로 반복해 인용하면서 다른 사람의 접속을 방해했다.

이때부터 이런 악성 누리꾼이 무차별적으로 올린 글을 스팸이라고 부르다가, 후일 인터넷 시대가 열리면서 쓸데 없이 무더기로 쏟아져 들어오는 쓰레기 메일을 스팸 메일 이라고 부르게 됐다.

부산물을 재활용한 효자상품에서 애국 식품을 거쳐 쓰 레기 메일의 대명사가 된 불명예가 바로 스팸에 얽힌 역 사다. 쓰레기 메일에 붙은 스팸의 오명은 과유불급(過猶不及) 의 결과일까, 토사구팽(兎死狗烹)의 사례일까?

접시 위의
초밥 두 개

초밥의 맛은 밥알 개수에 좌우된다고 한다. 초밥 하나에 들어가는 밥알이 대략 300개일 때 초밥이 가장 맛있다는 것이다. 또 만드는 요리사의 손바닥 온도에도 영향을 받는다. 손의 온도에 따라 맛이 달라지기에 초밥 장인은 손을 식촛물에 담가 손바닥 온도를 언제나 30도로 유지한다. 초밥 요리사 옆에 놓는 물그릇은 바로 그런 용도다.

혀의 감각이 얼마나 발달한 미식가들인지는 모르겠지만, 이 정도로 미세하게 맛을 평가할 정도면 미식을 넘어 거의 병적인 수준이 아닐까 싶다.

어쨌거나 우리는 초밥을 즐겨 먹으면서도 초밥에 대해 미처 몰랐던 사실이 적지 않다. 사실 접시에 담긴 초밥 개수에도 우리가 알지 못한 역사가 숨어 있다.

대부분 무심코 지나치지만 접시에 담긴 초밥을 보면 특이한 점이 한 가지 있다. 일정하지는 않지만 초밥은 한 접시에 대략 10개씩 나오는 경우가 많다. 또 하나, 특히 회전초밥의 경우 십중팔구 작은 접시에 같은 종류의 초밥이 두 개씩 놓여 있다. 법으로 정해진 것도 아니고 초밥 전문점 사장들이 모여 만장일치로 결의를 한 것도 아닌데 한국이나 일본, 심지어 미국에서도 비슷하다. 한 접시에 같은 종류의 초밥 두 개가 놓여 있다.

우연의 일치일 것 같지만 아니다. 사연이 있다. 결론부터 말하자면 그것은 일본이 2차 세계대전에 패배한 결과다. 다시 말해 패전 후유증으로 생긴 현상이라고 할 수 있다.

뜬금없이 초밥, 그것도 접시에 놓인 초밥 개수와 일본 패전이 무슨 관계가 있을까? 의아할 수도 있지만 실제로 패전은 나비효과처럼 접시에 놓이는 초밥 개수에도 영향을 끼쳤다.

2차 세계대전이 끝나면서 패전국 일본은 극심한 식량

전쟁사에서 건진 별미들

난을 겪었다. 전쟁에 진 데다 조선과 타이완 등 식민지에서 수탈해 온 곡식, 그리고 태국, 필리핀 등 점령지에서 강압적으로 조달하던 쌀 수입이 끊겼다. 게다가 패잔병과 해외 거주민 150만 명이 한꺼번에 돌아왔다. 쌀 공급이 절반으로 줄면서 쌀값이 130배가 뛰었다. 상상을 초월한 굶주림이 계속되면서 1949년까지 영양실조로 사망한 숫자가 1,000만 명에 육박했다고 한다. 일본인의 주요 단백질 공급원이었던 생선도 마찬가지였다. 어획량이 절반 이하로 줄었고 전쟁으로 인해 어선도 태부족이어서 주로 민물생선과 조개류에 의존했다.

굶어죽는 사람이 속출할 정도로 식량 상황이 심각해지자 1947년 7월, 당시 일본 가타야마(片山) 총리가 타개책으로 음식점 영업 긴급조치령을 발표했다. 여관과 다방, 그리고 배급허가권을 취급하는 식당 이외에는 일체 음식점 영업을 할 수 없다는 내용이었다. 또 식량 절약을 위해 여행을 비롯해 특별한 경우가 아니면 일반인의 외식을 금지한다는 조치였다.

식량을 아끼자는 의도였지만 부작용과 반발도 만만치 않았다. 수많은 음식점이 문을 닫아야 했고, 초밥 전문점도 예외는 아니었다. 초밥집 주인들 사이에 비상이 걸렸을 때 누군가 아디이어를 냈다.

초밥을 만들어 팔 것이 아니라 쌀을 가져오는 사람에 한해 수수료를 받고 초밥을 만들어주면 된다는 것이다. 어차피 배급받은 쌀을 가져온 사람에게 생선을 얹어 초밥을 만들어주는 것이니, 양식을 과소비하는 것이 아니어서 긴급조치령의 취지에도 어긋나지 않는다는 것이다. 뿐만 아니라 음식을 만들어 파는 것이 아니고 손님이 가져 온 쌀로 밥을 짓고 거기에 생선을 얹어서 손님에게 되돌려주는 것이니, 요식업이 아니라 위탁가공업에 해당했다. 때문에 음식점 영업 긴급조치령에도 저촉되지 않는다는 논리였다. 그리고 초밥 전문점 입장에서는 재료값과 요리사의 인건비를 수수료 형식으로 받는 것이니 전혀 문제가 될 것이 없다는 얘기였다.

논리도 그럴듯했고, 수많은 초밥 전문점의 생계도 고려해야 했던 데다 시민들의 외식 욕구도 충족시켜야 했기에 도쿄 시청은 이 건의를 받아들였다. 다만 제한 조건을 만들었다. 1인당 쌀 한 홉으로 초밥 10개까지만 교환할 수 있다는 것이었다. 쌀 한 홉이면 대략 밥 한 그릇 정도의 분량이고, 이것으로 초밥을 만들면 지금 먹는 크기로 만들어야 10개 정도의 초밥이 만들어진다. 이전까지는 일본

전쟁사에서 건진 별미들

에 다양한 종류의 초밥이 있었지만 전쟁이 끝난 이후 초밥이 현재의 모습과 크기로 통일된 배경은 이러한 긴급조치령에 있었다.

이 무렵 일본은 곡식뿐 아니라 생선도 모자랐다. 때문에 초밥 하나하나를 예전처럼 다른 생선으로 만들 수가 없었다. 그래서 같은 종류의 생선으로 초밥 두 개씩을 만들어 한 접시에 담아 서비스했다. 다섯 가지의 재료로 모두 10개의 초밥을 완성시켰던 것이다. 이때 만들어진 습관이 지금까지 이어지면서 접시 하나에 같은 종류의 초밥을 두 개씩 올려서 제공하는 것이 관례처럼 되었다. 그리고 초밥 1인분을 시키면 접시에 대략 10개의 초밥이 나오는 것도 이때 생긴 관습이라고 한다.

실제 회전초밥 전문점이 아닌 경우, 초밥을 주문해보면 일본이나 우리나 한 접시에 초밥이 10개씩 나오는 경우가 비교적 많다.

그러고 보면 무심코 먹는 초밥에는 다양한 특징이 있는데 역시 대부분 이유와 사연이 있다. 그중 하나가 초밥에 들어가는 고추냉이다. 코를 톡 쏘는 맛 때문에 싫어하는 사람은 일부러 덜어내고 먹기도 하는데, 초밥에 고추냉이를 넣는 데는 이유가 있다. 물론 가장 큰 이유는 맛있게 먹으라는 뜻이다. 고추냉이에는 코를 찌르는 매운맛이 있어 입맛을 자극하는 효과가 있다. 하지만 처음에는 맛이 아니라 소독 때문에 고추냉이를 넣었다.

일본에서도 초밥이 널리 퍼진 것은 19세기 무렵이다. 냉동 기술이 지금처럼 발달하지 못했을 때였고 기껏해야 얼음을 채운 아이스박스로 생선을 보관했을 때였기에 초밥 재료인 생선이 지금처럼 싱싱하지 못했다. 때문에 살짝 상한 생선으로 만든 초밥을 잘못 먹으면 식중독을 일으켜 고추냉이를 넣어 살균을 했던 것이다. 고추냉이는 휘발성이 있어서 살균 효과가 있는데, 먹으면 톡 쏘는 맛이 바로 그 휘발 성분 때문이다.

특히 전어나 고등어, 전갱이처럼 등 푸른 생선으로 초밥을 만들 때는 고추냉이를 빼놓지 않았다. 등 푸른 생선은 다른 생선보다 쉽게 상하기 때문에 고추냉이를 쓰면 식중독을 예방하고 비린 맛을 잡아주는 일석이조의 효과가 있다.

그러고 보면 지금 우리가 초밥과 함께 먹는 것들은 대부분 맛과 함께 소독 효과를 노린 것들이다. 초밥 먹을 때 빠지지 않는 반찬이 식초에 절인 초생강인데, 이 역시 생선의 잡맛을 잡아주는 동시에 식중독을 예방해주는 역할

전쟁사에서 건진 별미들

을 했다는 것이다.

초밥을 찍어 먹는 간장도 마찬가지다. 맛있게 먹으라는 조미료 역할 이상도 이하도 아닐 것 같지만 원래는 고추냉이처럼 소독의 목적이 더 컸다. 예를 들어 참치 같은 생선은 먼 바다에서 잡히는 데다 붉은살 생선이기 때문에 쉽게 상했다. 하지만 잡은 지 한참 후에야 초밥 재료로 사용할 수 있었다. 때문에 냉동시설이 없던 시절에는 간장에 넣어 절여서 보관했다. 나중에는 간장에 절일 필요가 없어졌지만, 간장에 찍어 먹는 문화는 그대로 남게 됐다고 한다.

길바닥에 구르는 돌멩이 하나에도 다 나름의 사연이 있다. 초밥 먹을 때 접시 아래에 플라스틱으로 만든 대나무 잎을 까는 것도 단순히 장식용이 아니라 나름의 이유가 있다.

지금은 생선초밥이 고급 요리가 됐지만 19세기말 일본에서는 초밥이 길거리의 패스트푸드, 간편 음식으로 발달했다. 그래서 이 무렵의 초밥 노점상들은 초밥을 담을 때 초밥끼리 서로 달라붙지 않도록 대나무 잎을 깔고 층층이 초밥을 쌓아 가지고 다니면서 팔았다. 그때 깔았던 대나무 잎이 지금은 플라스틱으로 대체되면서 장식용으로

6장. 식탁에 남겨진 전쟁

쓰이고 있는 것이다. 초밥 하나하나를 들여다보면 이렇게 19세기 길거리 패스트푸드로 발전한 흔적과 20세기 일본이 패전으로 식량난의 고통을 겪던 시절의 흔적을 동시에 엿볼 수 있다.

쌀국수와 보트피플

베트남 쌀국수는 맛있다. 쌀로 만든 면도 맛있지만 따뜻한 육수도 시원하고, 아삭거리는 숙주나물과 채소, 그리고 얇게 저며 한두 점 얹은 소고기도 미각을 자극한다. 곳곳에 베트남 쌀국수 체인점이 보일 만큼 한국인에게도 많은 사랑을 받는다. 한국에서만 유명한 것은 아니다. 미국에도 도처에 베트남 쌀국수 포(pho) 전문 음식점이 있고, 중국에도 유럽에도 많다. 그뿐 아니라 세계 곳곳에도 베트남 쌀국수가 퍼져 있다.

진짜 유명한 베트남 쌀국수를 먹으려면 본고장인 베트남, 그것도 호치민 시로 가야 한다. 세계적으로 널리 알려진 베트남 쌀국수 레스토랑이 있기 때문이다. 그 이름은 포 빈(pho binh). '평화의 쌀국수'라는 뜻이다. 현지인뿐 아니라 외국인 관광객도 많이 찾는다. 매스컴을 통해 널리 알려졌기 때문이다.

얼마나 맛있기에 세계 각지에서 관광객이 몰려올까 싶겠지만, 맛이 특별하다기보다는 이름처럼 정치적 이유로 유명세를 탔기 때문이다. 베트남이 공산화된 이후 공산정권이 사유재산을 강력하게 억제했을 때도 살아남았을 정도로 정치적인 이유였다.

포 빈은 베트남 전쟁이 한창일 때 베트콩의 아지트였다. 공산화되기 전, 레스토랑을 자주 찾았던 손님들은 호치민으로 이름이 바뀌기 전 베트남의 수도였던 사이공의 정부 관리들과 군인, 경찰 간부, 미군 등이었다. 아래층에서 베트남 정부 관리들이 쌀국수를 맛있게 먹고 있을 때 'F 100'이라는 조직의 베트콩 핵심 조직원들이 2층 골방에 모여 작전계획을 짰고, 북부 베트남에서 들여온 무기를 숨겼다. 1968년 베트콩이 수도인 사이공에서 대규모 테러를 감행했던 구정 대공세의 작전 계획도 바로 이 레스토랑에서 수립됐다.

평화의 쌀국수라는 이름으로 지금은 세계적으로 알려

전쟁사에서 건진 별미들

진 레스토랑이 됐지만, 그 이면에는 베트남 전쟁의 역사가 아직까지 살아 숨 쉬고 있다.

사실 베트남 쌀국수 자체도 전쟁의 흔적이다. 여러 나라 관광객들이 베트남에 와서 포 빈 레스토랑을 찾는 이유는 그만큼 베트남 쌀국수에 익숙하다는 증거다. 쌀국수를 자국에서 자주 먹었기에 베트남 관광길에 본고장 명물 쌀국수를 찾는 것이다. 베트남 쌀국수는 왜 세계적으로 널리 퍼지게 됐을까?

베트남 전쟁이 계기가 됐다. 한국에는 2000년대 이후에 널리 퍼졌지만 미국과 프랑스, 오스트레일리아 등지에서는 1980~1990년대에 유행하기 시작했다. 베트남 패망의 결과다.

1975년 4월 30일 북부 베트남인 월맹군 탱크가 당시 수도인 사이공의 대통령궁에 진입하면서 베트남 전쟁이 끝났다. 그리고 수많은 베트남 사람들이 쪽배를 타고 무작정 바다로 나가 공산화된 조국을 탈출했다. 널리 알려진 보트피플(boat people)이다.

탈출 과정에서 수많은 사람들이 죽었고, 살아남은 사람들은 난민을 받아준 나라에 가서 정착했다. 베트남 전쟁에 참전했던 미국과 한때 베트남을 식민 지배한 프랑스,

그리고 오스트레일리아 등이다. 아무것도 가진 것 없이 고국을 탈출한 난민들은 낯선 나라에서 먹고살기 위해 음식 장사를 시작했다. 그리고 간편하게 먹을 수 있는 베트남 쌀국수를 만들어 팔았다. 지금 세계적으로 베트남 쌀국수 포가 널리 퍼지게 된 배경이다. 쌀국수에는 전쟁에 패해 나라를 잃고 난민으로 떠돌아야 했던 베트남 사람들의 아픔이 배어 있다.

베트남 쌀국수의 일종인 포는 베트남 중에서도 남부가 아니라 북부 음식이다. 포의 본고장은 사이공이 아니라 수도 하노이 일대다. 그런데 왜 남부 베트남에서 널리 퍼졌고 베트남 전쟁이 끝나면서 남쪽 난민들이 세계로 퍼트리게 된 것일까?

분단의 상처가 깃들어 있기 때문이다. 우리의 평양냉면이나 함흥냉면과 비슷하다. 평양냉면과 함흥냉면이 남한에서 널리 퍼지게 된 계기도 남북분단과 한국전쟁으로 평안도와 함경도 이북 피란민들이 남쪽으로 피란 와서 음식 장사를 시작한 것이었다. 북부 하노이 지방의 음식이었던 베트남 쌀국수가 남쪽 호치민에 퍼진 것 역시 베트남의 분단이 계기가 됐다.

베트남은 1954년 남북으로 분단이 되었다. 북쪽에는 공

전쟁사에서 건진 별미들

산 정부인 월맹, 남쪽에는 민주 정부인 월남이 들어섰다. 당시에도 공산정권을 피해 수많은 사람들이 남쪽으로 내려왔다.

남쪽에 정착한 북부 사람들은 남한에서 평양냉면, 함흥냉면을 팔았던 이북 사람들처럼 북쪽의 쌀국수 포를 남쪽에 소개했다. 사실 1954년 이전까지 남부 베트남 사람들은 남부의 쌀국수인 후티유(hu tieu), 미(mi), 분(bun) 등을 먹었을 뿐, 북쪽 지방에서 발달한 쌀국수인 포를 그다지 먹지 않았다고 한다.

그러다 월남한 북부 베트남 사람들이 질박한 국수에 소고기와 닭고기를 얹고 갖가지 향신료를 듬뿍 얹으면서 남부 베트남에서 포가 유행했다. 거리에 북쪽 쌀국수 포를 파는 노점상이 넘쳤고, 포는 베트남 사람들이 아침에 일상적으로 먹는 식사가 됐다. 무심코 먹는 베트남 쌀국수에 담긴 분단의 상처다.

포에는 이렇게 아픔이 많지만 분명한 것은 전통적인 베트남 음식이라는 사실이다. 하지만 생뚱맞게 프랑스와 중국이 서로 연고권을 주장한다. 자기네 음식 문화의 영향을 받아서 포가 발달했다는 것이다. 그러고 보면 프랑스나 중국 모두 한때 베트남을 식민지로 지배했거나 적지 않은 영향력을 발휘했던 나라들이다.

베트남에는 옛날부터 다양한 국수가 발달했다. 같은 쌀 국수라도 면의 굵기와 면을 어떻게 뽑느냐에 따라 반(bahn) 과 분이 있고, 밀가루 국수인 미도 있다. 또 어떤 국수로 어떻게 조리하느냐에 따라 후티유와 포 등 다양한 국수로 구분된다.

그중 우리가 즐겨 먹는 포는 소고기로 육수를 끓이고 그 위에 잘 저민 소고기 편육과 갖가지 채소를 얹어 만든 다. 그런데 이렇게 먹는 포가 베트남이 프랑스 식민지였 던 시절, 프랑스 음식의 영향을 받아 발달했다는 것이다. 소고기에 채소와 갖가지 향신료를 섞어서 만드는 프랑스 수프 포 토프(pot au feu)와 전통적인 베트남 쌀국수가 결합된 형태라는 논리다.

베트남은 1858년 프랑스 나폴레옹 3세의 침략을 받았 고 1884년 프랑스의 식민지로 전락했다. 베트남에 진출 한 프랑스 사람들은 하인이었던 베트남 요리사에게 프랑 스식으로 쌀국수를 만들라고 요구했고, 이런 과정에서 소 고기를 재료로 각종 채소와 향신료를 더해 만든 프랑스 수프 형태의 쌀국수 포가 만들어졌다. 원래 베트남 사람 들은 소고기 대신 주로 돼지고기와 해산물로 조리를 했는

전쟁사에서 건진 별미들

데 프랑스의 영향을 받아서 소고기를 넣게 됐다는 얘기다. 그래서 일부 어원학자들은 베트남 쌀국수 포의 어원이 포 토프에서 비롯되었다고 주장한다.

중국은 또 다른 주장을 편다. 포는 베트남과 인접한 광동과 광서에서 발달한 소고기 국수 우육면(牛肉麵)에서 발달했다는 것이다. 19세기 말부터 20세기 초까지 수많은 중국 화교들이 베트남으로 건너가 당시 수도였던 하노이에 자리 잡는다. 중국 화교들은 이때 프랑스 사람들이 버리고 먹지 않는 소고기 부위를 모아 육수를 끓인 후 쌀국수를 삶아 어깨에 멜빵을 만들어 메고 다니며 팔았다.

그리고 중국 광동성 사투리로 고기 국수라는 뜻에서 '육판(肉粉)'이라고 외치며 팔았다. 소고기 쌀국수가 잘 팔리자 베트남 사람들도 소고기 국수를 만들어 팔면서 이번에는 베트남어로 '눅판'(nhuc phan)이라고 외치며 팔았다. 소고기 육수로 만드는 포의 기원에 대한 또 다른 주장이다.

베트남 쌀국수 포가 프랑스의 영향을 받아 발달했는지, 중국 남부의 영향을 받았는지, 혹은 순수 베트남 음식의 또 다른 변형으로 생긴 것인지는 알 수 없다. 적지 않은 세월 식민 지배를 겪다보니 전통음식인 쌀국수의 정체성마저 혼란스러워졌다.

쌀국수 포는 이렇게 전쟁과 침략의 상흔이 짙게 배어 있는 음식이다. 그리고 이민족의 지배를 받는 식민지의 고통에서, 남북분단과 전쟁의 아픔 속에서, 패전으로 인해 난민으로 전락한 절망 속에서도 살아남으려는 민족적 의지가 담겨 있는 음식이다.

전쟁사에서 건진 별미들

영화와 팝콘,
그리고 태평양전쟁

FOOD AND WAR

평화롭게 영화를 보며 먹는 팝콘은 전쟁과는 전혀 관련이 없을 것 같다. 그런데 아니다. 전쟁이 계기가 돼서 우리는 지금 영화를 보며 팝콘을 먹는다. 그것도 일본이 미국을 공격한 태평양전쟁이 원인이 됐다. 만약 일본의 진주만 기습, 필리핀 점령으로 인해 태평양전쟁이 일어나지 않았다면 우리는 지금 영화를 보며 사탕이나 다른 간식을 먹고 있을지도 모른다.

영화관은 시설을 갖춰놓고 영화를 틀어주는 곳이다. 그러니 영화관의 주 수익원은 영화표 판매 수익일 것 같지만 아니다. 영화표 판매에 따른 매출은 배급사, 투자자, 제작사 등이 지분에 따라 나누기 때문에 핵심 수입원이 아니다. 결정적인 수입원은 광고와 팝콘 판매다. 팝콘은 팔리는 대로 전부 영화관 수입이 된다. 때문에 극장 운영주의 입장에서는 팝콘을 장악해야 천하를 얻을 수 있다.

그런데 한 가지 이상한 부분이 있다. 왜 하필 팝콘이냐는 것이다. 원가 대비 수익성이 가장 높기 때문일 수도 있다. 하지만 굳이 팝콘이 아니더라도 수익성 높은 간식은 얼마든지 개발할 수 있을 것이다. 그럼에도 팝콘은 대체하기가 쉽지 않은 모양이다.

사실 관객 입장에서 영화 볼 때 팝콘이 빠지면 서운하다. 그래서 영화관에 도착하면 표를 구한 다음 가장 먼저 팝콘을 산다. 오징어나 나초도 있지만 어디까지나 보조일 뿐, 영화관 군것질의 주역은 역시 팝콘이다.

이상한 것은 정해진 규칙도 없는데 대부분의 관객이 팝콘을 먹는다는 사실이다. 그리고 더 이상한 것은 앞서 말한 것처럼 영화관에서도 천편일률적으로 팝콘을 판매한다는 것이다.

영화 관람객이 더 좋아할 만한 간식, 그리고 영화관 매출을 더 올려줄 값비싼 군것질을 제쳐놓고 수십 년 동안 팝콘을 팔고 있다. 사람들은 왜 영화를 보면서 팝콘을 먹었을까? 그리고 언제부터 영화관에 팝콘을 가지고 들어갔을까?

영화관에서 팝콘 먹는 데 무슨 이유가 따로 있을까 싶지만, 여기에도 나름 이유와 배경이 있다. 팝콘과 영화는 모두 미국에서 시작된 문화다. 미국에서 영화 산업이 자리 잡기 시작한 것은 20세기 초반이다. 1920년대 무성영화가 인기를 끌면서 사람들은 영화관을 찾기 시작했다.

옛날이나 지금이나 영화는 먹으면서 봐야 제맛이다. 초창기 무성영화 시대도 마찬가지였다. 다만 이 무렵에는 팝콘 대신 사탕이나 과자를 들고 영화관에 들어왔다. 반면 팝콘을 가지고 오는 사람은 입장을 금지시켰다. 요즘 영화관에서 팝콘과 음료수 외에는 대개 반입을 금지하는 것과 정반대였다.

팝콘이 영화관을 더럽힌다는 것이 가장 큰 이유였다. 무성영화 시대에 영화관은 일반 가정에서는 볼 수 없는 카펫이 깔린 고급스런 장소였다. 이런 영화관에 팝콘을 가져와서 먹다보면 흘리기도 하고, 팝콘이 바닥에 떨어지면 버터기름이 묻어 카펫이 지저분해지기 일쑤였다. 때문에 영화관 주인들은 문밖에 사람을 세워놓고 팝콘을 갖고 들어오는 사람의 입장을 막았다. 영화관 품위에 맞게 팝콘 같은 싸구려 간식 말고 사탕이나 쿠키 같은 고급 과자를 먹으라는 것이었다.

팝콘이 왜 이렇게 구박을 받았을까? 지금과 달리 20세기 초까지만 해도 팝콘은 미국에서 그다지 대중적인 간식이 아니었다. 정확하게 말하자면 간식이 아니라 음식이었다. 그것도 순전히 싸구려 음식이었다. 비유하자면 시장에서 가장 싼 컵밥을 들고 영화를 보겠다고 하는 것과 다름없었다. 그러니 영화관 주인이 출입문을 지키며 팝콘 들고 들어오는 사람을 막았던 것이다.

옥수수의 원산지가 아메리카 대륙이었던 만큼 팝콘은 원래 아메리카 원주민의 식품이었다. 5,000년 전 팝콘의 흔적이 화석으로 남아 있다고 하니 아메리카 원주민의 역사와 맥을 같이 하는 셈이다. 이렇게 팝콘은 북남미 대륙 원주민인 소위 인디언들의 음식이었다. 인디언 부족들은 저마다 다양한 방법으로 팝콘을 튀겨 양식으로 삼았다. 유럽인들이 팝콘을 처음 본 것도 최초의 추수감사절 무렵이다. 추수감사절 만찬에 참석한 콰데키나 인디언 부족의 추장 마소이트 추장의 동생이 사슴가죽으로 만든 가방에 팝콘을 가득 담아 선물한 것이 처음이라고 한다. 원주민

전쟁사에서 건진 별미들

들이 팝콘을 가져온 것은 아이들 먹으라고 군것질거리로 가져온 것이 아니라 양식으로 가져온 것이었다. 또 인디언 입장에서 낯선 백인 부족과 서로 싸우지 말고 사이좋게 지내자는 평화의 상징으로 가져온 것이다.

최초의 추수감사절 이후 아메리카 원주민뿐 아니라 초창기 미국 개척민들에게도 팝콘은 중요한 식량이었다. 사실 따지고 보면 초기 미국 이주민들은 팝콘 덕분에 배고픔을 면했다고도 할 수 있다. 추수감사절 때 팝콘을 처음 먹어보고 옥수수 재배기술을 배웠고, 유럽인들은 낯선 작물인 옥수수를 찌거나 구워 먹는 것이 아니라 팝콘으로도 먹었기 때문이다. 현대인들이 아침으로 먹는 시리얼의 전신 역시 팝콘이었다.

당시 사람들은 지금처럼 팝콘을 과자로 먹은 것이 아니었다. 시리얼처럼 우유에 말아서 먹거나 치즈나 크림과 함께 먹었다. 훌륭한 아침식사인 셈이었다. 참고로 최초의 시리얼은 의사인 켈로그 박사가 만들었다. 그 전까지는 켈로그 박사 부인이 팝콘으로 시리얼을 만들어 환자들에게 먹였다고 한다.

이 무렵 팝콘은 먹기에 그다지 편한 식품은 아니었다. 팝콘을 만들려면 가정집에서 냄비에 옥수수를 넣고 일일이 튀겨야 했다. 번거롭기 그지없었기에 식사로 먹었을지 언정 간식으로 널리 퍼지지는 못했다. 그런데 19세기 후반, 팝콘이 간식으로 퍼지는 계기가 마련됐다. 1885년 찰스 크레터라는 제과점 주인이 팝콘 기계를 발명했다. 요즘처럼 마이크로 오븐이 생기기 전까지 유행하던 팝콘 기계였다.

사실 찰스 크레터가 처음 구입한 것은 땅콩 굽는 기계였다. 그런데 이 기계가 불량품이었던 모양이다. 아무리 해도 땅콩이 제대로 구워지지 않자 디자인도 바꾸고 여기저기 손을 봤다. 그런데 땅콩이 구워지는 대신 팝콘이 튀겨졌다. 찰스 크레터는 새로운 용도의 기계를 시카고 박람회에 출품했다. 이 팝콘 기계 덕분에 거리에 팝콘 파는 노점상들이 생겨나기 시작했다. 하지만 20세기 초반까지도 팝콘은 여전히 거리의 싸구려 음식이었다. 그리고 극장 주인들은 사람들이 영화관에 팝콘을 갖고 들어오는 것을 싫어했다.

그러다 1929년 미국의 대공황을 계기로 팝콘이 대중적인 간식으로 사랑을 받기 시작했다. 거리에 실업자가 넘쳐나는 상황에서 주머니 사정이 가벼워진 사람들이 만만하게 먹을 수 있는 것은 팝콘뿐이었다. 당시 팝콘은 한 봉

전쟁사에서 건진 별미들

지에 5센트 정도에 불과해 가난한 가족들이 먹을 수 있는 몇 안 되는 군것질거리였다. 그래서 너도나도 팝콘을 사 먹었다. 다른 제과업자들이 대공황 기간 중 살아남기 위해 몸부림치는 동안 팝콘 판매상들은 돈을 벌었다. 관객들이 영화관에 팝콘을 갖고 들어가기 시작한 것도 이 무렵부터였다. 극장주들은 여전히 싫어했지만 상황이 바뀌었다. 팝콘을 못 먹게 하는 영화관은 인기가 떨어져 문을 닫아야 할 정도가 됐기 때문이다.

하지만 팝콘이 영화관을 완전 점령한 것은 엉뚱하게도 2차 세계대전이 계기가 됐다. 결정적인 이유는 팝콘과 전혀 관계없는 설탕이었다. 1941년 12월 7일, 일본은 진주만을 기습적으로 공격했다. 그리고 이듬해 상반기 필리핀을 완전히 점령했다. 그 결과 그동안 미국의 주요 설탕 수입국이었던 필리핀으로부터의 설탕 수입이 중단됐다. 또 다른 설탕 공급 기지였던 하와이에도 문제가 생겼다. 태평양전쟁으로 화물선의 절반 이상이 군용으로 차출됐고 노동력도 부족해지면서 하와이에서의 설탕 수입도 큰 폭으로 줄었다. 그러면서 미국 본토로 들어오는 설탕 공급량은 전쟁 전 3분의 1 수준으로 떨어졌다. 그 결과 미국은 2차 세계대전 중 설탕을 최초의 배급품목으로 지정했다.

설탕은 우선적으로 공업용, 군용으로 공급됐고 나머지가 민간인에게 배급됐다.

그리고 설탕 배급은 엉뚱하게 팝콘 산업의 호황으로 이어졌다. 영화관에서 팝콘의 강력한 경쟁자는 사탕이나 초콜릿, 과자, 그리고 콜라 같은 달달한 탄산음료다. 팝콘 값이 아무리 싸도 어떻게 경쟁조차 할 수 없는 라이벌이었다. 그런데 설탕이 배급제로 바뀌면서 군납용을 제외한 모든 과자와 초콜릿, 탄산음료 등의 생산이 중단됐다. 심지어 설탕이 들어가는 추잉검의 생산까지 중단됐다.

이럴 때 틈새를 비집고 들어온 것이 팝콘이었다. 영화를 보며 스트레스를 풀어줄 군것질거리가 팝콘밖에 없었다. 이때부터 영화는 팝콘을 먹으며 보는 것으로 문화가 바뀌었다. 그리고 전후에 미국 문화와 미국 영화가 세계로 퍼져나가면서 팝콘은 영화 볼 때 빼놓을 수 없는 아이템이 됐다. 지금 우리가 팝콘을 먹으며 영화를 보는 데도 엉뚱한 역사가 개입되어 있는 것이다.

전쟁사에서 건진 별미들

냉전이 낳은 이름 키위,
스파이가 만든 딸기

한국 사람들도 키위를 좋아한다. 익숙하면서도 낯선 이 과일에 대해 우리가 잘 모르는 부분이 있다. 먼저 새콤달콤한 과일 키위는 감이나 배와는 달리 우리 토종과일이 아닌 것으로 우리는 알고 있다. 물론 지금은 한국에서도 많이 재배하고 있지만 예전에는 주로 뉴질랜드에서 수입해 왔다. 때문에 바나나나 멜론처럼 수입 과일이라는 인식이 강하다.

하지만 키위는 한국 토종과일이다. 그런데 왜 엉뚱하게 키위라는 이름으로 불리는 것일까? 키위는 뉴질랜드에서만 살고 있는 새의 이름이다. 과일 키위와 새 키위는 어떤 관계가 있으며 뉴질랜드와는 또 어떤 인연이 있는 것일까?

키위는 원산지가 중국으로, 한국을 포함한 동북아에서 널리 자라는 과일이다. 한국 이름은 '머루랑 다래랑 먹고' 할 때의 '다래'다. 키위는 서양에서 들여왔다는 뜻에서 양다래라고 하고 우리의 다래는 양다래와 대비해 토종 다래라는 뜻으로 참다래라고 한다.

『고려사』에도 나오는 과일이고, 조선 초기 연산군이 좋아해서 신선도가 유지될 수 있도록 다래를 가지와 덩굴이 달린 채로 상납하라고 경기도 감사를 달달 볶았다는 기록도 있으니 과일로 먹은 역사가 꽤 오래되었음을 알 수 있다.

키위는 우리와 중국 등 아시아 산간 지역에서 저절로 자라는 열매였다. 명나라 때의 한의학 서적인 이시진의 『본초강목』에도 "생김새는 배를 닮았고, 색깔은 복숭아와 비슷한데 원숭이가 좋아하는 복숭아라는 뜻에서 미후도, 혹은 따뜻한 양지에서 자라는 복숭아라는 뜻에서 양도라고 불렀다"고 기록되어 있다. 시고, 달고, 차기 때문에 갈증을 멎게 해주고 열을 내려준다는 서술도 있다. 과일뿐만 아니라 약재로도 쓰였다는 의미다.

그런데 아시아의 과일인 다래가 어떻게 뉴질랜드로 건너가 서양 과일로 발전하게 됐을까? 그리고 과일 이름이 하필이면 뉴질랜드에만 서식하는 새인 키위 새와 같게 된 것일까?

키위가 세계적으로 널리 퍼지게 된 계기는 2차 세계대전이고, 키위라는 이름은 냉전이 낳은 결과다. 1906년 뉴질랜드의 왕가누이 여자대학교 학장인 메리 프레이저 여사는 중국 후베이성 이창(宜昌)에 있는 자매학교를 방문했다. 그리고 뉴질랜드에서는 보지 못했던 낯선 과일 다래의 씨앗을 얻었다. 프레이저 여사는 귀국 후 학교 인근의 농부에게 이 씨앗을 전했고, 4년 후 이 씨앗이 뉴질랜드에서 처음으로 열매를 맺었다.

뉴질랜드 사람들은 키위를 중국에서 전해진 과일이라고 해서 처음에는 중국 이름 그대로 양도, 혹은 영어로 차이니즈 구즈베리(Chinese Gooseberry)라고 했다. 낯설고 새로운 과일의 인기가 높아지자 뉴질랜드 농민들은 중국에서 온 과일의 재배를 점차 늘려갔다. 그러다 2차 세계대전이 일어나면서 1940년 뉴질랜드 육군에서 차이니즈 구즈베리 농장을 징발했다. 그리고 농장 주변에 미군이 주둔했다.

미국 병사들은 고향에서는 먹어보지 못한 새로운 과

일 맛에 푹 빠졌다. 전쟁이 끝나고 귀국한 후에도 뉴질랜드의 새콤달콤한 과일이 생각날 정도였다. 그리고 미국과 영국에서 시장이 생기자 뉴질랜드 농장들은 차이니즈 구즈베리를 본격적으로 수출하기 시작했다.

한국전쟁이 한창이던 1952년 무렵이다. 미국과 영국이 한반도에서 중공군과 치열한 전투를 벌이던 때였다. 당시 미국인들은 중국에 대한 감정이 좋지 않았다. 전쟁이 끝난 후에는 민주진영과 공산진영이 대립하는 냉전이 시작됐다. 중국에 대한 미국인의 반감은 점점 높아졌다.

이 무렵 미국에서 차이니즈 구즈베리의 인기는 점점 높아졌다. 적은 양을 수입할 때는 별 문제가 없었는데 슈퍼마켓에서 다량이 팔리면서 과일 이름으로 인한 이미지가 문제가 됐다. 냉전시대에 대립하고 있던 중국에서 들여온 과일로 인식되곤 해서였다.

샌프란시스코의 미국 과일 수입업자가 냉전시대의 정치적 이미지를 떠올리는 차이니즈 구즈베리라는 이름을 바꾸자고 제안했다. 중국과 관련 있는 과일이라는 느낌을 지우기 위해서다. 중국을 싫어하는 사람들이 과일을 사먹지 않을 수도 있기 때문이다.

결국 이름을 바꾸기로 했다. 처음에는 차이니즈 구즈베

전쟁사에서 건진 별미들

리라는 이름 대신 '작고 맛있는 멜론'이라는 뜻에서 '멜로네트'라고 이름을 붙인 후 국제 과일시장에 선을 보였다. 그런데 여기서 문제가 생겼다. 미국의 수입업체가 새로운 이름에 이의를 제기하면서 하루속히 다른 이름으로 바꿀 것을 요구한 것이다. 작은 멜론이라는 뜻의 멜로네트로 수입하려면 단가를 올려야 한다는 얘기였다. 당시 미국에서 멜론 종류의 과일은 관세가 다른 과일에 비해 높았기 때문이다.

높은 관세를 피하려면 멜론과 연관이 있는 이름은 피해야 했다. 또 그 수입업체는 이왕이면 과일을 대량 재배하는 원산지인 뉴질랜드의 특성을 강조하는 새 이름으로 작명해줄 것을 희망했다.

그래서 나온 이름이 키위(Kiwi fruit)다. 뉴질랜드를 상징하는 키위 새처럼 뉴질랜드를 대표하는 과일이라는 뜻이다. 뿐만 아니라 키위는 뉴질랜드 원주민인 마오리족의 말이었기 때문에 신선한 나라 뉴질랜드의 이미지를 강조하는 데 안성맞춤이었다. 우리 과일 다래, 중국 과일 양도가 차이니즈 구즈베리에서 영어 키위로 바뀌게 된 사연이다. 냉전에 따른 동서대립이 과일 이름에까지 영향을 준 것이었다.

엉뚱하지만 딸기도 전쟁과 밀접한 관련이 있는 과일이다. 어느 정도 관련이 있을까? 그전에 인류는 언제부터 딸기를 먹었을까? 이렇게 물으면 대개는 '자연의 식물이니 당연히 인류가 살기 시작한 먼 옛날부터 먹었던 것 아니겠냐'고 반문한다.

맞는 답이면서 동시에 틀린 답이다. 딸기는 먼 옛날부터 지구 곳곳에서 자랐다. 다만 지금 먹는 딸기와는 달라도 한참 다르다. 전부 산딸기, 멍석딸기, 뱀 딸기와 같은 야생 딸기 종류다. 지금 우리가 먹는 딸기 종자는 세상에 나온 지 200년 정도밖에 안 됐다. 쉽게 말해 자연산이 아니라 인간이 만들었기 때문이다.

도대체 누가 딸기를 만들었을까? 주인공은 프랑스 스파이다. 지금 우리가 맛있게 먹는 딸기는 프랑스 간첩이 열심히 스파이 활동을 했던 결과다.

1712년 어느 날, 남북으로 길게 이어진 남미 칠레의 해안가 숲에서 프랑스의 식물학자가 야생 딸기를 관찰하는 모습이 눈에 띄기 시작했다. 얼마나 열정적이었는지 비가 오나 눈이 오나 하루도 쉬지 않고 해안가를 뒤지며 야생 딸기 종자를 채집하고 기록했다. 수첩에는 칠레 야생 딸기와 관련된 각종 기록과 숫자가 마치 암호문처럼 빽빽하게 적혀 있었다.

그 식물학자의 이름은 아메데 프랑스와 프레이저였다. 지금 우리가 먹는 딸기가 만들어지는 데 결정적인 기여를 한 인물이다. 그의 직업은 교수나 학자가 아니었다. 프랑스 육군 정보국 소속의 현역 중령으로 식물학에는 아마추어였다. 그가 수첩에 빽빽이 적어놓은 칠레의 야생 딸기 관련 기록은 딸기에 관한 기록인 동시에 군사 정보를 적은 암호였다. 칠레 해안가에 설치된 요새와 주둔 병력, 대포의 숫자와 병참 공급 현황 같은 군사 정보는 물론, 독립 전 칠레를 통치했던 스페인 총독의 근황과 원주민의 움직임까지 정치, 경제, 사회와 관련된 모든 정보가 함께 적혀 있었다.

딸기의 탄생은 유럽 열강이 세력 다툼을 벌이며 싸운 결과였다. 엔지니어이자 수학자이며 현역 군인인 프레지어 중령을 남미에 파견한 사람은 당시 프랑스 국왕이었던 루이 14세였다. 프랑스가 멀리 떨어진 남미에 간첩을 보낸 것은 유럽의 국제정치 판도 때문이다. 이때의 스페인 국왕 필리페 5세는 루이 14세의 손자였다. 프랑스는 필리페 5세의 왕권을 유지하고 스페인에 대한 프랑스의 영향력을 유지하기 위해 스페인과 식민지의 정보를 수집했던 것이다. 반대파들이 필리페 5세를 몰아내려고 할 경우 즉각적인 무력 개입을 하려는 의도였다.

때문에 페루와 칠레까지 간첩을 보내 군사 정보를 수집했던 것이다. 프레지어 중령이 야생 딸기 종자를 관찰하고 채집한 것은 스파이 활동을 들키지 않기 위한 위장이었다. 프레지어는 임무를 성공적으로 완수한 후 1714년 프랑스로 귀국했다. 그리고 칠레의 해안가 방어진지를 포함한 군사 정보가 담긴 지도를 제작해 루이 14세에게 제출했다. 프레지어 중령에게 금화 1,000냥을 상금으로 내린 것을 보면 그가 그린 군사 지도에 루이 14세가 아주 만족했던 모양이다.

스파이 활동을 완수한 프레지어 중령은 파리에서 그동안 칠레에서 꼼꼼하게 관찰하고 스케치했던 바닷가의 토종 딸기에 관련된 책을 출판했다. 그리고 파리에 귀국할 때 함께 가져온 토종 딸기 종자를 심었다.

토종 칠레 딸기는 빨갛고 예쁜 달걀 크기의 탐스러운 열매를 맺었지만, 사람이 먹을 수는 없는 종자였다. 그런데 유럽에서는 풍토가 맞지 않았기 때문인지 아예 열매조차 맺지 못했다.

이때부터 프레지어를 포함한 유럽의 여러 식물학자들은 칠레 딸기와 다른 야생 딸기 종자를 교배시켜 열매를 맺게 하려고 다양한 시도를 했다. 그리고 영국의 필립 밀러가 남미 칠레의 야생 딸기와 북미 버지니아의 야생 딸기를 교배시켜 새로운 종자를 얻는데 성공했다. 이 딸기가 지금 우리가 먹는 재배용 딸기의 원조다. 그리고 품종이 우수한 묘목을 선별해 대량으로 재배를 시작한 것이 1806년 전후다. 그러니 자연에서 자라는 산딸기가 아닌 재배해서 먹는 딸기의 역사는 길어도 200년에 불과한 것이다.

인공적으로 만든 품종인 서양 딸기, 즉 양딸기가 한국에 전해진 것은 1920~1930년대 무렵으로 추정된다. 딸기가 처음으로 동양에 전해진 것은 19세기 말이었다. 네덜란드를 통해 일본에 관상용으로 처음 전해졌다고 한다. 그리고 한국과 중국에서 딸기를 먹기 시작한 것은 20세기 초반이다.

지금까지 별 생각 없이 먹었지만 따져보면 여러 가지를 생각하게 만드는 과일이 딸기다. 먹음직스러운 과일에 불과했던 딸기지만, 우리의 입속으로 들어오기까지 눈에 보이지 않았던 많은 일들을 겪은 것이다. 18세기, 유럽의 국제정세와 프랑스의 국력을 강화하려는 루이 14세의 대외 정책, 남미에 파견된 프랑스 간첩 프레지어 중령과 그의 활동까지, 그 모든 역사가 딸기 한 알에 담겨 있다.

"눈에 보이는 것이 전부가 아니다." 탐스러운 딸기 종자를 발견하면서 훌륭하게 임무를 완수한 프레지어 중령이 맛있게 딸기를 먹는 우리에게 전하는 말이다.

한국전쟁의
숨은 주역 주먹밥

한국전쟁을 조금 다른 각
도에서 보면 오히려 흥미
로운 부분을 발견할 수 있
다. 바로 음식을 통해서다. 나무 하나하나를 자세히 볼 때
처럼 숲 전체를 볼 때는 알 수 없었던 독특한 부분이 음식
에도 있다.

주먹밥도 그중 하나다. 전쟁을 겪지 않은 대부분 세대에
게 한국전쟁 당시의 음식 하면 제일 먼저 떠오르는 것은
주먹밥이다. 개떡, 찐 감자, 미숫가루도 있고 지금도 한국
인이 즐겨먹는 부대찌개를 비롯해 다양한 종류의 전쟁 음

식이 있는데 왜 하필 주먹밥을 대표적인 것으로 꼽을까?

어렸을 적 전쟁 체험 음식으로 가장 많이 먹어본 음식이기도 하고, 또 할아버지 세대를 통해 '한국전쟁 때 우리는 주먹밥 먹고 싸웠다'는 이야기를 수없이 들었기 때문일 수도 있다.

그런데 생각해보면 다소 이상한 부분도 없지 않다. 한국전쟁은 임진왜란이나 병자호란 같은 조선시대도 아니고 20세기, 그것도 지금으로부터 불과 70년도 지나지 않은 현대의 전쟁이었다. 아무리 가난한 나라였다고는 하지만 겨우 주먹밥을 먹으며 싸워야 했던 이유가 궁금하다.

주먹밥은 전쟁 음식의 상징과 같다. 북한이 남침하자 당시 육군 참모총장이었던 정일권 장군은 "남자는 물론 여자도 행주치마 졸라매고 하루에 세 끼 먹던 밥을 두 끼로 줄여 주먹밥을 날라야 할 것"이라며 모두가 전쟁에 나설 것을 당부하는 담화를 발표한다. 전쟁이 나면 으레 주먹밥을 장만하는 것으로 알았으니 전쟁에 대한 상징적인 이미지가 없지 않다.

물론 당시에는 실제로 주먹밥을 먹으며 싸우는 경우가 많았다고 한다. 그런데 여기서 주먹밥에 대한 편견을 짚어볼 필요가 있다. 먼저 많은 사람들이 주먹밥을 먹을 것

전쟁사에서 건진 별미들

이 없어서 대충 먹던 음식으로 생각하는데, 주먹밥은 그런 음식이 아니다. 밥을 뭉치면 평소보다 훨씬 많이 먹게 된다. 그러니 주먹밥이 전쟁 중에 먹을 것이 부족해 먹었던 음식이라는 생각은 편견이다. 사실 밀가루로 만든 개떡이나 찐 감자에 비하면 비록 꽁보리밥으로 뭉쳤더라도 주먹밥이 훨씬 좋은 음식이다.

또 하나, 주먹밥은 비상식량이며 휴대용 음식이다. 민간인의 경우 급히 피란 떠날 때 먹는 음식이다. 평소에는 아무리 전쟁 중이어도 밥을 지어 먹는다. 군인도 마찬가지다. 그러니 주먹밥을 먹으며 싸웠다는 것은 그만큼 정상적으로 밥을 지어 먹을 수 없는 상황, 다시 말해 미처 대비를 하지 못한 비상 상황이었다는 뜻이다. 그러니 주먹밥을 먹으며 전투를 했다는 것은 미리 비축한 전투식량 대신 급하게 식량을 조달해 먹었다는 의미다.

한국전쟁 초기, 전투에 참가했던 군인들의 증언과 전사를 종합해보면 전투가 벌어졌던 초창기 국군은 많은 경우 주먹밥을 먹으며 싸웠다. 이는 북한군도 크게 다르지 않았다.

남북한이 모두 주먹밥을 먹으며 싸웠지만 국군은 상대적으로 식량 사정이 갈수록 좋아졌고 반대로 북한군은 갈

수록 악화됐다. 때문에 전세가 악화되자 북한군은 주먹밥 조차 제대로 먹지 못했다. 어쨌거나 조선시대 전쟁도 아니고 20세기 전쟁에서 왜 다들 제대로 된 병참 보급이나 준비된 전투식량도 아닌 주먹밥에 의존해가며 전쟁을 해야 했을까?

그만큼 준비가 안 된 전쟁이었기 때문이다. 국군은 기습공격을 당했기에, 그리고 전쟁 초기 빠른 속도로 무너졌기에 주먹밥을 먹으며 싸울 수밖에 없었다. 북한군은 예상보다 빠르게 공격을 하며 전선이 길어졌기에 병참 체계가 와해됐다.

남북한이 모두 주먹밥을 먹으며 싸웠던 대표적인 전투가 있다. 전쟁 초기, 북한군의 공세를 성공적으로 막아내 나라를 절체절명의 위기에서 구한 다부동 전투다. 그리고 전사에서는 평가받지 못하지만 주먹밥이 다부동 전투의 승패를 가른 면이 없지 않아 있다.

국방부 전사편찬위원회가 펴낸 『한국전쟁사』 중 낙동강 방어전투에 관한 기록을 보면 그 사실을 알 수 있다. 다부동 전투가 벌어진 낙동강 방어선이 구축될 무렵, 북한군의 병참 체계는 이미 무너진 상태였다. 북한은 군수품을 중국 만주에서 평양을 거쳐 일단 서울에 집하한 후, 서울에서 다시 경상북도 왜관까지 300킬로미터를 운반했다.

예상보다 빠르게 전선이 길어졌고, UN군이 제공권과 제해권을 모두 장악한 상황이었기 때문에 야간에 육로로 옮기는 것 이외에는 보급품을 제대로 운송할 방법이 없었다. 예를 들어 UN군은 7월 한 달 동안에만 2,500차례의 폭격으로 북한군의 보급 물자 수송을 마비시켰다. 철로와 차량을 통한 보급로가 차단되자 북한군은 결국 민간인을 징발해 물자를 운송했다. 민간인들로 지게부대를 구성해 1인당 20킬로그램의 보급품을 메고 하루 20킬로미터를 운반한 뒤, 대기하고 있던 또 다른 지게부대에 넘기면 그 지게부대가 물자를 받아 나르는 릴레이식 운반이었다.

탄약도 실어 나르기에 버거운 상황이었던 만큼 식량은 주로 현지 조달에 의존했다. 6월과 7월이 지나 전선이 대구 부근에서 고착된 상황에서 다부동 전투가 시작된 8월에 접어들며 북한군의 식량은 평소보다 약 3분의 1 수준으로 줄어들었다. 때문에 다부동 전투에 참가한 북한군은 하루 평균 주먹밥 하나도 제대로 먹지 못하고 싸워야 했다. 8월의 무더위와 굶주림으로 인해 체력이 극도로 떨어지면서 북한군의 전투력 역시 급속도로 하락했다.

이 무렵 국군의 보급 체계 역시 제대로 정비되지 못한

상태였다. 국군은 6월 25일 북한의 기습 이후로 계속 후퇴를 거듭했다. 그런 이유로 다부동 전투가 시작될 무렵 전투에 참가한 국군 장병들도 보급품을 제대로 지급받지 못했다. 식량 사정 역시 마찬가지여서 국군도 민간에서 양식을 조달해야 했다.

민간에서 징발한 쌀과 보리를 비롯한 곡식을 멀리 떨어진 산악 지대의 전투 현장으로 운반해 현장에서 밥을 지어 먹을 수는 없는 노릇이다. 체계화되고 정상적인 군수품이나 전투 현장에서 먹을 수 있는 전투식량이 아니었기 때문이다. 따라서 민간에서 구한 양식으로 가장 손쉽게 만들 수 있는 음식은 주먹밥이었다.

다부동 전투에 관한 각종 기록을 종합해보면 당시 전투 현장에서 식사는 대부분 주먹밥으로 해결했다. 후방에 위치한 취사장에서 여자들과 여학생들이 김과 밥, 그리고 단무지와 소금으로 주먹밥을 만들면 중장년층의 남자들로 구성된 민간인 지게부대가 산꼭대기의 전투 현장까지 주먹밥을 지게에 담아 운반했다.

열악하기 짝이 없는 식량 조달 방법이었지만 이런 주먹밥이 다부동 전투 승리에 크게 한몫을 했다. 먼저 다부동 전투가 얼마나 치열했는지 일부 참전용사의 증언에서도

전쟁사에서 건진 별미들

짐작할 수 있다. 밤새 고지 쟁탈전을 벌였는데 저녁 때 지급된 주먹밥은 1인당 한 개꼴이었다. 하지만 다음 날 아침이면 사정이 완전히 달라졌다. 아침이면 주먹밥이 1인당 6~7개씩 배당됐기 때문에 주먹밥이나마 배불리 먹을 수 있었다. 밤새 보급 사정이 좋아졌기 때문이 아니라 야간 전투에서 전우들이 그만큼 많이 전사했기 때문이다.

수시로 고지를 뺏고 또 빼앗기는 공방전 속에서 전투의 승패를 좌우한 것이 주먹밥이었다는 증언도 있다. 민간인 지게부대가 주먹밥을 충분히 배달하면 전투에서 이겼고 보급이 제때 이뤄지지 못했을 때는 전투에서 패했다는 것이다. 계속되는 전투에서, 그리고 수시로 벌어지는 육박전 속에서 며칠 동안 주먹밥 한 개 제대로 먹지 못하고 물 한 모금 제대로 마시지 못한 상태에서는 체력이 고갈돼 제대로 싸울 힘조차 남아 있지 않았기 때문이다.

한국전쟁의 음식으로 주먹밥이 가장 먼저 떠오르는 이유는 여러 가지가 있을 것이다. 역시 가장 큰 이유는 전쟁의 승패를 가르는 전투에서 주먹밥을 먹으며 싸웠기 때문일 것이다. 지금 시각으로 보면 열악한 전쟁 체험 음식일 뿐인 주먹밥이 전투의 승패를 가름했고 결국 다부동 전투의 승리와 낙동강 전선 방어에 기여한 것이다.

주먹밥처럼 평소 무심코 먹는 음식에서 우리는 적지 않은 전쟁의 흔적을 발견할 수 있다. 전쟁이라는 역사의 단면일 수도 있고 전쟁이 무엇인지, 인간성에 어떤 영향을 미치는지에 대한 생각의 단초일 수도 있다. 건빵과 별사탕에서 아시아를 침략하고 태평양전쟁을 일으킨 일본 제국주의의 잔재, 그리고 일본이라는 나라의 정교함과 치밀함을 발견할 수 있었다면, 주먹밥을 비롯한 몇몇 음식에서는 한국전쟁의 또 다른 특징을 찾아볼 수 있다.

전쟁사에서 건진 별미들

FOOD AND WAR

중공군 반찬 자차이

한국전쟁 당시 중공군 사진을 보면 병사가 등에 괴나리 봇짐 비슷한 자루를 질러메고 있는 모습을 볼 수 있다. 마치 마대자루를 동여맨 것 같지만 국군의 배낭과 같은 용도다. 중공군 병사가 멘 마대자루에 당시 중공군의 특징이 담겨 있다. 장점이면서 동시에 약점으로 지적되는 부분이다.

중국 군사과학원 자료에 의하면 1950년 10월 20일 새벽, 중공군 5개 사단이 은밀하게 압록강을 건넜다. 한국전쟁에 본격적으로 개입한 것이다. 개입 초기 중공군은 발빠른 기동력을 선보였다. 한밤중 마대자루 하나 달랑 메

417

6장. 식탁에 남겨진 전쟁

고 은밀하게 산길을 이용해 아군 진지로 침투, 기습공격을 했다. 발 빠르고 은밀한 공격으로 국군을 포함한 UN군이 어려움을 겪었다. 병사 각자가 마대자루에 식량과 탄알을 담아 산길을 따라 신속히 움직였기에 가능했던 기습 공격이다.

시간이 지나면서 중공군의 한계가 드러났다. 병참 문제였다. UN군이 제공권을 장악했기에 중공군은 낮에는 이동하지 못했다. 도로를 이용한 수송도 불가능했다. 노출되는 순간 폭격을 당하기도 했지만 근본적으로 차량이 없었다. 이동 중에는 밤이 됐건 낮이 됐건 불을 피워 취사를 할 수 없었다. 산길에서도 마찬가지였다. 그러니 중공군은 마대자루에 각자 먹을 식량과 탄알을 담아 등에 둘러메고 산길을 따라 움직이며 전투를 했다. 하지만 예상치 못했던 문제가 생겼다.

병사들이 마대자루에 넣어 둘러멘 식량은 대부분 1주일 분량이었다. 전투가 1주일 이상 길어지면 굶주린 상태에서 싸우거나 아니면 식량 확보를 위해 전투를 멈춰야 했다. 자칫하면 굶주림 때문에 부대가 위기에 빠질 수도 있었다. 실제 장진호 전투 때 중공군 제9병단이 미 해병대를 겹겹이 포위해 놓고도 마대자루의 식량이 떨어져 추위

전쟁사에서 건진 별미들

와 굶주림에 지쳐 얼어 죽거나 투항했던 것이 대표적 사례다.

맥아더 장군의 뒤를 이어 UN군 총사령관이 된 리지웨이 장군이 이런 중공군의 전투 형태를 파악했다. 마대자루의 식량이 떨어지는 7일 이후에는 전투가 소극적으로 바뀐다는 사실이다. 때문에 방어선을 하나씩 구축하면서 후퇴함으로써 중공군의 공격을 효과적으로 막을 수 있었다. 적의 병참 특성을 파악해 전투에서 유리한 고지를 장악했던 것이다.

중공군 기동력은 자차이에서

중공군 마대자루의 식량은 대부분 1주일 분량이었다고 하는데 사실 그 정도면 부피와 무게가 적지 않다. 중공군은 대체 어떤 음식을 넣어 가지고 다녔을까?

많은 부분을 차지했던 것이 볶은 밀과 쌀, 콩이었다. 쉽게 말해 미숫가루다. 중공군은 전투를 벌이다 식사할 여유가 생기면 보따리를 풀어 중국식 미숫가루를 입에 털어 넣고 눈덩이를 뭉쳐 씹으며 식사를 대신했다. 중국 측에서 말하는 소위 항미원조(抗美援朝) 전쟁, 즉 한국전쟁 중 중공군의 급식에 관한 논문에 의하면 전방의 중공군에게 공급된 전투식량의 약 16.7%가 이런 형태의 볶은 콩이나 쌀, 밀과 같은 형태의 미숫가루 종류였다.

그리고 또 다른 주요 양식 중 하나가 자차이였다. 이른바 중국식 장아찌다. 볶은 콩이나 쌀, 혹은 우리 만두와 달리 속에 아무것도 들어 있지 않은 밀가루 반죽을 부풀려 찐 만터우에 자차이를 반찬 삼아 먹었다. 수분을 완전히 제거한 장아찌이기 때문에 장기보관이 가능했다. 또 부피가 작아 볶은 콩과 함께 마대자루에 넣으면 1주일 분량을 운반할 수 있었다.

자차이는 옛날 중공군 병사의 반찬이었을 뿐 지금 우리와는 별로 관계가 없을 것 같지만, 최근 들어 한국에서도 자주 먹기 시작한 음식이다. 예전 중국 음식점에서는 반찬으로 주로 단무지를 제공했지만 요즘은 단무지와 함께, 혹은 단무지 대신에 내놓는 반찬이다.

물론 중국에서는 자차이가 밥상의 기본 밑반찬이다. 서민들은 특별한 반찬 없이 자차이 하나로 밥이나 국수 한 그릇 혹은 만터우 한 개를 먹으며 한 끼를 대신하는 경우가 많다. 그런데 중국에 자차이가 이렇게 널리 퍼지게 된 이유 중의 하나로 한국전쟁을 꼽기도 한다. 참전했던 중공군 병사들이 전후 고향에 돌아가서 자차이를 널리 퍼트 렸다는 것이다.

자차이는 얼핏 수분을 제거한 무를 절인 뒤 양념한 것 같지만, 정확하게는 무가 아니라 절인 겨자 뿌리다. 12세기 송나라 때 반 건조 상태의 절임 채소로 발달했다고 하는데, 현대에 들어서는 중국 공산당 군대인 인민해방군의 부식으로 채택되면서 널리 퍼졌다.

한국전쟁이 일어나기 전인 1950년 1월, 공산당 중앙군 사위원회는 중공군의 병참 지원과 지방경제 활성화 차원에서 중공군의 부식으로 자차이를 채택했다. 그리고 한국전쟁이 일어나자 중공군 병사의 부식으로 공급했다. 중공군 병사들이 마대자루에 볶은 콩과 자차이를 넣고 다니며 싸웠던 배경이다.

짜장면, 짬뽕 먹을 때 단무지 대신 먹는 장아찌로만 알았는데, 뜻밖에 한국전쟁과 깊은 관련이 있다는 사실이 특이하다. 더군다나 강점이면서 약점이었던 중공군 기동력에 자차이도 한몫했다는 사실이 흥미롭다.

중국이 한국전쟁에 본격적으로 개입하면서 최초로 강을 건넌 병력은 약 20만 명, 참전한 전체 병력은 약 135만 명으로 추산된다. 엄청난 숫자를 바탕으로 중공군은 초기에 문자 그대로 인해전술을 펼쳤다. 소총 한 자루 들고 징과 꽹과리를 치며 돌격해 왔다. 그런데 이 많은 병력이 하루 세 끼 무엇을 먹으며 싸웠을까? 중국은 엄청난 식량을 어떻게 조달했을까?

미국은 세계 최고의 경제력을 바탕으로 미군은 물론 연합군에게도 식량을 보급했다. 반면 건국한 지 겨우 1년이 지난 중국은 전쟁 전의 북한보다 가난했다.

중공군은 압록강을 건너는 순간부터 배고픔에 시달려야 했다. 물론 처음부터 준비가 안 됐던 것은 아니다. 중국 기록을 보면 여러 이유로 인해 보급이 원활치 못했다. 개입 초기 중국은 병력이 100% 자급할 수 있는 19만 톤의 식량을 비축했다. 하지만 압록강을 건너면서 일선 부대에 보급된 것은 필요량의 40%에 불과했다. 미군 폭격으로 보급선이 무너졌기 때문이다.

또 밥해 먹을 시간조차 없을 정도로 전선이 긴박하게

돌아갔다. 대부분의 부대가 연속해 작전에 투입됐고 또 신속하게 이동해야 했다. 예를 들어 유명한 장진호 전투의 중공군 주력부대는 제9병단이었다. 그중 일부 부대는 나흘 만에 300킬로미터를 이동해 11일 27일부터 전투에 투입됐다. 그리고 1주일 동안 밤낮으로 싸웠다.

중공군이 전투가 벌어지기 전에 준비했던 식량은 대부분의 부대가 5일치에 불과했다. 그 뒤로는 보급이 끊기다시피 했다. 양식을 운반할 열차 15량 중 13량이 공습으로 파괴됐기 때문에, 장진호 전투에서 개인에게 지급된 주식과 부식은 하루 평균 1킬로그램이 되지 않았다. 그 결과 장진호 초기 전투인 황초령 전투에 참가한 중공군 제42군 124사단과 126사단 병력은 사나흘 동안 아무것도 먹지 못했다. 운이 좋아야 땅에서 꽁꽁 언 감자를 캐내 허기를 채울 수 있었다.

장진호 전투뿐 아니라 중공군은 전반적으로 전투 중에 원활한 보급을 받지 못했다. 낮에는 공습으로, 밤에는 야간작전으로 밥을 할 수 없었다. 그래서 전투 중에는 주로 초면(炒麵)을 먹고 싸웠다.

중국어로 초면은 볶음 국수지만 여기서는 한자 뜻 그대로 볶은(炒) 밀가루(麵)라는 뜻이다. 다시 말해 중국식 미숫가루다. 우리 미숫가루는 쌀이나 찹쌀, 혹은 보리쌀로 만든다. 이와 달리 중국 미숫가루는 밀가루로 만든다. 기본 재료는 밀가루 70%, 고량미나 쌀가루 30%, 그리고 약간의 소금이다.

미숫가루는 가장 원시적이면서 간단한 군용 식품이었다. 운반이 쉽고 저장이 편리할 뿐 아니라 먹기도 편했다. 중공군은 압록강을 건널 때부터 각자 식량주머니(干糧袋)를 메고 다녔다. 여기에 보통 5일분의 미숫가루를 넣고 다녔다. 전투 중 병사들은 배가 고프면 등에 찬 주머니에서 중국식 미숫가루를 꺼내 입안에 털어 넣고 눈을 뭉쳐서 먹었다. 그러면서 허기를 면할 수 있었다.

중국은 한국전쟁에 개입한 중공군에게 먹일 미숫가루를 마련하기 위해 총력을 기울였다. 중국 공산당 당사(黨史)에 기록된 중공군 병참보급조치(抗美援朝战争中志愿军的给养供应保障)를 보면 당시 경제적으로 어려웠던 중국이 미숫가루를 마련하기 위해 얼마나 심혈을 기울였는지 알 수 있다.

개입 초기, 중공군에게 보낼 미숫가루는 741만 킬로그램이 필요했다. 지금의 동북3성이 중공군의 후방 보급기지 역할을 했는데 최대로 노력하면 500만 킬로그램까지만 공급이 가능했다. 때문에 나머지 부족분 241만 킬로그

램을 마련하기 위해 중국 중부와 남부에도 제조량이 할당
됐다. 실제 1950년 11월 랴오닝성의 성도 썬양에서는 매
일 7만 킬로그램의 미숫가루를 만들었다고 한다. 온 도시
가 미숫가루 만드는 데 매달렸던 셈이다.

물론 연인원 135만 명에 이르는 중공군이 중국에서 가
져 온 미숫가루만 먹고 싸웠던 것은 아니다. 하지만 공습
으로 원활한 보급선을 확보하지 못한 상황인 데다, 전체
중공군이 먹을 양식을 중국에서 가져올 형편도 되지 못했
다. 그러니 중공군은 결국 식량을 현지 조달해야 했다. 중
공군 제38군의 경우 1950년 10월 압록강을 건넌 후 4개
월 동안 현지 조달한 식량이 전체 공급량의 80%였다.

현지 조달의 중공군 측 표현은 '차량'(借糧)이다. 다시 말
해 식량을 빌린다는 뜻이다. 그러나 붕괴된 북한군은 식
량을 빌려줄 형편도 아니었다. 결국 민간에서 빌리는 것
인데 다른 말로는 징발이다. 즉 순순히 내놓지 않으면 강
제로 빼앗는 것이다.

급기야 중공군은 1950년 12월 23일 조선과 식량임차
규정(借糧規定辦法)을 체결하고 공개적으로 한반도에서 식량
징발에 나섰다. 도장 찍힌 문서를 주고 식량을 가져가는
것이다. 전쟁이 끝난 후 증서를 제시하면 가져간 식량을

돌려준다는 것이다. 결국 중공군은 한국전쟁 기간 내내
보급에 어려움을 겪었고 그로 인한 피해는 고스란히 우리
민족의 몫이었다.

FOOD AND WAR

땅콩버터, 환자식에서
전투식량으로

전쟁에서 살아남는 것은 쉬운 일이 아니다. 따지고 보면 물리적인 전쟁뿐 아니라 인생이라는 전쟁터에서 생존한다는 것 자체가 보통 일이 아닐지도 모른다. 살기 위해서는 치열한 노력이 필요하다. 우리가 무심코 먹는 음식에서도 그런 노력의 흔적을 곳곳에서 찾아볼 수 있다.

심심풀이 땅콩도 사실은 눈물겨운 생존의 흔적이다. 땅콩의 역사를 살펴보면 그 풍부한 영양으로 인해 상식을 뛰어넘는 뜻밖의 사실들이 넘쳐난다는 것을 알 수 있다.

먼저 땅콩은 노예의 음식이었다. 지금은 맛있는 영양 간식으로, 맥주 안주나 요리 재료로 인기가 높지만 예전에는 주로 노예들이 먹었던 식품이었다. 무엇보다도 땅콩이 세계로 퍼져 나가는 과정부터 철저하게 노예와 관련이 있다.

땅콩은 브라질과 아르헨티나가 원산지다. 콜럼버스의 아메리카 대륙 탐험 이후 남미에 온 포르투갈 상인들은 현지 원주민들이 땅콩으로 음식을 만들어 먹는 모습을 보고 종자를 아프리카에 가져가 심었다. 땅콩을 아프리카에 전한 포르투갈 상인들은 노예 무역상이었다. 노예 사냥으로 흑인을 잡아 중남미에 공급했는데, 이들에게 줄 음식이 필요했다. 때문에 종자 값이 들지 않는 남미산 옥수수와 땅콩을 아프리카에 심어 흑인의 식량으로 삼았다.

18세기 무렵, 남미에서 아프리카로 전해졌던 땅콩은 지구 한 바퀴를 돌아 원산지의 북쪽인 북미로 전해졌다. 미국 남부의 농업 발달로 부족해진 노동력을 메우기 위해 아프리카에서 흑인 노예를 들여오면서 땅콩도 따라서 전해졌다. 백인 농장주가 노예에게 먹일 음식으로 땅콩을 심으면서 19세기부터 미국에서 대량 재배가 시작됐다.

이런 배경이 있었던 만큼 미국에서 땅콩은 20세기 초까지만 해도 많은 사람들로부터 사랑받았던 식품이 아니었다. 주로 흑인들이 먹었던 싸구려 음식이었을 뿐이다.

전쟁사에서 건진 별미들

땅콩 자체가 노예의 음식에서 출발했다면, 땅콩버터는 환자들이 먹는 음식에서 비롯됐다. 그것도 치아가 부실하기 때문에 고기를 씹을 수 없었던 환자들이 고기를 대신해 먹을 수 있도록 만들었던 대용식이었다.

19세기 후반 땅콩의 영양가에 주목한 일련의 미국 의사와 발명가들이 땅콩을 가공한 새로운 식품 개발에 열을 올렸다. 그 결과가 지금 우리가 먹는 땅콩버터다. 세인트루이스에서 병원을 개업한 외과의사 스트라우브 박사가 먼저 땅콩을 갈아서 죽처럼 만들었다. 나이가 들어서 고기를 씹지 못하는 환자를 위해 만든 영양식이었다. 이어 스트라우브 박사의 특허를 사들인 조지 바이어라는 식품업자가 땅콩죽을 발전시켜 땅콩버터를 만들었다. 그리고 치아가 나빠 고기를 씹을 수 없는 사람을 위한 고기 대체품이라고 선전했다.

19세기가 끝나갈 무렵인 1897년, 또 한 명의 의사가 환자들이 먹는 음식으로 땅콩버터를 만들었다. 미시간에서 요양원을 운영하던 켈로그 박사다. 이번에는 치아가 부실한 치과 환자가 아니라 요양원 환자를 위해서였다. 철저하게 채식주의를 주장했던 켈로그 박사는 환자들에게도 채식을 권유했다. 때문에 환자들이 고기 대신 먹을 수

있는 고열량의 음식이 필요했는데, 이때 고기 대용품으로
만든 것이 땅콩버터였다. 참고로 의사인 켈로그 박사가
만든 이 채식 중심의 식품을 동생이 사업화한 것이 지금
세계적인 식품회사로 성장한 켈로그다.

하지만 땅콩버터 역시 초기에는 대중화되지 못했다. 일
단 환자식으로 만들어졌기 때문이다. 대량생산이 이뤄진
이후에도 주로 찻집에서 차와 함께 마시는 땅콩 샌드위치
형태로 팔았다. 게다가 땅콩과는 달리 초창기 가공식품인
땅콩버터는 값이 비쌌다.

그러나 미국 국방부는 고열량의 땅콩버터에 주목했다.
전쟁터에서 고기를 쉽게 먹을 수 없는 병사들에게 안성맞
춤이었기 때문이다. 땅콩은 하루 종일 육체노동을 하는 노
예가 먹던 식품이었다. 따라서 에너지 소모가 많은 야전의
병사들에게 충분한 열량을 공급할 수 있었다. 이런 땅콩을
원료로 만든 땅콩버터는 그 자체가 고기 대용품이었다. 실
제 열량만 놓고 따져보면 땅콩 100그램당 열량은 569칼로
리인 반면 소고기는 같은 무게당 218칼로리, 돼지고기는
236칼로리다. 고기보다도 열량이 두 배가량 높다.

미군 병참사령부는 땅콩버터를 전투식량 메뉴로 채택
하는 방안을 검토하기 시작했다. 1932년 기병대의 비상

식량으로 시험적으로 채택했다가, 미군이 2차 세계대전에 참전하기 직전인 1941년 6월 미군 비상식 D-레이션에 땅콩버터를 포함시켰다. 저렴한 가격에 칼로리도 높은 고기 대체품으로 적합했기 때문이다.

땅콩버터를 비상식량에 포함시킨 첫해인 1941년, 미국 군수업체는 월 20만 개를 생산했다가 전쟁에 본격적으로 뛰어들기 시작한 이듬해부터는 월 100만 개씩을 생산했다. 식빵에 땅콩버터와 과일 잼을 발라 먹는 메뉴는 병사들 사이에 큰 인기였다. 병사들은 제대를 하거나 혹은 휴가를 나와서도 식빵에 땅콩버터를 바른 샌드위치를 찾았다. 그러자 민간 가정에서도 땅콩버터가 널리 퍼졌다. 귀한 고기 대신 먹을 수 있는 고열량 식품인 데다 값도 싸고 맛도 좋으며, 무엇보다 샌드위치를 만들기에 편했기 때문이다. 이렇듯 땅콩과 땅콩버터는 살아남으려는 이들의 치열한 노력이 깃든 음식이라고 할 수 있다.

전쟁사에서 건진 별미들

초판 1쇄 발행 2016년 10월 1일
초판 5쇄 발행 2018년 6월 1일

지은이 윤덕노
펴낸이 신경렬

펴낸곳 (주)더난콘텐츠그룹
경영기획 김정숙 · 김태희
기획편집 송상미 · 김순란 · 이희은 · 조은애 | **디자인** 박헌정
마케팅 장현기 · 정우연 · 정혜민 | **제작** 유수경

출판등록 2011년 6월 2일 제2011-000158호
주소 04043 서울시 마포구 양화로12길 16, 7층(서교동, 더난빌딩)
전화 (02)325-2525 | **팩스** (02)325-9007
이메일 book@thenanbiz.com | **홈페이지** www.thenanbiz.com
ISBN 978-89-8405-871-2 03900